北京大学未刊讲稿

先 秦 考 古

——中国考古学（上）

严文明　李水城　编著

文物出版社

图书在版编目（CIP）数据

中国考古学. 上，先秦考古／严文明，李水城编著. —
北京：文物出版社，2023. 3

ISBN 978 - 7 - 5010 - 6298 - 0

Ⅰ. ①中…　Ⅱ. ①严… ②李…　Ⅲ. ①考古 – 中国 –
先秦时代　Ⅳ. ①K85

中国国家版本馆 CIP 数据核字（2023）第 028330 号

审图号：GS（2022）5421 号

先秦考古
——中国考古学（上）

编　　著：严文明　李水城

责任编辑：张小舟　郑　彤
责任印制：王　芳

出版发行：文物出版社
社　　址：北京市东城区东直门内北小街 2 号楼
邮　　编：100007
网　　址：http://www.wenwu.com
经　　销：新华书店
印　　刷：宝蕾元仁浩（天津）印刷有限公司
开　　本：710mm×1000mm　1/16
印　　张：24. 25
版　　次：2023 年 3 月第 1 版
印　　次：2023 年 3 月第 1 次印刷
书　　号：ISBN 978 - 7 - 5010 - 6298 - 0
定　　价：120. 00 元

序　一

　　一般认为以田野考古为基础的中国考古学是从 1921 年河南渑池仰韶村的发掘开始的，至今已整整一百年了。虽然之后还不断有新的发现，甚至有安阳殷墟那样极其重要的发现，但不成体系。

　　1952 年首次在北京大学历史系设立考古专业，虽然设计了一个比较完整的课程体系，教师却几乎要全部外请。考古学通论由当时中国科学院考古研究所的副所长夏鼐先生担任，新石器时代考古、商周考古、秦汉考古也都分别由该所的安志敏、郭宝钧和苏秉琦先生担任。只有隋唐考古由本专业的宿白先生担任。考古专业年年招生，总不能年年都请外单位的专家来讲课吧，当时负责组织教学的教研室副主任宿白先生就给每一位专家配备一位年轻的助教。虽然后来逐渐由年轻教师接棒，但仍然是分段讲授，看不到一个中国考古学的整体面貌。宿先生觉得这样不行，也不利于学科本身的发展，于是他提议在专业教学中开设一门"中国考古学通论"的课程。这是没有先例的，谁也没有能力讲这门课。他经过仔细考虑，提议由我和他两人抬，让我讲先秦，宿先生自己讲汉唐宋元。只要有建设中国考古学的心思，以后经过努力还可以逐步完善。作为一门独立学科的中国考古学，就是在这时才自觉地开始建设起来的。

　　宿先生强调讲课要写讲义。他在 1987 年 2～6 月就写好了《汉唐宋元考古——中国考古学（下）》，后来由文物出版社于 2010 年 8 月正式出版。我考虑先秦时期的田野考古发展很快，不断有新的资料涌现，只好写了一个提纲，讲课时可以随时补充和发挥。后来这门课交由李水城接棒。

他很认真，陆续写成了十分详细的讲义，实际上就是《先秦考古——中国考古学（上）》的正式著作，交由文物出版社正式出版。这是我当年想做而没有能力做成的。苏秉琦先生多次提出，研究中国考古学要有世界的眼光，现在水城提供的文稿高屋建瓴，大气磅礴，确实具有世界的视野，从此，一部完整的中国考古学终于面世了，值得好好研读。

2022 年 6 月 8 日

序二

2010年秋，宿白先生把我叫到他家，将刚出版的《汉唐宋元考古：中国考古学（下）》（文物出版社，2010）一书赠我。并随口说道，出版社和读者都在问，这套书怎么只有（下）没（上）？你去和严文明说说，尽快把（上）整理了交给文物出版社。随后我带着《中国考古学（上）》的讲稿去见严先生，他赞同宿先生意见，命我尽快整理。我提出，讲稿中新石器时代占的比重较大，是否做些删减，使各章节的文字大致平衡。严先生认为，中国新石器文化区系面貌复杂，特征独特，这是客观事实，可略作调整，文字多些也无妨，不必强求平衡。

2011年4月，我将整理好的第一章（绪论）交给文物出版社，希望听听他们的意见，却泥牛入海，我也不便催问，整理工作因此停了下来。2021年底，张小舟写信给我，说社里同意出版《中国考古学（上）》，命我尽快交稿。

当年为什么要开设《中国考古学》这门通论课，严先生在《序一》中略有说明。据我所知，宿、严两位先生的初衷是，希望将本科生从繁重的五大段考古（旧石器、新石器、商周、秦汉、魏晋隋唐）① 必修课中解放出来，用一年的时间学习《中国考古学》这门必修课，接下来再根据各自喜好在五大段考古中选修不同的课程。应该说，这对于本科生专业兴趣的培养和全面发展是非常有益的举措。

---

① 20世纪90年代又增加了宋元考古，从五大段增为六大段。

《中国考古学（上、下）》分别开设于 1986、1987 年。1989 年，严、宿两位先生将这门课交给我和马世长老师讲授。严先生当时交给我一份"教学大纲"（参见本书附录），我按照先生搭建的框架撰写出讲义，每年讲课前都会补充一些新的考古发现和重要研究成果，也包括自己的一些认识，原框架的章节设置和内容也有一些改变。

《先秦考古：中国考古学（上）》遵循并延续了北大考古系多年来形成的学术传统和研究体系，也可以说是北京大学考古系多年来的集体教学研究成果。需要说明的是，在原讲稿的第二章（旧石器时代）曾设有"人类的起源"一节，内容包括"人科成员的演进""现代人的出现""夏娃理论""亚洲在人类起源中的地位""东西方石器工业技术比较"等内容。考虑到本书讲述的是中国考古学，此次整理时便将这部分内容全删除了。本书第三章（新石器时代）的内容多选自严文明先生发表的文章；第四章（夏商考古）和第五章（西周与东周）的内容多摘自邹衡先生领衔编写的《商周考古》（文物出版社，1979）一书。这其中，战国部分遴选了俞伟超先生编写的《战国秦汉考古》（北京大学历史系考古专业，1973）讲义（打印稿）中的一些内容。

特别需要说明的是，本书的学术观点和引用资料均截止于 2002 年以前，但有少量插图并未严格受此限制。

20 世纪 80 年代末，美国赛克勒基金会资助北京大学建立了考古与艺术博物馆，考古系也借此机会创建了博物馆专业。1990 年，李伯谦先生和我去北大昌平 200 号参加教学改革会议，鉴于博物馆专业已获教育部批准，即将招生，为区别两个不同专业的培养计划，只能重新将《中国考古学（五大段）》恢复作为考古专业本科生的必修课，将《中国考古学（上、下）》作为博物馆专业本科生及本科非考古专业（科技考古、文物保护、古代建筑等）研究生的必修课。

北京大学历史系有个优良传统，即要求教员都要能讲授《通史》或《通论》课。老一代学者如邓广铭教授、宿白教授一直倡导并坚守这一传统,《中国考古学》的设置正是这个传统的延续。遗憾的是,2003 年初,《中国考古学》这门课因为(下)没有固定教员讲授而取消,我虽然提出了反对意见,但由于当时身体有恙未作过多坚持。很快,这一短视行为造成的弊端逐渐显现出来,但想恢复这门课已为时晚矣。在此希望能借《中国考古学(上、下)》这套书出版的东风,促进国内各高校考古专业《通论》课程的建设,并加强这方面的人才培养。

在得知此书获准出版的同时,我的眼底黄斑病变加剧,这对本书的编写和插图遴选编排等工作造成很大困难。为了能按时完成任务,只能将本书部分插图的制作托付给国内一些师友和学生,在他们的热情帮助下,这一难题顺利化解,在此仅向下列各位女士、先生表达我衷心的谢意!

感谢曲彤丽、杨哲峰老师审阅本书旧石器时代和战国的部分文字及提出的建议;感谢常怀颖先生审阅本书夏商周和春秋部分的文字及提出的建议;感谢焦南峰、梁云、常怀颖、郑喆轩、林圭侦为本书提供的插图及建议;特别感谢宋蓉、任瑞波、郭伟民、孙国平、黄磊、刘翔宇、冉红林、于孟洲为本书编制的插图;感谢郭大顺、栾丰实、李雁、吴卫红、魏兴涛、孙波、吉琨璋、周静、于璞为本书部分插图制作提供的资料;感谢水涛、梅建军、张敏、张照根、陈建立、温成浩、刘斌(洛阳)、方笑天、李海荣、何毓灵、徐良高热情帮助核实有关信息。

感谢张小舟、郑彤为本书编辑出版付出的辛勤劳作。

李水城

2022 年 9 月于四川大学望江校区

目　录

插图目录

第一章　绪　论

第一节　什么是考古学

一、考古学的概念和定义

英国著名考古学家柴尔德（Child，G.）认为，考古学一直被广泛认为是对有记载的历史的延伸，是对有文字记载的历史的有益补充，也是对书面叙述的某种形象说明。对于没有文字记载的史前来说，它能隐约地再现过去的情况，是正规历史记录的粗糙版本[①]。

考古（Archaeology）[②] 这个词在西方来源于希腊文（αρχαιολογία），它的前一半（αρχαι）专指古代或古代事物，后一半（ολογία）有学科、探究之意，一般泛指远古和古代历史研究。考古学是人类过往的自我认识。考古学家（Archaeologist）这个词最初是指古希腊时期那些在舞台上通过哑剧再现古代传说故事的人。古罗马奥古斯都[③]时期，有个名叫迪奥尼修斯

---

① ［英］戈登·柴尔德：《人类创造了自身》，安家瑗、余敬东译，陈淳校，上海三联书店，2008 年，第 4～7 页。

② 西文中的考古单词：ARCHÉOLOGIE（法）、АРХЕОЛОГИЯ（俄）、ARCHÄOLOGIE（德）、ARQUEOLOGIA（西班牙）。

③ 奥古斯都（Gaius Octavius Augustus，公元前 63 年～公元 14 年）是罗马帝国第一位元首（Princeps），元首制创始人，统治罗马长达 40 年，是世界史上的重要人物之一。

（Dionysius）的人写了一部从罗马起源到布匿战争①的历史书，书名就叫《罗马考古》。

进入中世纪以后，"考古"这个词在欧洲一度匿迹。直到文艺复兴，随着人本主义的复苏，人们对历史遗迹和古物产生了浓厚兴趣，"考古"这个词被重新挖掘出来，但当时主要指对古代艺术品的研究。直到 19 世纪，考古的研究对象才扩展到所有的文物古迹。

《说文》中的"古"字，本意为"古，故也。从十口，识前言也"。从"古"的汉字多有枯老粗恶之意，如枯、故、胡等。"考"字的本意也有询问、稽考、稽古之意。我国早在东汉时就有"古学"一说，考古学直译即为"古学"。北宋元祐七年（1092 年），吕大临出版了《考古图》一书，是迄今所见最早的汉语中"考古"二字的连文。不过，今天汉字的"考古"一词却是近代从日文引进的，而日文又是在翻译西文 Archae-ology 时，从汉语中借用了"考古"一词。

考古学在社会科学中是一门年轻的学科。考古学自诞生以来，其研究对象、内容和概念一直在变。在不同的历史时期，人们对考古有不同的理解和认识，就像今天不同民族对"古代"有不同的理解一样。但有一点是相同的，即考古学的研究对象总是与我们生活的当代社会保持一定的距离。我国过去曾有"三代以下不考"和"明清不考"之说。西方则不同，英国很早就有"工业革命考古"；美洲考古研究的下限就更晚了。

20 世纪 50 年代，我国曾根据苏联百科全书将考古学定义为"根据实物的历史材料，研究人类的历史过去"②。后来，英国著名考古学家丹尼尔（Glyn Daniel）所下的考古学定义是"研究人类过去的物质遗存的一支

---

① 布匿战争（Punic Wars）指公元前 264 年～前 146 年，罗马共和国和迦太基共和国之间为争夺地中海沿岸霸权发生的三次战争。

② 夏鼐：《考古学通论讲义（之二）》，《夏鼐文集》，第一册，第 128 页，社会科学文献出版社，2000 年。

历史科学"①。我国著名考古学家夏鼐给考古学下的定义是"根据古代人类通过各种活动遗留下来的实物，以研究人类古代社会历史的一门科学"②。以上归纳高度概括了考古学的本质。首先，考古学是以历史遗留下来的实物遗存为研究对象；其次，它是研究古代历史的科学。考古学的研究对象既包括历史上人类活动遗留下来的"文化遗存"，也包括与人类活动密切相关的"自然遗存"。在这个原则下，可以给考古学下一个完整的定义，即考古学是根据古代人类活动遗留的实物遗存，通过一定的方法研究人类历史及相关知识的科学。

二、考古学的研究对象

考古学是根据历史上人类活动遗留下来的实物遗存，通过一定的方法研究古代社会及相关知识的科学。有人形象地把它比喻成一本厚厚的、需要倒过来读的书，这本书的大部分埋在地下，要想读懂它也不是件容易的事。

（一）文化遗存

文化遗存包括古遗址、遗迹、遗物、遗痕等不同层面的遗存。

1. 遗址

遗址的空间范围较大，具有不可移动性，分为以下几类。

（1）聚落遗址　人类居住的房屋、聚落及死后的葬地，如洞穴、岩荫（厦）、村落、城镇、山寨、城堡、宫殿、仓库、碉楼、坞堡、陵寝、墓冢等。

（2）工矿遗址　各类手工业生产作坊及与上述生产活动相关的遗迹，如矿井、矿坑、冶炼、铸造、制陶、制瓷、制玉、制骨、制盐、酿酒等。

① 转引自夏鼐《什么是考古学》，《夏鼐文集》第一册，第 245 页。原文出自［英］格林·丹尼尔《考古学简史》第 13 页（Glyn Daniel, *A Short History of Archaeology*, London: Thames and Hudson, 1981）。

② 夏鼐、王仲殊：《考古学》，《考古学》编辑委员会编《中国大百科全书·考古卷》，中国大百科全书出版社，1998 年，第 1 页。

（3）交通遗址　古时候的各种水陆通道遗迹，如桥梁、栈道、秦直道、茶马古道、驿站、运河、漕运码头、水闸等。

（4）军事遗址　各类与军事和战争有关的遗迹，如战场、长城、烽燧、塞障、关隘、坞堡、地道、暗堡等。

（5）宗教祭祀遗址　各类与信仰有关的遗迹，如庙宇、石窟、佛寺、塔基、道观、祭坛、社祀、盟誓、洞窟壁画、摩崖、岩画等。

2. 遗迹

遗迹的空间范围相对较小，具有不可移动性，如城墙、台基、街道、里坊、塔基、房屋、炉灶、窖穴、柱洞、畜栏、农田、盐田、盐井、酒窖、水渠、坎儿井、墓穴等。

3. 遗物

遗物指个体相对较小、可移动的物件，如陶器、石器、骨器、角器、蚌器、各类金属器（铜、铁、金、银、锡、铅等）、木器、编织物（竹、藤、苇、草等）、纤维（丝、棉、麻等）、绳索、皮革、纸张、琉璃、玻璃等不同质地的各类器皿，包括容器、生产工具、礼乐器、兵器、车马器、装饰品、书籍、钱币、甲骨、碑铭、服装、工艺品、玩具，以及古墓中人或动物的尸骨等。

4. 遗痕

遗痕指历史上人类活动遗留下来的各类痕迹，具有相对不可移动性，如古猿或古人活动遗留的手足印迹、家畜足迹、陶器表面手工制作的印痕或留下的指纹、各类生产工具留下的使用痕迹等。

（二）自然遗存

古遗址中遗留的家畜、家禽及各种野生动物骨骼、昆虫遗骸，植物籽实、果核、根、茎、叶及土壤中的孢子花粉、植物硅体细胞化石等。还包括那些与气候环境演化有关的土壤、岩石、矿物标本。此外，某些特殊环境下形成的遗址或墓葬中保存的人或动物尸体（软组织），如沙漠戈壁干燥环境下墓葬内的干尸（木乃伊）、高寒山地、冰川冻土环境下的冻尸

（冰人、猛犸等），沼泽类饱水遗址埋藏的泥炭人或动物（湿尸）及人或动物的粪便等，这类遗存往往兼有自然和文化双重属性。

三、田野考古及重要意义

历史学家傅斯年曾这样形容考古："上穷碧落下黄泉，动手动脚找东西。"确实如此，考古学是一门行为科学，需要知行合一，以行动求知识。考古学研究的终极目标是复原人类的历史，衡量各种内因、外因在塑造人类自身及社会组织中的作用，阐明人类社会发生、发展和演变的过程，探索人类社会和历史的发展规律。

近现代意义的考古学以田野考古的出现为标志。考古学研究的实物资料包括各种遗迹和遗物，它们大都埋在地下，必须经过科学的调查和发掘，才能被系统地、科学地揭示出来。田野考古是科学获取考古资料的基础，也是一切考古学研究的基础。没有田野考古，考古学将成为无源之水、无本之木。田野考古包括调查和发掘两部分。

（一）考古调查

考古调查的目的是寻找和确认遗址位置，了解遗址分布范围以及地面和地下的文化堆积状况。人类对自身居住的场所从来都是有选择的。但在不同的历史阶段，由于对自然界的认识、理解和利用方式不同，这些都强烈地影响到人类对聚落位置和场所的选择。

人类的生产生活无时无刻要受自然和资源的制约，在人类历史的早期尤为明显。总体来看，古人一般都会选择在靠近水源、背风向阳、交通便利、利于生产生活的地方营建聚落。旧石器时代，由于生产力欠发达，人类常选择山腰以下、地势较平坦的洞穴、岩厦（萌）作为居址。旧石器时代晚期，人类开始走出洞穴，在旷野营建简易窝棚或者季节性的临时营地。

新石器时代，人类的聚落多选择建在既靠近水源又能避免水患的河旁阶地上，但在不同区域有很大差异。在江南或华南地区，人们多居住在江河湖海岸边，大量捕捞并消费鱼类和水生软体动物，会形成堆积大量贝壳的贝丘遗址；在北方干旱沙漠或南方沿海地区，会形成一些沙丘遗址或沙堤遗址。北方的沙丘遗址大多与环境变迁有关，由于长期遭到风力剥蚀，地下的文化堆积和遗物往往被吹露到地表。新石器时代晚期，随着人口增加和生产力的进步，居址的选择会出现变化，规模也不断扩大，甚至出现分化，一些中心聚落发展为城堡。考古学家正是根据不同历史阶段人类居住的规律性，有目的地开展考古调查，寻找古代遗址。

考古调查是重要的基础工作。调查程序包括各种资料、物质和人员的准备，要对调查区域内自然环境、资源、生业、气候、历史有详细了解，配备有经验的专业人员，同时还需要地方业务机构和人员的积极配合。

考古调查包括下列几种形式。

1. 常规调查

分为综合性调查和专题调查两部分。调查包括初查、复查和详查几个阶段。初查的目的是寻找和摸清遗址的位置；复查是了解遗址分布范围、堆积、文化性质和年代；详查是采用地下钻探的方法，进一步摸清地下的文化堆积、文化层厚度、遗迹现象及确切位置等。

常规调查往往采用徒步踏查的方法，凭借肉眼和工作经验寻找并采集地表残留的古代遗物，特别注意在断崖和剖面上寻找古人活动后形成的遗迹现象和文化堆积情况。

2. 区域覆盖调查①

区域覆盖调查也称"拉网式密集调查"。其调查方式是：参与的人员

---

① 20 世纪 40 年代，美国哈佛大学人类学系教授戈登·维利（G. Willey）在秘鲁的威鲁（Virú）河谷开展聚落考古时首创这种调查方法。参见 G. R. Willey, *Prehistoric Settlement Patterns in the Virú Valley, Peru.* Washington, D. C. , U. S. Government Printing Office, 1953. 20 世纪 60 ~ 70 年代，美国考古学家在墨西哥盆地将此调查方法系统化。参见 William T. Sanders, Jeffrey R. Parsons, and Robert S. Santley, *The Basin of Mexico: Ecological Processes in the Evolution of a Civilization.* New York: Academic Press, 1979.

以间距 10～20 米的距离排列，齐头并进，观察并采集各自区域内地表遗留的遗物，并将遗物位置详细标注在地图上。这种调查除了有考古学家参与外，也需要其他相关学科成员的加入，目的是全面了解遗址区域内古河道、古湖泊及景观、环境等方面的信息。最后通过统计学的方法，从各自的学科视角搜集文化、环境、生业和人地关系的资料，得出总括性的调查结论。

1990 年，中国学者在甘肃葫芦河流域首次进行了考古与环境的综合调查，对葫芦河流域内 516 处遗址采集到的遗物和其他相关数据进行统计分析，全面诠释了陇山两侧一万年来各个历史阶段考古学文化的分布、年代、人类活动规模、植被、环境、气候及人地关系的变化[①]。此次调查尽管还有不足，但比传统的常规考古调查获取的信息量更大，视野也更加开阔，可以看作是"区域覆盖调查"在中国的最早实践。

3. 物理勘探、航空摄影和遥感考古

随着考古学的发展，考古调查逐步引入了物理勘探、航空摄影、遥感、红外线摄影等新的科技探测技术。

（1）物理勘探　20 世纪 40 年代，英国有人采用电子勘探技术在泰晤士河畔寻找古代遗留的金属遗物。20 世纪 60 年代，美国军队在越战中使用电子探测技术寻找北越军队的地下武器库。其原理是将电流通过打入地下的两根电极测量土壤的电阻变化，发现金属物质。该技术不仅十分准确，而且没有破坏性。20 世纪 80 年代，美国和瑞典工程技术人员研发出一种车载地质雷达，可勘探并记录埋在地下泥炭层土壤内深达 4 米的建筑遗迹。其原理是将电磁波从地面装置发射到地下，当电磁波穿越土壤遇到两种不同介

---

① 李非、李水城、水涛：《葫芦河流域的古文化与古环境》，《考古》1993 年第 9 期；施雅风、张丕远主编：《中国气候与海面变化及其趋势和影响①：中国历史气候变化》，山东科学技术出版社，1996 年；莫多闻、李非、李水城、孔昭宸：《甘肃葫芦河流域中全新世环境演化及其对人类活动的影响》，《地理学报》1996 年第五卷第 1 期，第 59～69 页。

质面时，部分电磁波会反射回来，其余的电磁波继续向深层发射。科学家在地面可通过测量电磁波信号折返的时间了解地层、岩层或遗迹遗物的所在部位，通过计算机处理记录，进而判读地下埋藏物的性质，同时绘出地面以下的地质结构图。

（2）航空考古　20世纪80年代以前利用飞行器对古遗址进行拍摄观测的调查方法。早在20世纪初，英国皇家陆军利用气球从空中拍摄到一组古代石柱群，俯瞰角度的影像令人耳目一新，这也是航空考古的肇始。在第一次世界大战中，盟军利用航空摄影搜集敌军的情报，并多次拍摄到地面难以发现的古代遗迹。英国空军在近东执行任务时，也意外发现一批古代城市遗址。这些发现极大地启发了考古学家，并将航空摄影技术引入考古界。

航空摄影是利用气球、飞机、飞艇从空中向地面拍摄，利用胶片的高敏感性，捕捉土壤的颜色变化和细微的地貌差异，寻找在地表凭肉眼难以发现的遗迹。由于早晚光线来源不同，有些遗迹会以明暗变化的阴影形式显现出来，还有些深埋在地下的遗址，由于文化堆积与周围土壤的结构不同，影响到地表植被的生长，这些细微差别都会被空中拍摄的照片捕捉到。航空摄影的优势表现在有利于寻找大面积的遗址、古城址或隐藏在戈壁荒漠中的遗址废墟。可以说，航空考古对考古学的贡献犹如望远镜对天文学一样，不仅分辨率高、工作周期短，而且省时省力、经济快捷。

我国的航空考古起步于20世纪50年代。1955年，为了配合三门峡水库的建设，在考古调查中，利用林业部调查局航空摄影测量队对黄河中下游摄影测量获取的影像资料，了解三门峡库区内古遗址和古墓葬的分布。1982年，北京大学教授俞伟超在挖掘湖北沙市周梁玉桥遗址时，曾借用喷洒农药的安–2飞机拍摄了遗址全景。

（3）遥感考古　利用航空（飞行器）、航天（卫星）等飞行设施以"感知"肉眼或常规摄影难以捕捉到的影像，也包括使用地面车载手持探测仪器进行的考古勘测。根据调查对象的不同，可分为航空遥感（机载雷达、热红外、高光谱等）、地面遥感（探地雷达、电磁、地震探测等）、水下遥感（多孔径雷达、旁侧声呐等）。由于遥感技术具有灵活、开阔、敏捷、快速的特点，很快便在考古调查中被应用，成为一门新兴的交叉学科。

遥感考古获取的遗址信息完整，成像尺度变化范围大，有利于对所得图像数据进行分析判读，还能在不破坏遗址的前提下发现和了解地下遗迹的规模和范围，有利于对遗址进行数字化管理和保护，节省人力物力，提高工效。

最早进行遥感考古实践的是美国学者，他们在新墨西哥州的查科峡谷利用遥感技术调查，有一系列的意外发现。意大利学者利用红外摄影技术检测不同质地土壤在散热、吸热方面的差异，在威尼斯湾的潟湖岛发现一座古典时期的重要遗址。我国的遥感考古出现在 20 世纪 80 年代后期。1987 年，安徽省考古研究所等单位利用航空摄影调查寿春古城，同时利用地球物理探测技术对古城的范围和护城河水道进行验证。

20 世纪 90 年代，我国的遥感考古进入专业化建设阶段。1993 年，华东师范大学建立城市与环境考古遥感开放研究实验室，利用遥感技术对镇江地区的商周时期台形遗址、长江下游的土墩墓、中原地区的大遗址及丝绸之路、金界壕等历史古迹展开调查，取得一批研究成果。1994 年，中国科学院遥感应用研究所与美国航空航天局合作，利用航天飞机 SIR－C 图像探测，找到了位于宁夏与陕西交界的隋代和明代长城遗迹。1996 年，中国历史博物馆成立航空摄影考古工作小组，并与洛阳文物局合作开展了航空摄影调查；随后又在内蒙古东南部开展大规模的航空考古，有不少新的考古发现①。1996～1999 年，山东省文物考古研究所与德国合作，在临淄地区进行遥感考古，通过判读美国国家档案馆馆藏第二次世界大战时期

---

① 中国历史博物馆遥感与航空摄影考古中心、内蒙古自治区文物考古研究所：《内蒙古东南部航空摄影考古报告》，科学出版社，2002 年。

的航片，锁定了多处已消失的古遗迹，并出版了《山东临淄遥感考古图集》① 一书。

（二）考古发掘

考古发掘是在考古调查的基础上采用专业技术对古遗址和古墓葬进行发掘。第一步是在遗址范围内选择发掘地点，确定发掘区的坐标基点，再进行布方、发掘。考古发掘有以下几种方法。

1. 探沟发掘法

这是早期阶段考古发掘常用的方法。如今，在进行大规模考古发掘之前，也常常采用探沟法进行试掘。目的是了解遗址的地下堆积情况和遗迹现象，为接下来的正式发掘做准备。

探沟是一种长条状的发掘单位，具体尺寸可根据实际需要来定，一般以宽2米为宜，长度以5到10米为宜。若超过10米，最好留出隔梁，再开挖新的探沟。探沟发掘的编号采用序数法。

2. 探方发掘法

1930年，英国考古学家惠勒（Wheeler, M.）② 在发掘英国多塞特郡的梅登堡（Maiden Castle）③ 遗址时，首次采用了探方法，故此法也称"惠勒发掘法"或"惠勒箱格"（Wheeler Box Grid）。其布方和发掘程序为：（1）布方（5×5米）；（2）预留隔梁、关键柱；（3）保存隔梁和关键柱以观察地层剖面；（4）依照地层堆积的早晚，按照先晚后早的原则逐层发掘；（5）详细记录遗物的位置及所属地层单位。

所谓探方，就是把遗址划分成若干正方形进行发掘。探方的布置呈网格状，尺寸分为1×1米、2×2米、4×4米、5×5米和10×10米。探方

---

① 山东省文物考古研究所编：《山东临淄遥感考古图集》，山东省地图出版社，2000年。
② 惠勒（Mortimer Wheeler，1890~1976），英国著名考古学家，伦敦大学考古系教授。
③ 梅登堡是英国多塞特郡一座铁器时代（公元前5世纪）的寨堡遗址。

太大不宜控制地层，太小会将遗迹切割得太碎，不便观察遗迹现象之间的关系，也不便发掘。根据多年的实践，我国考古界在挖掘一般遗址时，常采用5×5米的探方；挖掘大型陵墓、大型墓地或大型建筑基址时，则采用10×10米的探方。旧石器遗址也可采用1×1米的探方。

　　为便于发掘，探方之间要预留1米宽的隔梁和关键柱（1×1米），以便将每个探方间隔开来，也便于挖掘和观察地层剖面。隔梁宽度以1米为宜。当大多数探方已做到底，或遇有重要遗迹不宜下挖时，可根据需要挖掉隔梁。但位于纵横隔梁之间的关键柱要保留，目的是为了最后对地层进行核实，挖掘结束后也可打掉。但个别地点为了供后人参观地层，有些关键柱也可以长期保留（图一）。

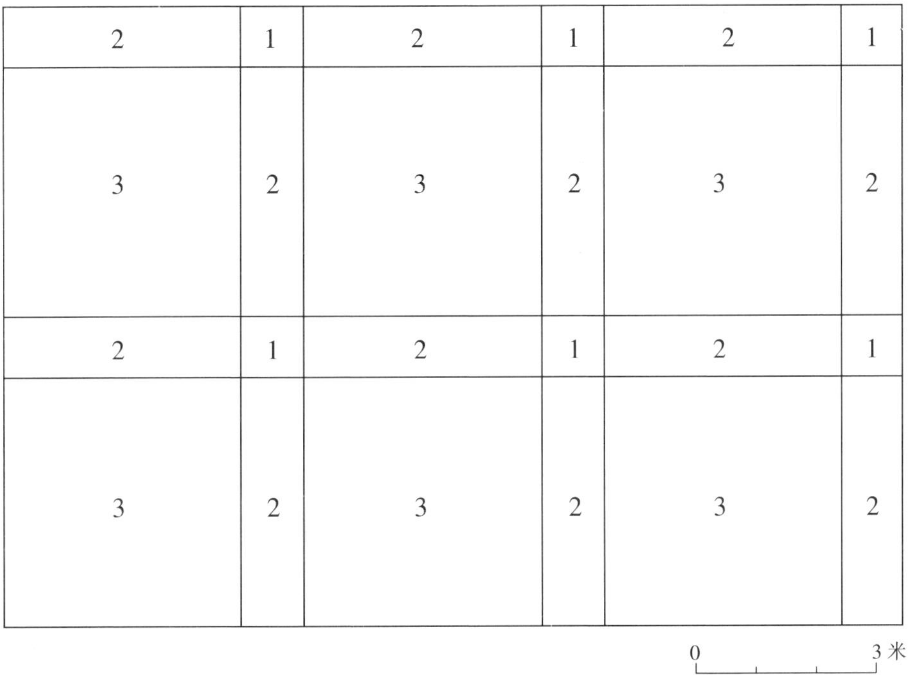

2	1	2	1	2	1
3	2	3	2	3	2
2	1	2	1	2	1
3	2	3	2	3	2

0 　　　　　　3米

图一　发掘探方（5×5米）平面图
1. 关键柱　2. 隔梁　3. 首先发掘部分

探方的布置以正磁北方向为宜，这有利于遗迹的测绘。如果遇到情况特殊的遗址，也可根据地形和遗迹走向确定探方的方向。

探方的编号有两种。一种是坐标法，一种是序数法。坐标法通常将零点设在发掘区的西南角，因此只有一个象限。有些遗址面积很大，也可把零点设在正中间，将遗址划出四个象限。具体可根据遗址的布局来定。坐标法的好处是，探方号本身就能显示出它所在的位置。也就是说，只要设下零点，每个点都有自己的探方号，方便任何遗迹、遗物的记录（图二）。坐标法的另一个优点是便于对一座遗址进行反复多次的考古发掘。

A4	B4	C4	D4	E4	F4
A3	B3	C3	D3	E3	F3
A2	B2	C2	D2	E2	F2
A1	B1	C1	D1	E1	F1

图二　探方编号方法之一：坐标法

序数法是自编号 1 起顺次向下进行编号。这在进行试掘或小规模发掘时非常方便，有时大规模的发掘也可采用。但是必须按一定的次序来排号（图三）。采用序数法的前提是对遗址要有深入了解，否则布了方的区域不见遗迹现象，没布方的地方却出现了遗迹现象，这样便会出现空号或需要增加新的探方号，导致号次排列紊乱。特别要注意的是，探方一旦编了号就不宜改动，否则会对记录、出土器物的编号造成很大麻烦。

T1	T2	T3	T4	T5
T6	T7	T8	T9	T10
T11	T12	T13	T14	T15
T16	T17	T18	T19	T20

图三　探方编号方法之二：序数法

3. 全面揭露发掘法

1973 年，法国考古学家奥利维（Olivier，Meyer）在巴黎的塞纳－圣丹尼省（Sein. St. Denis）发掘时采用了"全面揭露发掘法"。这种方法的特点是发掘区内不设隔梁，用水平仪进行监控，以 5 ~ 10 厘米为一层，分层下挖，全面揭露同时期的文化堆积。法国考古学家认为，"全面揭露发掘法"有利于直观地面对同时期的遗迹现象，避免了"惠勒发掘法"造成部分发掘区（隔梁和关键柱）被放弃或延迟发掘的弊端[1]。目前，这种发掘法在法国最为流行。

（三）文化堆积与发掘程序

遗址是历史上人类活动后形成的废弃堆积。人为活动形成的文化堆积和自然营力造成的堆积大不相同。人为形成的堆积由下而上、由早及晚，富有规律性。自然堆积是地质构造运动使然，规模宏大，堆积形态复杂，年代跨度很大。如果人类经常在同一区域居住，会在旧堆积之上再形成新的堆积，产生层层相叠或相互打破的堆积现象。一般而言，晚期堆积会压

---

[1]　Edward C. Harris, *Principles of Archaeological Stratigraphy*, Academic Press, London, New York, Toronto, Sydney, San Francisco, 1979.

在早期堆积之上，或打破早期堆积。偶尔也会形成一些特殊的复杂堆积现象（图四）。

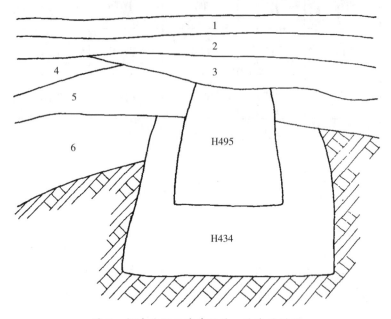

图四　河南洛阳王湾遗址的一处地层剖面

1. 耕土　2. 北朝层　3. 西周层　4. "河南龙山"晚期地层、H495 "河南龙山"晚期灰坑

5. "河南龙山"早期地层、H434 仰韶文化晚期灰坑　6. 仰韶文化中期地层（据《考古》1961 年第 4 期第 175 页插图改绘）

通过考古发掘会发现人类活动留下来的各种遗迹。如房屋（F）、墓葬（M）、灰坑（H）、窖穴（J）、窑（Y）、灶（Z）、沟（G）①等。发掘时，考古学家会在判断堆积和遗迹早晚的基础上，始终遵循由上而下、从晚到早的次序，逐层、逐单位发掘。

---

① 括号内拼音字母为各种考古遗迹单位名称的缩写。

（四）遗物的采集与记录

考古发掘时，会在不同的遗迹单位或地层中发现不同质地的文化遗物，如废弃的生产工具、生活用具（大量为残件），以及墓中随葬的各类物品。遗物在出土过程中要进行细致清理和详细记录，最后取出、清洗、保管收藏。

考古发掘时，每个发掘过程都有详细的记录。包括文字、绘图、照相、录像等。对于重要的发现和重要遗迹现象，还要通过电视或电影形式将发掘过程完整地记录下来。

四、考古学的研究方法

考古学是一门实证科学。其特点是通过对古代遗迹、遗物的发掘，在确定年代的基础上，进行推理和比较研究，最终达到了解和复原历史的目的。考古学研究的基本方法是地层学、类型学和考古年代学。

（一）地层学（Stratigraphy）

地层学是田野考古发掘的基本方法，其原理来自地质学的层位学。后者面对的是由各种岩石、土壤形成的一连串堆积，主要研究自然营力（地壳运动、挤压、搬运等）作用下形成的地层关系。考古发掘面对的是人为作用形成的文化堆积，与地质活动形成的地层不同，包括存在形式和内涵都不同，这也决定了两个学科在观察、分析和解释地层的成因上有差异。随着考古学的发展进步，考古地层学不断完善，逐渐形成自身学科的特色和一整套与地质地层学不同的研究方法。考古地层学除了观察、分析和解释各种文化层的成因之外，还要将之提升到理论层面以指导田野考古发掘和研究。

1784 年，美国第三任总统托马斯·杰斐逊（Jefferson, T.）在发掘北美印第安人的墓葬时注意到了地层关系。1871 年，德国考古学家海因里希·施里曼（Schliemann，H.）在小亚细亚半岛寻找《荷马史诗》记载的特洛伊古城，并首次按照地质地层学的原理进行发掘。以上是考古地层学的早期实践。

考古地层学的基本原理为：（1）不同时期形成的文化层和遗迹单位按时间早晚、自下而上先后堆积；（2）同一文化层或同一层遗迹单位的遗留未必是水平堆积；（3）次生堆积可能会出现早晚顺序颠倒的层位倒置现象；（4）不同文化层的成因在于堆积内容的变更，文化层的厚度不能作为衡量地层形成时间长短的标尺；（5）遗迹本身与遗迹内（如房屋）的堆积在形成时间上并不一致。

（二）类型学（Typology）

类型学是考古学研究的基准方法，又称"标型学"或"器物形态学"。考古类型学的基本原理来自生物学的分类学，根据生物分类原理，通过观察各类文化遗物、遗迹的外部形态特征及其演变，研究它们在形态上的早晚变化规律。

类型学研究考古遗迹、遗物和花纹等形态的变化规律。考古学上的遗迹、遗物和花纹在一定地区的一定时期表现为一种形态，在另一地区或另一时期表现为另一种形态。运用类型学方法，不但能了解它们的变化规律，还可以根据这种规律去推断其他有关遗迹、遗物和花纹的相对年代及其发生、发展和传播的具体过程。

最早提出"考古类型学"概念的是法国旧石器考古学家莫尔蒂耶（de Mortillet，G.）。但类型学的真正奠基者是瑞典考古学家蒙特留斯（Montelius G. O. A.）。他首先将北欧和西欧的青铜器、陶器与希腊、埃及和西亚的装饰花纹等进行排比，对照考古发掘中的一些地层关系，证明的确有规律可循，遂建立了青铜斧、剑和扣针等若干标型器，探讨各种方式的器物组合，并用这些标型器及组合来推断其他共生器物的年代。他一生中的最后一部著作是专门讲类型学的，即1903年出版的《古代东方和欧洲的文化分期》第一卷《方法论——器物类型学》一书①。不过，蒙特留斯研究的对象大多是墓中随葬品或传世品，未免有局限。稍后，英国考古学家皮特里（Petrie，Flinders）② 根据多年在埃及从事考古的经验，于1905 年出版了《考古学的方法与目的》③ 一书，将类型学的研究方法向前推进了一步。

　　类型学最初是在进化论思想推动下产生的。它将考古遗物进行历史的考察，认为是有规律可循。但有些著作把器物当作生物一样的东西，以为只是受到某种自然规律的制约，忽视社会条件的影响，有人甚至认为器物可以不受制约而自行发展，这显然是不对的。

　　类型学的基本原理是探索器物之间的发展规律。第一，必须要了解遗物与地层的关系，也就是遗物的早晚或共存关系。第二，器物的标准形制和分型定式。考古学家总是会选择那些造型复杂、变化较快或存在时间较短的器物和花纹作为断代的标准，这种器物和花纹即标准形制。根据实际情况，可选择一种或几种标型器或花纹进行排比，确定相对年代的早晚关系，继而分型定式。型和式都是对于一定形态的本质的概括。型是较大的概念，一个型可包括若干个式。一个式则是许多个体（器物或花纹）的某种个性概括。型为并行关系，式为早晚关系。第三，原型和遗型。凡是具有原始性或单纯而自然的形式即原型（也称祖型或母型），即一种东西的原初形态。遗型的原意是指器物上的某个部件，后因用途转化或制造方法变化，逐渐退化为无用之物。因此，凡是保留遗型的器物，年代都比原型要晚。第四，形制发展的逻辑序列。器物由一种形制演变为另一种形

---

① Oscar Montelius, *Die Aelteren Kultur Perioden in Orient und in Europa*, No. 1. Die Methode, Stolckholm, 1903. 中译本改为《先史考古学方法论》，滕固译，商务印书馆，1935 年。

② 弗林德斯·皮特里（Petrie，Flinders，1853～1942），英国考古学家。早年在英国南部考察史前古迹，后到埃及进行考古调查和发掘。曾任伦敦考古学院埃及学教授。

③ W. Flinders Petrie, *Methods and Aims in Archaeology*, London，1905.

制，有时会突变，但大多要经过一系列的中间环节，可分为若干变化的式别，式别与式别之间往往会有一种逻辑演变序列。第五，组合与器物群。组合是指在一定时期内，某几种形制经常共存，形成相对稳定的关系，这几种形制即为某某时期的组合。组合不仅表现在不同器物的联结上，也表现在几种器物或花纹的特有形式的联结上，甚至可以是器物、花纹和特定遗迹形式的联结。有时候，不同的组合不但有划分时期的意义，还有区别文化与族别的意义。组合是几种最普遍而突出的特征在一定时期的结合，与器物群的概念不同。

类型学方法的实际运用主要有三个方面，即单独一种器物或花纹的谱系研究、墓葬和遗址的分期、考古学文化的分区与分期。

（三）年代学（Chronology）

考古学是一门时间科学，很多重大问题的解决都有赖于时间精度的支持。年代学包括相对年代、假想年代和绝对年代。

1. 相对年代和假想年代

相对年代指不同遗存（或文化）的时间早晚，但不能确定时间长短。考古发掘的地层关系是获取相对年代的直接凭据。一般而言，只有在同一遗址才有可能产生地层关系，若将这个关系移植到其他遗址，只能借助类型学研究。正因为如此，相对年代只适用于同一文化或邻近文化之间的比较。若两种文化分布距离很远，文化面貌不同，很难进行类型学比较，也无法确定它们相对年代的早晚。

假想年代是在缺少科学检测、无法进行相对年代比较的情况下，主观推测某一考古学文化或遗存的年代。这种方法在考古学出现的早期阶段曾广泛使用。

2. 绝对年代

绝对年代是以太阳年为计算单位得出的年代。如仰韶文化出现在公元前4800年，延续到公元前2500年结束。尽管这个年代范围不是特别精准，但它是以太阳年为计算单位，可以给出一个时间长短的范围。

在考古学发展初期，只能根据文字记载了解遗址或遗物的绝对年代。1895 年发明了树木年轮学（Dendrochronology），利用现代树木与古代树木生长年轮衔接的方法检测绝对年代。第二次世界大战以前，由于检测技术和方法的局限，难以进行远距离的文化比较。那时，学术态度谨慎的考古学家大都不接受绝对年代。第二次世界大战以后，一系列自然科学技术被引入考古界。其中，影响最大的首推考古测年技术。随着测年技术的不断进步，绝对年代才逐渐被考古学家接受。

绝对年代提供了相对精确的时间参照，有利于考古学家对不同国家、不同区域的考古学文化进行比较研究，深入探讨诸如农业起源、陶器起源、文明起源等前沿课题。

3. 测年技术

（1）碳十四测年 1946 年，美国芝加哥大学教授威拉德·利比（Libby，Willard. F. ）发现，宇宙外层空间的次级中子流不断轰击大气并产生放射性碳。其原理是，地球上所有存活生物在生长期内都需要不断从大气中吸收放射性碳，这也导致生物体内所含的碳十四始终与大气中的碳十四比值一致。一旦生物体死亡，其体内积淀的碳十四便以一定的速度（5730 ±40 年）衰变分解。根据这个原理，通过检测古遗址中遗留的木炭、骨骸、贝壳等有机物残骸所含的碳十四浓度，便可得知它们的死亡年代，并间接得知标本所在地层和遗迹单位的绝对年代。碳十四测年技术对考古学产生的影响非常大，它不仅改变或修正了以往对某些古代文明的不确定认识，也意味着对那些缺乏文字记载的考古学文化在时间上有了更加精确的把握。特别是碳十四检测技术几乎不受任何地理、气候和人文因素的影响，有利于广泛的比较研究，因此被誉为"放射性碳素革命"。利比教授也因此项发明而荣获 1960 年的诺贝尔化学奖。

不过，碳十四测年技术也有一定的误差，它所检测的年代可通过树木年轮的校准图加以校正。该项技术对一万年以内的标本检测精度可以达到

±50 年，这是目前所知其他任何测年技术都难以比肩的。以往使用的常规碳十四检测有其局限性。首先是样本比较难采集，其次是检测样本用量大，第三是检测的最大幅度为 4 万年以内。

20 世纪 80 年代，新发展出了"串级加速器高能质谱技术"（AMS）。这项技术并非消极地等待碳十四原子衰变，而是将含炭样本加工后放入加速器内，直接计算样本中的碳十四原子数。其优点为：1）检测样品用量少，最低仅需要 20 毫克，仅为常规碳十四检测样本的千分之一，可进一步提高测年精度；2）检测时间大大缩短，每年可检测 2000～3000 个样本，工作效率大为提高，并可同时进行碳的稳定同位素分析；3）最大可测年限也扩展到 75000 年。

（2）其他测年技术　其他测年技术还有热释光法、古地磁法、骨化石含氟量断代法、钾－氩法、裂变径迹法、氨基酸外消旋法、黑曜石水合法、铀系法等多种。这些方法绝大多数都是利用放射性物质衰变原理测算样本的绝对年代，其应用范围和检测对象详见表一。

需要说明的是，任何一种测年方法获取的年代都是近似值，而非绝对值。因此在使用时要注意：1）影响测定因素的分析，使其更加精确；

表一　　　　　　　各种年代检测方法及测年范围

方法	材料	时间范围	备注
树木年轮学	木材	0～7000 年	
碳十四	有机物（木材、骨骼）贝壳等	0～40000 年	
铀－钍比	石笋、骨骼、贝壳	10000～250000 年	
热释光法	陶瓷、火成岩（石英、砂岩、花岗岩）、石笋	0～数十万年	
电子磁旋共振	石笋、骨骼	1000～数百万年	研制中
裂变径迹法	火成玻璃、富铀物质	0～数十万年	
钾－氩氨基酸	火山幼虫、骨骼	1000～十亿年	研制中

此表引自科林·伦福儒：《考古有何新成就》，《信使》，联合国教科文组织，1985 年 9 月（总第 63 期）。

2）多种方法互为参照、验证，最好是将放射性物质与非放射性物质相互参照；3）将绝对年代与相对年代结合起来考虑。

20 世纪 50 年代，在夏鼐先生支持下，中国社会科学院考古研究所率先建立了年代学实验室。20 世纪 70 年代以后，北京大学等单位也相继建立了年代学实验室，迄今已积累了大批考古测年数据，建立了我国从旧石器时代中晚期到新石器时代的考古学年代序列。

五、考古学文化与文化命名

（一）考古学文化

英国著名考古学家柴尔德在考古学文化的理论建设上做出了杰出贡献。他提出，确立一种考古学文化，必须要有一群具有明确特征的类型品。这些类型品要经常在一定的空间内伴同出土，单独一种类型品或孤立的遗址不能构成考古学文化[①]。

据此，可将考古学文化定义为"存在一定的时间，分布在一定的空间，拥有一群有独特风格的遗迹与遗物的集合体"。

考古学文化的形成要受所属社会的生产力发展水平、社会关系和历史文化传统的制约，同时也要受到自然环境及周围其他考古学文化的影响。

第一，不同的生产力发展水平会产生不同的生产方式和技术传统，生产关系的变革会引发社会关系的一系列变化，这些都会在考古学文化中表现出来。如果上述变化发展到一定程度，考古学文化会出现质变，或发展成新的考古学文化。因此，考古学文化总是同一定的历史时期和一定的社会发展阶段相联系。

第二，考古学文化要受到历史文化传统的制约。在一定的生产力发展

---

① ［英］戈登·柴尔德：《历史的重建：考古材料的阐释》，方辉、方堃杨译，陈淳审校，上海三联书店，2012 年，第 96～99 页。

水平下，不同区域的文化会有不同特点，即便有着相同使用功能的器物，也会在形式上有所区别，但这些差异并不反映文化水平的高低，也无关自然环境，而是历史文化传统和风俗习惯使然。当然，传统和习惯也会发生变化，但变化的幅度相对缓慢，相对稳定，工业化社会以前更是如此。了解这一点非常重要，在探讨考古学文化的起源、发展及族属时，要特别加以注意。

第三，地理环境对考古学文化许多特征的形成有显著影响。如生活在北方森林草原寒冷地区的居民，多半会选择狩猎—采集经济，他们的生产方式和使用的工具与此密切相关，如细石器、弓箭、长矛、切割器等。但在地理环境相对较好、气候温和、适宜农耕的黄河流域，很早就发明了旱地农业，并创造出一批与旱地农业有关的生产工具，如穿孔石刀、石斧、石镰、石磨盘、磨棒等。黄河流域冬季寒冷，新石器时代偏早阶段的居民采用半地穴式建筑。长江流域和华南地区，气候炎热，河湖水网密布，很早就发展出了稻作农业。由于这个地区气候潮湿多雨，流行在平地或高地营建房屋，有些地区甚至采用高架的干栏式建筑，利于防潮和散水。总之，环境对人类文化的制约和影响非常强烈。

第四，考古学文化还要受周围其他文化的影响。任何考古学文化都不是孤立的，总是要同周围其他族群发生联系。一旦有了联系，便会在物质遗存中有所反映。在研究考古学文化的互动关系时，务必要根据外来因素存在比例的大小、时间早晚来判断文化影响的方向和程度。这种影响是有条件的。首先是年代相当，其次是二者的地理位置毗邻，或二者之间存在便利的交通孔道。特别要注意，不能一看到相似的文化因素就认定是影响的结果。实际上，文化的相似性由多种原因造成，如相同或近似的地理环境、相同的生产力发展水平等，文化影响仅仅是这些要素中的一项。

（二）文化命名

1. 以首次发现的遗址地点命名

这个遗址最好出有一群文化特征鲜明的类型品，能代表该文化的总体特征。这种命名法确立的文化分布范围小，界线明确，便于把握。在这一区域内的同一类文化创造者之间有实质性的联系，有共同的历史文化传统，属于同一个民族。随着考古学的发展，这种命名法已被绝大多数考古学家采用，成为一种重要的命名方法。

2. 以最突出的文化特征命名

所谓突出的特征可以是遗迹（如"巨石文化""石棺葬文化"等），也可以是遗物或装饰纹样（如"细石器文化""彩陶文化""绳纹文化"等）。这种命名法确立的考古学文化分布范围广阔，有时甚至缺乏明确的地理界线。而且，这种命名法产生的考古学文化内部联系松散，有些甚至毫无关联，只是因为各自所处的地理环境相似、经济文化发展水平相近使然。如"细石器文化"多分布在北方森林草原地带，生活在那里的居民长期从事狩猎—采集经济，后来发展到畜牧业或游牧经济，在金属器出现之前，长期以细石器为工具。"彩陶文化"则与黄土地带、旱地农业和手工制陶有必然联系，在世界很多地方都有分布，而且延续的时间很久。

3. 以族属命名

这种命名法适用于那些已进入历史时期或接近历史时期的考古学文化。如果该考古学文化代表的族属明确，就可以用族名来命名。如"夏文化""商文化""楚文化""巴蜀文化""匈奴文化"等，国外则有"斯基泰文化""玛雅文化""印加文化"等。

考古学文化还可以分为不同的层次。如考古学文化之下可以进行分期，这是第一个层次。每个时期的文化还可以划分为不同的区域类型，这是第二个层次。在文化类型的层面还可以再进行分期，这是第三个层次。某些地区的考古学文化甚至能分出四个层次。如此，我们就有可能做到将考古遗存中观察到的文化共同体落实到部落—部落联盟的层面。考古学文化分期或划分类型的方法在我国考古界比较流行，而且取得了比较好的研究成果。

但在具体实践中，如何划分考古学文化一直存在争议。例如，从文化单位考虑，何谓考古学文化？一定的时空范围具体指的是什么？商与周在民族上是怎样一种关系？周商之际究竟属一个民族还是两个民族？为何春秋时期的楚人被归为华夏民族的一支？总之，这方面还有很多问题需要深入探讨。

六、理论建设

考古学所面对的是保存到今天的古代实物遗存。这些遗存大部分埋在地下，需要用一定的方法将它们挖出来进行研究，并在理论上加以归纳总结，形成更高层次的历史观。在发掘技术和方法上，考古学主要采用地层学的原理；在发掘资料的整理上，则采用类型学的原理；在解释历史上，采用考古学文化理论。有了上述三个方法论，才有可能对古代历史进行比较全面的归纳和阐述。

中国考古学的理论建设相对薄弱。1958 年，考古界曾提出建立马克思主义中国考古学体系的倡议，并得到全国的响应。半个多世纪以来，中国考古学的很多研究课题都在围绕这个目标展开，但在理解上并未达成一致，实践上亦有得有失。考古学的很多理论都来自其他相关学科，如地质学、生物学、历史学和文化人类学等。为了建立和健全中国考古学体系，需要做好以下几个方面的工作。

首先，运用辩证唯物主义理论研究中国各地的考古学文化发展及相互关系，建立中国考古学文化发展谱系，最终目的是阐明中国这个以汉族为主体的统一多民族国家形成和发展的历史进程。其次，运用历史唯物主义的社会发展观研究中国各考古学文化的社会历史面貌和发展规律，正确阐明中国历史发展的特点及其在世界历史上的地位。最后，通过上述研究，努力探索和发展中国考古学的理论方法，建立具有鲜明特色的中国考古学派，这是中国考古工作者的艰巨使命。

20 世纪 60 年代以来，大量自然科学方法被引入考古界，使得考古学在很多方面都出现了变化，不断有新的突破，特别是在涉及人与环境关系的领域发展很快。尽管学术界对这一变化还缺乏共识，但其积极意义不可低估。

为了建设中国考古学文化发展谱系，苏秉琦先生在 20 世纪 70 年代提出了区系类型理论。在这一理论指导下，全国各地的田野考古和研究取得了长足进展，这对于正确理解和认识中华民族文化的形成和发展具有重大指导意义。另一方面，考古学理论建设不可能一蹴而就，中国考古学的自身特色还需要加强。20 世纪 80 年代以来，不少国外的考古学理论被引入中国，这对于开阔我们的学术眼界很有帮助。如何将这些外来理论与中国考古学实践结合起来，在实践中摸索并建立起自己的理论体系，并用于指导考古实践，还需要长期探索。

七、考古学与其他学科的关系

夏鼐在谈到考古学与其他学科之间的关系时曾指出，第一是狭义的历史学，第二是人类学，第三是地质学，第四是其他自然科学。这其中既有人文科学，也有自然科学。

（一）考古学与历史学

狭义的历史学是通过文献史料研究历史，考古学面对的则是不会说话的实物史料（遗迹和遗物）。夏鼐认为，它们是广义历史学的两个组成部分，如车之两轮、鸟之双翼。我国长期将考古学置于历史学科之下。以至于有些人将考古学看作是为历史学服务的，为历史学提供资料的，是"铁锹装备的历史学"或"锄头考古学"。上述观点曾在学术界产生了一定影响。但考古学并非"锄头考古学"，它不仅仅注重挖掘，还包括了一系列复杂的后续研究。尽管考古学与历史学关系密切，但从各自的研究内容、对象和方法看，发展到今天双方已拉开了距离，特别是考古学有着近200 年的发展历史，已形成了一整套理论和独特的研究方法，不能简单地与历史学画等号。

柴尔德曾讲过这样一段话："考古学自身的发展为历史学带来了革命。它拓展了历史学的空间范围，一如望远镜拓展了天文学空间的视域。它将历史学的视野从时间上回溯了一百倍。一如显微镜为生物学揭示出肉眼可观察物体表面之下的微细胞生命。最终，它改变了历史学研究的内容，就像放射性影响了化学一样。"①

史前考古面对的是没有任何文字记载的遗迹和物质遗存，即便到了历史时期，考古学的研究对象也与历史学有很大不同。因此有学者主张，考古学应该是历史学发展到一定阶段的产物，应尽早独立出来。

（二）考古学与民族学

民族学（Ethnology）的研究对象包括氏族、部落、部族和民族。也就是说，除了形成阶段的人类原始群以外，原始社会的绝大部分都属于民族学的研究范畴。民族学实地参与的田野调查工作方法与田野考古学非常相似，因此也被看作是考古学的姊妹学科。与考古学不同的是，民族学研究的是一个民族的历史横截面，考古学研究的则是一个国家或民族的全部历史。民族学面对的是一群活生生的人，双方能对话交流，民族学家可直接观察到被研究者的生活和行为。考古学面对的则是一堆不会说话的死材料（遗迹、遗物），只能通过分析、判断研究复原历史。在西方，民族学和考古学都被归属于文化人类学。我国将民族学和考古学并列为两个独立学科。民族学与考古学的关系非常密切，相互间的研究也有一定的参照作用。如今，在世界上的一些偏远地区还生活着一些保留了古老生活习俗和社会形态的民族，通过对这些民族的研究，可以为考古学研究提供某些参考，但切勿在使用这些民族材料时生搬硬套。

---

① ［英］戈登·柴尔德：《考古学与社会进步》，载氏著《历史的重建：考古材料的阐释》，方辉、方堃杨译，陈淳审校，上海三联书店，2012年，第154页。

毕竟现今世界上任何一个古老民族都经历了长期的发展，即便是今天还保留有大量古老习俗和社会形态的民族，也都受到了现代民族的强烈影响，他们生活的环境、周围的资源和认知行为等各方面都发生了巨大的改变，远非原始社会的模样。

（三）考古学与人类学

人类学（Anthropology）一词源于希腊文（ανθρωπολογία），其前一半（ανθρωπ）意为"人或与人有关的"，后一半（ολογία）有"学科和探究"之意。人类学是研究人、探索人类奥秘的科学。16世纪初在德国最早出现了人类学，当时主要指的是对人的自然属性研究，如人体解剖学、人体生物学等。直到19世纪40年代，人类学才逐渐发展为一门独立的学科。

人类学家致力于研究人类的各种问题，时空范围非常广阔，包括世界各地不同肤色、不同种族的人以及人类的社会、文化、政治、经济、语言、医学、宗教、婚姻、家庭等各个方面。从数百万年前的古猿到现代灵长类。通过对人类文化的多角度研究，探索人类社会发展的一般法则。

人类学的特殊之处在于，它关注人类及其文化的整体，而非仅仅满足于某个局部或个别的理解。人是带有自然和社会双重属性的动物。作为自然属性的人，要受到自然规律的约束，作为社会的人，要遵守社会的法则。这一特性也决定了人类学要兼备自然科学和社会科学两方面的知识。正是出于这一点，人类学又划分为体质和文化两个大的分支。体质人类学的研究对象包括人类的起源、人种学和人体测量学等，文化人类学则包括考古学、民族学和语言学。美国将考古学置于文化人类学的范畴，英国的传统是注重社会人类学。我国的人类学曾一度被取消，改为民族学，与俄罗斯和德国的情况接近。

柴尔德曾强调，考古学与人类学（或民族志）互补，就像古生物学与动物学的互补①。考古学与人类学的关系非常密切，有很多理论都是从文化人类学中引进的。但这也并非像过程考古学家所鼓吹的"考古学就是人类学，否则什么也不是"。

（四）考古学与自然科学

考古学在某种程度上可以说是古物学与地质学结合的产物。这也预示着自考古学诞生的那一刻起，便与自然科学结下了不解之缘。20 世纪初，欧洲已有考古学家利用纹泥②的沉积速度计算古遗址的形成过程和时间，也有学者利用岩石学考证史前巨石阵的原料产地。第二次世界大战结束以来，不断有一些自然科学的技术和方法被引入考古界，如年代学、地质学、生物学、动物学、土壤学、地理学、物理学、化学、生态学、数学、计算机技术、遥感技术等。其中有些已陆续发展成为考古的分支学科，如考古年代学、动物考古学、植物考古学、环境考古学、水下考古、航空（遥感）考古等。从某种意义上说，现代考古学正在成为一个多学科作业的集合点，这一方面是由考古学的特点决定的，另一方面也是考古学发展的必然结果。正如有学者所指出的，考古学的纯洁性已经丧失③。这个发展趋势对考古学家也提出了更高的要求，即适当地了解一些相关自然科学领域的知识，强化多学科的交叉协作。不过，这也并非像某些学者所想象的，考古学正在朝着自然科学的方向发展，考古学家将成为自然科学家。实际情况是，今天活跃在世界各地的考古学家依然研究的是 200 万年以来人类社会的发展史，而非自然史。

---

① V. Gordon Childe, Archaeology and Anthropology, *Southwestern Journal of Anthropology*, vol. 2, no. 3 (1946), pp. 243 – 251.

② 纹泥是形成于冰水湖泊中的纹层状沉积物，纹泥可以帮助确定冰盖撤退期间事件发生的时代。

③ ［英］戴维·L. 克拉克：《考古学纯洁性的丧失》，载苏秉琦主编《考古学文化论集 2》，陈铁梅译，严文明、夏超雄、黄纪苏校，文物出版社，1989 年，第 346 ~ 361 页。

第二节　考古学发展简史

一、考古学的萌芽

公元前 8 世纪，古希腊诗人赫西奥德斯（Hersiodos）[①] 在《劳动与时令》这部长诗中，将人类的历史分为"黄金、白银、青铜、英雄和铁器五个时代"，代表了人类对自身历史发展的朦胧认识。1819 年，丹麦国家博物馆落成，汤姆森（Thomsen, C. J.）提出按照石器、青铜器、铁器三种不同的物质遗存进行分类，并组织展陈设计，这个事件对考古学的分期产生了深远影响。

19 世纪初，欧洲地质学家多次发现人类的遗骸与已经灭绝的古动物化石共存，在有些人类遗骸的旁边还遗有粗糙的石器。1856 年，在德国杜赛尔多夫的尼安德特（Neanderthal）山谷一座洞穴内出土一具人类头骨化石，在科学界引起轰动，并由此引发了科学与神学的论战。正是在地质学家的参与下，地层学被引入考古学，推动了近代田野考古学的出现。1871 年，德国人施里曼按照地层学原理在小亚细亚发掘了传说中的特洛伊古城，这个事件也成为近代田野考古学诞生的标志。不过，西方也有学者将 1840 年作为考古学出现的起点[②]。

19 世纪中叶是田野考古学产生的重要时期，其标志是考古地层学和考古类型学的出现，理论取向为进化论。直到 20 世纪初，才出现较为严

[①] 赫西奥德斯（Hersiodos），约公元前 8 世纪至前 7 世纪古希腊诗人，其代表作有长诗《劳动与时令》（或译作《田工农时》），是西方古代较早的教谕诗，被称作"道德手册"。

[②] ［英］格林·丹尼尔著：《考古学一百五十年》，黄其煦译，安志敏校，文物出版社，1987 年，第 43 页。

密的考古学理论和方法论。1903 年，瑞典考古学家蒙特柳斯出版了《古代东方和欧洲的文化诸分期》（第一卷）《方法论——器物类型学》，详细论述了考古类型学的基本原理。1904 年，英国考古学家皮特里撰写了《考古学的方法与目的》一书，对考古地层学做了科学的总结。这两部书的面世，代表近代田野考古学已走向成熟。19 世纪中叶到 20 世纪初是考古学发展的重要时期，很多国家开始建立专门的考古机构，出版专业杂志和书籍。

中国的古文献中也有一些考古学的萌芽记载。《国语·鲁语》记载，在成周的国库藏有来自东北肃慎人贡奉给周武王的"楛矢石砮"，这也是我国最早的文物收藏记录。西汉时尊崇黄老之学，天人感应，地下出土的文物常常被视为祥瑞之兆。汉武帝时，某地出土铜鼎，遂改元为元鼎元年（前 116 年）。东汉时，袁康著《越绝书》引楚人风胡子语："神农赫胥之时，以石为兵。黄帝之时，以玉为兵。禹之时，以铜为兵。当此（春秋）之时，做铁兵。"这种以不同的物质划分时代的方法与人类历史发展进程吻合，表明当时人们已有了简单的文物知识。

西晋武帝时，汲郡（今河南新乡与汲县之间）人在魏襄王的墓内盗掘出土大批竹简，后经旬勖等人整理编纂出了《纪年》《周书》《穆天子传》等十几部佚书，此即《竹书纪年》。这是一部非常重要的历史文献，可惜后来又佚失了。

北魏时，郦道元撰写的《水经注》记述了各地的城址、陵墓、寺庙、碑碣及其他历史文物古迹，其工作方法类似今天的考古调查。

唐初，陕西凤翔出土一批石鼓，鼓面上镌刻有战国时期秦人的文字，引发大批学者和书法家对石鼓进行研究。

以上事例代表了传统金石学出现之前考古学的萌芽。

二、宋代以来的金石学成就

金石学是以铜器、碑碣、石刻等古代文物为研究对象，偏重文献著录并考据古文字资料证经补史。金石学与欧洲的铭刻学非常相似，是近代田野考古学出现之前的古物学。由于研究手段和方法的局限，金石学最终没能发展成科学体系。近代田野考古学出现以后，金石学的大部分研究内容被融入考古学，成为中国考古学中一个重要的组成部分。

金石学出现在北宋时期。经历五代的割据战乱，宋朝统治者为了巩固政权，保持社会稳定，大力倡导经学，恢复礼制，这也导致朝野士大夫纷纷热衷于古代礼乐器的搜集整理研究。加之北宋时期史学、文字学、书学的发展，极大地刺激了士大夫对新资料的追求。特别是随着活字印刷术的出现，使得官府和私人收藏的古物能够出版，为金石学的出现奠定了基础。据传，"金石"一词最早出现在曾巩所著的《金石录》，但正式提出"金石学"的学者是清代的王昶。

对金石学有开创之功的是北宋仁宗时期的刘敞。现存年代最早、最系统的金石学著作是吕大临于北宋元祐七年（1092年）编写的《考古图》（10卷），以及由宋徽宗敕撰、王黼编纂的《宣和博古图》（1107年开始编纂）。这两部书不仅收录有文物线图、铭文、尺寸、容量、重量，还作了一些考证，并尽可能标注文物的收藏和出土地点，对青铜器的分类、定名贡献很大，代表了宋代金石学的最高水平。

元、明两代，金石学研究鲜有成就。

清代中叶特别是乾嘉以来，统治者倡导"朴学"，金石学步入鼎盛时期。清代的金石学著作逾千种，研究深度和广度远远超过宋代。这个时期的重要作品有：乾隆"御纂"、梁诗正等编《西清古鉴》（40卷，1529件）、《宁寿鉴古》《西清续鉴甲编》《西清续鉴乙编》，这四部书模仿宋代《宣和博古图》体例，收录清宫所藏铜器4000余件，对金石学的复兴起到了重要的推动作用。代表清代金石学研究最高水平的是戴震的《考工记图》和程瑶田的《考工创物小记》。这两部书将文物与文献结合，较准确地考订了商周以来的文物典章制度，学术价值很高。清末，金石学的研究范围进一步拓展到各类杂器、明器及甲骨、简牍等新的门类，不再局限于文字，其集大成者为晚清时期的著名学者王国维和罗振玉。

三、近代田野考古学的兴起

（一）19 世纪末至 20 世纪初的三大发现

中国的近代田野考古学是在西方刺激下产生的。19 世纪末至 20 世纪初，不断有西方传教士、探险家、学者等各色人物涌入中国，在我国西北等地进行掠夺性的探险考察。这个过程中，曾有轰动世界的三大考古发现。

1. 甲骨文

光绪二十五年（1899 年），北京官僚王懿荣在家人给他抓的龙骨这味中药中发现了甲骨文，后经罗振玉调查得知这些龙骨来自河南安阳小屯村。王国维通过对甲骨文的研究，发现了商代先公先王的名字，证实司马迁所著《史记》中的商王世系可信，遂轰动学界。截至今日，累计发现商代甲骨已超过 15 万片。

2. 敦煌藏经洞

光绪二十六年（1900 年），道士王圆箓在敦煌一座石窟内偶然发现了藏经洞，洞内藏有写经、文书等 4 万余件。1907 年、1914 年，英国人斯坦因（Stein, Aurel）两次掠走其中的文物一万余件。1908 年，法国人伯希和（Pelliot, Paul）又从中拣选拿走了 5000 件精品。1911 年，日本人桔瑞超再从王道士手中劫去约 600 卷。剩余的大部分后来运抵北京，交京师图书馆收藏。

3. 敦煌汉简

系汉代敦煌郡和酒泉郡烽燧内发现简牍的统称。1907 年，斯坦因在敦煌西北部的汉代烽燧首次发现一批汉代简牍，计 705 枚。1913 年发表释文和图版。这一部分连同后来又发现的 6 批汉简，总计达到 2190 枚。

（二）20 世纪 20 年代的三大考古发现

1. 北京人

1918 年 3 月，瑞典地质学家安特生（Andersson, G. J.）博士在燕京大学教授、美籍化学家吉布（Gibb, J. McGreger）教授邀请下，前往北京房山鸡骨山（今周口店第 6 地点）考查。这一年，安特生与地质调查所丁文江所长商定，由他从国外聘请专家，前来中国调查采集古生物化石，标本送瑞典研究后分藏中瑞两国。

1921 年初，安特生偕同美国地质古生物学家格兰阶（Granger, W.）、奥地利地质古生物学家师丹斯基（Zdansky, O.）再次前往鸡骨山考查。从当地村民口中得知，在鸡骨山南侧出土的龙骨更多也更大，遂前往考察，在那里发现有打制的石英片，他激动地对同伴说："这里有原始人，现在我们大家必须去寻找他。"这处地点后来编为第 53 号（即周口店第 1 地点）。同年夏，师丹斯基前往此地发掘，出土标本运往瑞典乌普萨拉（Uppsala）大学，在整理中发现了 2 枚猿人牙齿化石。1926 年，安特生陪同瑞典王储、瑞典研究中国委员会主席古斯塔夫·奥尔多夫 6 世（Gustaf Ⅵ Adolf）访华。在欢迎会上，安特生宣布了这一重大发现，遂引起轰动。安特生还建议要继续对周口店进行发掘。后在北京协和医院解剖室主任、加拿大解剖学家步达生（Black, Davidson）的斡旋下，美国洛克菲勒基金会决定给予资助，并制定了为期两年的发掘计划。1927 年开始发掘，由瑞典古脊椎动物学家布林（Bohlin, Birger）和中国地质学家李捷共同主持，再次发掘出一枚猿人牙齿化石，后经步达生研究命名为"北京中国猿人"。当时在北京大学地质系任教的葛利普（Grabau, A. W）教授给它起了个俗名"北京人"。

1929 年 12 月 2 日下午，裴文中在周口店挖出一具完整的猿人头盖骨化石，顷刻间轰动世界。截至 1937 年，在周口店共出土猿人头盖骨化石 5 具，还有大量的石器。1941 年太平洋战争爆发，这批珍贵的头盖骨化石在转移途中遗失，至今下落不明。

2. 仰韶文化

1918 年 10 月，安特生曾在河南省采集古生物化石。1920 年，他派遣地质调查所采集员刘长山去渑池县调查采集化石，刘长山在仰韶村收集到各类石器 600 余件，安特生看到后极为关注。1921 年 4 月，他亲自前往仰韶村调查，看到大量暴露的文化堆积。返回北京后，他向农商部部长和丁文江所长做了汇报，并提出发掘申请。获得批准后，这年 10 月末到 12 月初，安特生与师丹斯基和中国地质学家袁复礼等在仰韶村进行发掘，有重要发现。随后他们还在河南省其他地点进行调查，发现 17 处遗址，采集到大批史前遗物。

仰韶村的发现标志着现代田野考古学在中国正式诞生。在仰韶遗址发掘之前，很多西方学者并不认为中国有史前文化，即便有也是从西方传来的。仰韶村的发现证明，中国不仅有史前文化，而且非常发达，很有特色。

3. 安阳殷墟

1928 年，中央研究院历史语言研究所考古组成立，并负责河南安阳殷墟遗址的考古发掘，主持人为李济和梁思永。1928～1937 年，先后发掘了 15 次。发掘商代王陵 11 座及大量祭祀坑、宫殿基址等遗迹，极大地丰富了商代历史和中国的青铜文化。其中，在第 127 号坑内出土甲骨 1.7 万片，进一步证明小屯是商代晚期的都城。上述发现在国内外引起强烈反响。殷墟遗址的发掘也是中国学者独立主持大规模考古作业的肇始。

自仰韶遗址发掘后，陆续有人前往欧美等国学习考古和人类学。1922 年，北京大学研究所国学门考古研究室成立。1923 年，古迹古物调查会（后改为考古学会）成立。1928 年，中央研究院历史语言研究所成立考古组。此后遂有河南安阳殷墟、山东章丘城子崖等遗址的考古发掘和研究。

四、新中国的考古学

1949 年以后，中国考古学的发展进一步走入正轨，这以后的发展大致可归纳为如下几个阶段。

1. 准备阶段

1949～1954 年。主要任务是建立专业机构，培训业务人员，对以往存在争议的学术问题重新展开研究，并有序地开展了一些小规模的考古发掘工作。具体表现为中国科学院考古研究所成立，以及恢复对殷墟遗址、仰韶遗址的考古发掘。由国务院文化部、中国科学院考古研究所、北京大学等机构联合组织举办了四届考古训练班，速成了一批考古专业人才，为下一步工作奠定了基础。

2. 积累阶段

1955～1965 年。国内基本建设大规模展开，特别是为配合黄河水利工程的开发，组建了黄河水库考古队，在黄河流域开展大规模的考古调查和发掘。截至 20 世纪 60 年代，发现新石器时代遗址 6000 余处。这个时期的田野考古工作规模大，研究内容广泛，发现并命名了一批新的考古学文化。历史时期的考古也有很大进展，先后对汉唐城址、明代皇陵进行探查和发掘。边境地区的考古工作也取得了一些成果，积累了宝贵资料。同时也出现了一些问题，特别是在 1958 年开始的"大跃进"中，在多快好省的口号下，有些遗址的发掘和出土资料遭到不该有的破坏。

3. 停滞阶段

1966～1976 年。"文化大革命"十年浩劫，全国的考古工作陷入停顿，各级专业机构全面瘫痪，大批文物遭受灭顶之灾。其间开展的全国"农业学大寨"运动，平田整地，致使大批古遗址遭到毁灭性破坏。1972年，考古学界率先得到解放，专业刊物恢复，业务人员归队，考古工作也逐步得到恢复。这一时期，由于大批遗址遭破坏而暴露，考古工作者不得不选择重点进行抢救发掘。有计划的主动发掘较少，研究更少。加之处处受到极左思潮的干扰，工作非常被动。这个阶段，中国科学院考古研究所和北京大学先后建立了碳十四年代检测实验室。

4. 繁荣阶段

1976 年以来。随着"文化大革命"的结束，长期以来令人窒息的学术空气逐渐宽松，思想逐步解放。1977 年，中国考古学会成立。各省市自治区相继建立了地方学术机构，组织出版学术刊物。田野工作全面铺开，重大发现层出不穷，专题研究日益活跃。在考古发掘和研究中逐步引入自然科学技术。改革开放以后，与国外学术机构的交往得以恢复，一些新的理论方法被引入，这些对国内的考古发掘和研究起到了积极的促进作用，推动了理论问题的探讨。田野考古发掘逐步走向正规化、制度化和国际化，建立了考古领队资格和田野发掘报批制度，颁布了文物保护法。鉴于中国考古学取得的一系列成就，英国考古学家丹尼尔在他撰写的《考古学一百五十年》这本书中指出："在未来的几个十年内，对于中国重要性的新认识将是考古学中一个关键性的发展。"

参考书目：

1. 朱剑心：《金石学》，商务出版社，1955 年。

2. 夏鼐：《三十年来的中国考古学》，《考古》1979 年第 5 期。

3. 苏秉琦、殷玮璋：《关于考古学文化的区系类型问题》，《文物》1981 年第 5 期。

4. 夏鼐：《什么是考古学》，《考古》1984 年第 10 期。

5. ［英］格林·丹尼尔：《考古学一百五十年》，黄其煦译，安志敏校，文物出版社，1987 年。

6. 俞伟超：《考古学是什么——俞伟超考古学理论文选》，中国社会科学出版社，1996 年。

7. 严文明：《走向 21 世纪的中国考古学》，三秦出版社，1997 年。

第二章　旧石器时代

第一节　概　说

一、什么是旧石器时代

旧石器时代是考古学使用的史前考古分期之一。旧石器时代约开始于第四纪初（地质学上的更新世，距今 250 万年～1 万年），时间下限为最后冰期之后、全新世出现之前。

1865 年，英国学者卢伯克（Lubbock，John）在《史前时代》① 一书中，首次创造了旧石器时代（Paleolithic）的概念，这个词的希腊语词根 Paleo 有古代、原始、早期、史前等含义。"旧石器"一词的原初意义与打制石器、灭绝动物及迁入动物的化石有关，并与使用磨制的"新石器"时代（Neolithic）相对应。

二、旧石器时代的分期

19 世纪，法国学者拉尔泰（Lartet，Edward）以古脊椎动物化石的演变为标准，将旧石器时代划分为三个时期：

（1）早期　距今约 300/250 万年～20 万年；

---

① J. Lubbock，*Pre – Historic Times*，*As Illustrated by Ancient Remains*，*and the Manners and Customs of Modern Savages*，Williams and Norgate，London，1865.

（2）中期　距今约 10 万年～5 万年前或距今约 30 万年～3.5 万年；

（3）晚期　距今约 5 万年～1.2 万年。

以上三个时期分别与人类体质形态发展不同阶段的匠人、直立人、早期智人、晚期智人相对应。

1868 年，法国考古学家莫尔蒂耶（de Mortillet，G.）提出以首次发现的遗址点命名旧石器时代文化期的方法。随后，法国考古学家步日耶（Breuil，A.）神父对这一方法做了进一步整合，这个分期法在考古界一直沿用到今天。

以下是这两位法国考古学家对旧石器时代的分期及对应

莫尔蒂耶：　　　　　　　　　　步日耶：

① 舍利　　　　　　　　　　　① 舍利

② 阿舍利　　　　　　　　　　② 阿舍利

③ 莫斯特　　　　　　　　　　③ 莫斯特

④ 梭鲁特　　　　　　　　　　④ 梭鲁特

⑤ 奥瑞纳

⑥ 马德格林　　　　　　　　　⑤马德格林

三、旧石器时代的五种石器制作技术模式

为了避免旧石器时代的分期方法以欧洲为中心，也为了把旧石器时代的石器制作技术、经济和社会变化分开来进行研究，英国考古学家克拉克（Clark，G.）提出，将旧石器时代文化划分为五种技术模式。

1. 奥杜威技术（Oldowan technology）

出现在 200 万年前，特征是有与初级产品共生的简陋石核制品，如砍砸器、多面体石器、盘状器等，并常常伴有随意修整的石片，如刮削器和石锥。使用硬锤打击、砸击技术和碰砧技术。

2. 阿舍利技术（Acheulean technology）

出现在 170 万年前，特征是有大型两面器，特别是手斧和薄刃斧。使

用硬锤打击技术、碰砧技术。

3. 勒瓦娄哇技术（Levallois technology）①

也称旧石器时代中期技术（Middle Paleolithic technology），在欧洲也称"莫斯特文化"。出现在约 15 万年前，典型特征是有一系列精致的边刮器和单面加工的尖状器，在制作时使用石核修理技术，特别是"勒瓦娄哇方法"，剥离具有规则形态的石片。

4. 石叶技术（Blade technology）

也称旧石器时代晚期技术，出现时间较早，主要应用在旧石器时代晚期，共生石器有端刮器、雕刻器和石锥等，可能存在两面加工的尖状器和一批骨器、角器，使用硬锤、软锤和间接打击技术及压片法，出现投矛，也可能有弓箭的使用。

5. 细石叶技术（Microlithic technology）

也称中石器时代典型技术，出现在距今 2 万 ~ 1 万年。典型特征是细石器，特别是三角形、梯形和新月形这几种几何形细石器，用于制作复合工具。这种技术常与弓箭共生，或者将细石器安装在木柄上。使用硬锤、软锤和间接打击技术、沟断技术②，制作几何形细石器毛坯，使用压片法（图五）。

克拉克的分类体系是在概括世界范围内旧石器时代文化技术发展的总趋势下制定出来的，便于地区间进行比较。另外，这一体系突出了技术的发展，具有简明、清晰的优点，如今已经得到了越来越广泛的应用。

---

① 勒瓦娄哇（Levallois）是法国巴黎北部郊区一个地名，在那里首先发现使用勒瓦娄哇石器制作技术的早期例证。该技术特指一种打制勒瓦娄哇石片的方法。即从预制石核（有时为龟形）上打下预想的特殊石片，这种石片对制作小型切割工具特别有用。勒瓦娄哇技术最早出现在阿舍利文化时期，盛行于旧石器时代中期，在欧洲直到新石器时代仍在继续使用。

② 沟断技术即截断细石叶尾端的弯曲部分，留下平直部分用做复合工具的器刃。

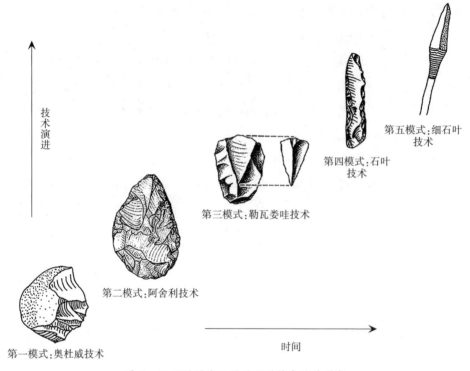

图五　旧石器时代石器的五种技术演进模式

（郑喆轩供图）

四、旧石器时代的研究对象

　　进入旧石器时代以后，由于人类出现，地球的历史也揭开了新的篇章。旧石器时代延续时间长达 250 万年，几乎占去了人类历史的 99.8%。在这个漫长的历史进程中，人类的体质形态不断进化，文化和技术也经历了从低级到高级、从简单到复杂的发展变化。

　　旧石器时代的研究对象包括人类的起源及体质形态的演化、与人类共生的第四纪哺乳动物种群、人类文化的发展、石器制作技术和生计策略的演变、人群迁徙流动与栖居的特点以及不同群体之间的文化交流等。鉴于旧石器时代考古研究的特点，该学科与自然科学之间有非常密切的关系，特别是与地质学、第四纪地质地貌学、古动物学、古植物学、体质人类学、胚胎学、进化形态学、化石学、现代灵长学、心理学、生理学、黄土学、埋藏学的联系非常紧密。

旧石器时代的研究对象还应包括人类的生计方式、栖居与社会发展变化。其中，生计方式包括古人类的觅食策略与食谱选择。旧石器时代古人类的生计为简单的狩猎－采集，他们因地制宜，最大化地获取和利用周围的环境和资源。旧石器时代早期，人类还不具备强有力的狩猎能力，更多的是以间接方式获取肉类资源，就像食腐者，取食大型动物猎杀动物剩下的残余，最大化地利用这类资源，包括敲骨吸髓，以获取所需的能量。旧石器时代中晚期，随着石器制作技术和认知能力的发展，狩猎－采集能力提高，人类食谱也大为拓展。

旧石器遗址包括中心营地、石器加工场、临时营地、屠宰场等，这些构成了旧石器时代人类的栖居形态。有学者将此概括为后勤移动和迁居移动两种基本形态。其中，后勤移动以营地为中心，在中心以外有若干不同类型的临时营地和活动地点，人类在中心营地与临时活动之间呈放射线状活动，这种栖居形态的特点是资源流向人口。迁居移动表现为没有中心营地和临时地点，一个地区往往是相对独立的自然地理单元，人类随资源的季节变化循环移动。这种栖居形态的特点是人口移向资源。

决定栖居形态的因素是多方面的，主要与人类生计活动相关。在更新世的不同阶段，不同地区面对不同资源环境的人类活动方式很复杂，上述栖居形态应属于最基本的情况。

从最早的石器出现到更新世结束，旧石器时代走过了 250 多万年。如此漫长的时间，人类及社会不断演化，人类的石器制作技术也随之变化。有学者将旧石器的石器工业分为五种技术模式。其中，简单石核石片技术在 200 万年前出现在东非；手斧技术在距今 170 万年左右出现在非洲；距今 30 万年到 4~5 万年，流行莫斯特技术；到更新世结束前，出现石叶技术和细石叶技术。

鉴于上述情况，有学者主张将不同的石器技术与不同的人类发展阶段相联系。但不断发现的新资料证明，实际情况远比上述认识要复杂，也不宜将五种技术模式简单地与不同地区的人类相联系。就技术发展而言，非洲、欧洲与西亚大部地区，五种技术相继出现。但在其他一些地区，五种技术模式未必是前后发展关系。随着时间推移，人类的石器制作技术不断进步，技术的进步则与人类行为、特别是史前社会的发展密切相关。

第二节　旧石器时代的石器

人类的出现从学会制造工具开始，工具的出现标志着人类生产活动的开始，也是人猿分野的重要标志。距今 250 万年，人类制作最早的工具出现，这些最初的工具非常原始、粗糙，形态简单，一器多用。选择的原料多为石块，也应该有木棒、骨、角、贝等原料。经过长期的生产实践，人类逐渐学会识别石料的性能，积累了制造工具的经验。

一、石器制作

旧石器时代人类制造工具的程序主要包括选料、打片和修整三个基本步骤。

1. 选择石料

人类经过长期的生产实践，逐渐掌握了岩石性能，并往往会选择那些容易打制、坚固耐用的石料，在原料的选择上有如下几个特点：（1）因地制宜，就地取材。如在居址附近的河滩采集卵石为原料；（2）石料要有一定硬度、韧性和脆性，易于制作，便于使用；（3）中国旧石器时代制作工具的原料，多选择砂岩、角页岩、石英和燧石。

2. 打制石片

大多数石器都是利用从石料上打下来的石片，再进行加工，此即

"石片工具"。石料选好以后，用石锤打下石片。打片之前要在石料上选择或打出一个较平整的"台面"。"台面"有自然的，也有经过人工敲打制成的。

石片打制主要有两种技术。一种是直接打击法，即将两块石料直接碰撞打下石片。具体又分为"锤击法""碰砧法""摔击法""砸击法"几种。锤击法是比较原始的打制石片方法，即手握石锤，从石料的平面上打下石片，多用于燧石、脉石英、砂岩等石料。此法打出的石片长而薄，旧石器时代的大多数时间都有使用。"碰砧法"是用手握住石块，往石砧上碰击打下石片。此法适用于砂岩一类石料，特点是打出的石片较宽厚，半锥体散漫。"砸击法"是以大石块为石砧，在石砧上一只手抓握石料，另一只手抓握石锤，砸击石料获取石片，此法得到的石片较窄长。另一种是旧石器时代晚期出现的间接打击法，即通过某种媒介打制石片的技术。具体分为"石锤间接打击法"和"压剥法"两种。"间接打击法"工艺进步，打出的石片薄而窄长，适用于那些既韧且脆的石料，在对石器加工修整时也常常使用这种方法。"压剥法"（压制技术）一般采用鹿角等坚硬材料，将一端修成尖状，另一端直接用手执握或加柄，依靠手臂或胸部的压力产生巨大压强，直接作用于被加工的石核或石片上，进行剥片或修整。这种技术产生的石片，台面较小，打击点、打击泡等特征不明显，石片也较细小，形状易于控制，可以剥取薄而长、两侧平行的石叶或细石叶。石叶或细石叶背面有一条或多条纵脊，横断面呈三角形或梯形，与直接打击技术产生的石片有较明显的区别。

3. 石核

一块石料可以打下数量不等的石片，打剩下的核心部分即为"石核"。石核的形状比较复杂，也能制作工具，称"石核工具"。

在石料上打下石片后，石核上会留下一个凹面，称"阴面"。保留在石片上略微鼓突的劈裂面称"阳面"，相背的一面称"背面"。台面与劈裂面相交的夹角称"石片角"。另外，在打出石器的表面还会产生一些特殊的痕迹，如打击点（打击石片的着力点）、半锥体、放射线（又称"辐射线"）、波状纹、劈裂面等（图六）。

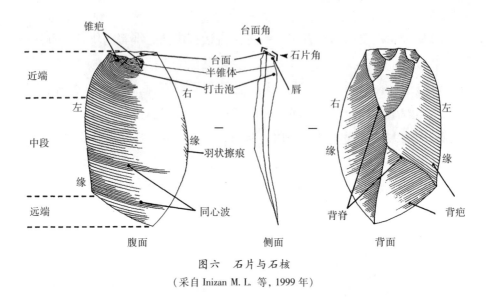

图六 石片与石核

（采自 Inizan M. L. 等，1999 年）

根据民族志资料，制作石器还可以采用火烧卵石，再将冷水泼在卵石上使其炸裂，从中挑选适合的石片加工使用的方法。

4. 第二步加工

打下来的石片、打剩下的石核大多没有固定的形状，要想得到适宜的工具，必须要做进一步的加工和修整。修整一般是用石锤敲打石片或石核的边缘，这种方法产生的疤痕短而深。也可以使用木、骨等有机物进行加工，这种方法修正后产生的疤痕较浅长。

修整技术分为两种。一种为"单面打击修整法"，只从石器的一面敲打修整器刃部分，此法修整出的石器边刃比较平直；另一种为"交互打击修整法"，从石器边刃的正反两面交互打击修整，此法修整后的石器边刃呈锯齿状。还有两面修理、正向加工、反向加工、复向加工等技术。

二、石器种类

1. 砍砸器

多采用石锤敲击而成。器形较大，可以用石片制作，也可以用石核制作。其功能类似今天的斧头，主要用于砍伐、制作木质工具等，为后世斧头的祖型。

2. 刮削器

其毛坯多采用锤击法或砸击法制作。个体较小，形态比较复杂，可用于剥取兽皮、切割兽肉、刮削木器等。

3. 尖状器

多数是由石片加工制成的尖刃工具。一般两端带刃，顶端有一尖锋，是剥取兽皮的有效工具，也可用于在土中刨挖。

4. 端刮器

通常以石叶为毛坯，远端进行修整加工。可用于切割、刮制兽皮或其他材料。

5. 两端石器

也称两极石片，多以石英为原料。器形较小，有方形、椭圆形和三棱形，两侧边缘常见使用痕迹，用途解释不一。

6. 石锤

多选用条状自然砾石制作，两端有打击遗留的痕迹，主要用于剥取石片或进行敲砸。

7. 石砧

为个体较大的卵石或石块，形状不一，器表面遗留有敲砸留下的凹窝类疤痕，是制作石器时垫放石料的用具。

三、假石器

在自然界，有些岩石在自然营力的作用下会产生与旧石器的石器类似的石片。假石器的出现大多由下列几种情况造成：（1）河流搬运；（2）海浪拍击；（3）海岸挤压；（4）冰川挤压；（5）热胀冷缩；（6）啮齿类动物啃咬。

历史上曾发生过真假石器争论的事件。但是只要掌握了石器加工的步骤、方法和规律，对假石器的判别就不困难。一般而言，自然力作用产生的假石器没有固定的形状，棱角多，无台面，半锥体也不明显。冷热物理作用造成的假石片大多破裂成贝壳状的圆片，与人工打下来的石片很容易区分。

第三节 旧石器时代早期

旧石器时代早期，人类体质形态、性状非常原始，但是已能制作和使用打制石器，过着群居的生活。

一、早期人类化石

1. 元谋人

1965 年，在云南元谋县上那蚌村附近发现两颗猿人牙齿化石，形态特征与北京猿人接近，属于一位男性青年个体。地质时代属于早更新世晚期。经古地磁法检测，年代为距今 170 ± 10 万年。后命名为"元谋直立人"。

2. 蓝田人

1963 年 7 月，在陕西蓝田县城西北的陈家窝子发现一具猿人下颚骨化石。1964 年，在蓝田县城东部的公王岭发现一具猿人头盖骨化石。两地相距约 20 公里。其中，下颚骨化石属于一位老年女性个体，头盖骨化石属于一位 30 岁左右的女性个体，后来分别被命名为"蓝田猿人陈家窝子种"和"蓝田猿人公王岭种"。由于化石出在两个地点，时代、地层、动物种群都存在差异，有些古人类学家建议，将头盖骨命名为"蓝田人"，将下颚骨命名为"陈家窝子直立人"，统称"蓝田人"，学名为"直立蓝田人亚种"。经古地磁法检测，头盖骨的年代为距今110万年至115万年，下颚骨的年代为距今65万年。

研究表明，蓝田人的体质形态和性状比北京人原始，与印度尼西亚的爪哇人比较接近，二者所处的地质层位也一致。蓝田人的头骨比北京人小，骨壁厚，前额低平，下颚骨前倾角小，牙齿粗壮，平均脑容量为780cc，恰好处在南方古猿（430～700cc）和北京猿人（859～1225cc）之间。

1965～1966年，在蓝田人化石所在地层出土20余件石器，地表采集石器40～50件，包括砍砸器、刮削器、三棱厚尖状器、石球等，形态都比较原始，共存的动物化石种群显示出浓郁的南方色彩。通过对伴生的38种动物化石进行研究，表明当时的气候环境较今天湿润温暖，植被属于森林草原景观。

3. 北京人

1921年初，瑞典学者安特生等人在北京周口店第1地点采集化石，发现打制的石英石片。同年夏，奥地利地质古生物学家师丹斯基前往这处地点发掘，后来在整理出土遗物时发现2枚猿人牙齿化石。1926年宣布了这一重要发现，随后命名为"北京中国猿人"。1927年，在美国洛克菲勒基金会的资助下，中瑞两国学者合作，对周口店遗址进行发掘，再次出土1枚猿人牙齿化石。1929年12月2日下午，裴文中在周口店发掘出土一具完整的猿人头盖骨化石，遂在世界引起轰动。1937年抗日战争爆发之前，在周口店遗址一共发现5具猿人头盖骨化石及大量石器。

截至1966年，在周口店遗址共发现猿人头盖骨化石6具、下颚骨15具，加上肢骨、牙齿等，总计近40具个体。北京人头盖骨的体质形态特征是骨壁较现代人厚一倍，前额低平，眉脊粗壮，颧骨突出，吻部前突，没有明显下颏，牙齿较粗壮，齿面复杂（图七）。脑容量为859～1225cc，平均 1059cc（现代人为 1400cc）。北京人大脑的复杂程度远远超出类人猿，体质形态介于人猿之间。由于长期使用右手，北京人的左脑较右脑稍大，肢骨也较头骨进步，上肢骨形态已接近现代人。北京人体质形态的原始性主要表现为骨壁较厚，骨髓腔较细，下肢骨保留较多的原始性状。上述特征恰恰反映出劳动在人的体质形态进化过程中所起的重要作用。北京人男子平均身高 1.62 米，女子平均身高 1.52 米。

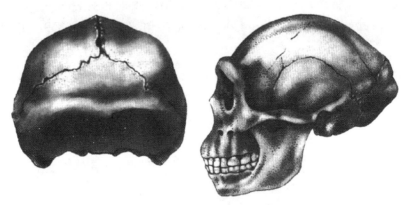

图七　北京人头盖骨化石
（引自黄蔚文《周口店北京直立人遗址》，2007 年）

通过对 38 具北京人化石个体的研究，死于 14 岁以下者 15 人，30 岁以下 3 人，40～50 岁 3 人，50～60 岁仅 1 人，其余不详。由此可见，北京人的平均寿命很低，生活非常艰难。有些学者通过对北京人头盖骨遗留的圆凹、深切痕迹研究，认为不是自然压伤，而是用木棒、卵石、尖状器等钝器打击造成的创伤，进而推测北京人有食人的习俗。但学术界对这一解释有不同的意见。

北京周口店遗址共发现哺乳动物化石 90 余种，出土数万件石器，还发现了用火遗迹。经古地磁法检测，北京人生活的洞穴堆积年代为距今 70 万年～23 万年。北京人生活的年代为距今 50 万年左右，延续时间长达 30 万年。当时周口店一带的生态环境良好，森林植被茂盛，气候也比今日要温暖。

4. 和县人

1980 年，在安徽和县陶店镇汪家山龙潭洞出土一具保存相当完好的猿人头盖骨化石、1 块左下颚骨和几枚牙齿，至少代表了 3 个人的个体。还出土有石器、骨器和烧骨等遗物。伴生的古动物化石表明，和县人的年代不晚于中更新世，距今 30 万年左右。

5. 金牛山人

1984 年 9~10 月，辽宁省文物考古研究所和北京大学在营口市金牛山遗址发掘出土一具完整的猿人骨骼化石，包括头骨、脊椎、肋骨、髋骨、髌骨、尺骨、手骨、足骨等，共 50 余件，时代为中更新世后期，距今 28 万年左右。对此有学者提出不同意见，认为金牛山人的体质形态较北京人进步，应属于早期智人，即旧石器时代中期。

6. 郧县人

1989~1990 年，在湖北郧县青曲镇弥陀寺村学堂梁子相继两次发现猿人头盖骨化石，后命名为"郧县人"，属于早期直立人。在出土的人骨化石层位之上发现 10 余件石制品和哺乳动物化石，包括加工规整的大尖状器和制作石制品的原料等，石器的加工方法、器形及哺乳动物化石种群与陕西蓝田遗址接近，属于更新世早期。

7. 汤山人

1995 年，在江苏南京汤山镇葫芦洞出土 2 件直立人头盖骨化石和身体其他部位的骨骼化石，与人骨化石共生的哺乳动物化石与安徽和县龙潭洞遗址相同，经检测为距今 30 万年。这一发现对了解中国南方、长江下游的古环境及中国南北之间的文化联系有重要研究价值。

二、早期的文化遗迹

1. 西侯度遗址

20 世纪 60 年代初，在山西芮城县的湖相沉积层中发现一处早更新世晚期阶段的人类文化遗存，出土石器 30 余件。其中还有 2 件经人类加工使用过的残鹿角和烧骨。遗址的年代经古地磁法检测，为距今 180 万年，属于地质时代的更新世早期。

2. 匼河遗址

20 世纪 50～60 年代，在山西芮城县匼河村沿黄河东南岸 13.5 公里的范围内，调查发现 11 处旧石器地点，出土的动物化石有扁角鹿、斑鹿、纳玛象、剑齿象和三趾马等。此外还出土了 138 件石制品，包括锤击的石核、摔击的石核、石片、砍砸器、刮削器、三棱大尖状器、石球等，经检测，其地质时代属于中更新世早期。

3. 小长梁遗址

1978 年，在河北阳原县官厅村小长梁发现一处更新世早期的人类文化遗址，出土一大批燧石石器，还有一些人工加工过的骨片。遗址层位属于华北更新世早期标准地层的泥河湾组，地质年代属于更新世早期。

4. 观音洞遗址

1964 年，在贵州黔西县观音洞发现了长江以南最大的一座洞穴遗址。经考古发掘证实，遗址年代属于中更新世，即旧石器时代早期，与北京人的时代大致相当。这座遗址的发现，为研究长江以南及西南地区的旧石器时代文化提供了重要的实物资料。

三、早期的石器特征

在山西芮城西侯度遗址河湖相沉积层出土的石器个体比较大，以打制石片石器为主，砾石石器很少见。制作技术原始，均系单面加工，类型也不固定。器类主要有砍砸器、刮削器和三棱大尖状器。

河北阳原县小长梁遗址出土的石器多使用锤击法，个别使用砸击法。石片多为单面加工，个体偏小，较西侯度遗址出土石器类型复杂。器类主要有刮削器、尖状器、砍砸器和石砧等。还发现很多未经第二步加工但有使用痕迹的石片（图八）。

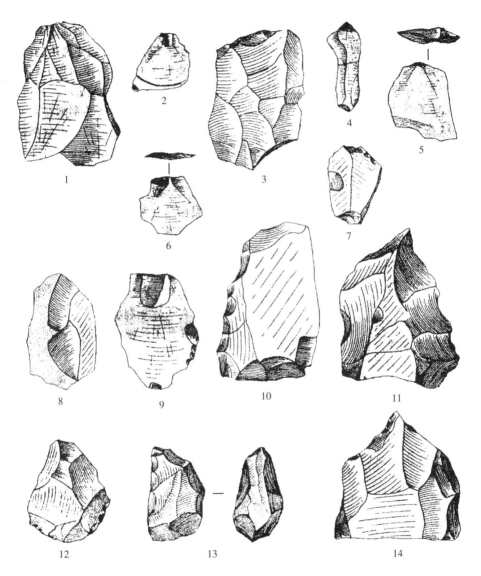

图八　小长梁遗址出土石器

（引自尤玉柱，1983 年）

1. 两级石核　2. 石片　3、4. 两极石片　5、6. 小台面石片　7～9. 使用石片

10～11. 单边直刃刮削器　12. 圆头刮削器　13. 尖状器　14. 石钻

周口店第一地点出土石器均采用本地的石英、砂岩、燧石为原料，使用锤击法和砸击法打制，器类主要有刮削器、尖状器、石锥和雕刻器等，均为小型石器。

这一时期，在中国西南地区旧石器时代遗址（如贵州观音洞）发现的石器主要为石片石器工业，东南地区发现的主要为大型砾石工业，但年代大多不清或存在疑问。

第四节　旧石器时代中期

一、早期智人的发现

1. 丁村人

1953 年，在山西省襄汾县丁村调查发现旧石器和古动物化石。1954 年开展深入调查，在汾河东岸南北约 11 公里的范围内，找到 11 处旧石器时代中期遗址。在 54：100 地点晚更新世早期砂砾层底部，发掘出土 3 颗 12～13 岁的儿童牙齿化石。1976 年以后，在汾河西岸陆续找到 20 余处新的地点，大多属于旧石器时代中期，少量属于旧石器时代早期或晚期。同年还发现一块约两岁左右的儿童右顶骨化石。其特征较北京人儿童顶骨化石骨壁要薄，显示出较进步的体质形态特征。学术界便以该地点出土的石器命名了"丁村文化"。

2. 许家窑人

1973 年，在山西阳高县许家窑村梨盖沟及东南部紧邻河北阳原县的侯家窑出土一批古人类化石及石器，年代属于旧石器时代中期。这也是我国出土古人类化石和文化遗物最丰富、规模最大的一处遗址。许家窑遗址的文化层距地表深 8 米以上，属于河湖相沉积，表明当时许家窑人生活在古大同湖岸边。这座湖面积巨大，几乎占据了整个大同盆地。

1974～1977 年对许家窑遗址进行了多次发掘，出土一批古人类化石。包括人顶骨 11 块（其中两块完整）、枕骨 2 块、右上腭骨 1 块、牙齿 4 枚、右下颌支 1 块、牙齿 2 枚，代表了 10 余位男女老幼个体，年龄从 7 岁到 50 岁以上不等。

许家窑人的特点是头骨的骨壁较厚，颅骨内表面脑膜中的动脉分枝不如北京猿人粗大，分叉简单，颅顶较高，头骨最大宽度位置比较靠上，枕骨圆枕远不及北京人宽和尖，吻部也不是很突出，下颌支低而宽，牙齿粗大，齿冠咬合面较复杂。总体研究表明，许家窑人的平均寿命约为 30 岁，其体质特征既有一定的原始性，又有部分接近现代人。共存的 6 枚古动物牙齿化石经铀系法检测，年代为距今 10 万年左右（8.8±0.5～11.4±1.7 万年），属于晚更新世阶段。

3. 马坝人

1958 年，在广东曲江县马坝狮头峰一座石灰岩洞穴内发现一具古人头骨化石和 19 种动物化石。头骨化石属于一个中年男子，头骨高度远大于北京人，眉脊粗壮，脑容量 1220cc。体质特征介于猿人与现代人之间，与一般古人相似，年代为晚更新世早期。

4. 大荔人

1978 年春，在陕西大荔县解放村甜水沟附近的更新世晚期河流相砂砾层中，发现一具完好的男性青年头骨化石，其特征是头骨低矮，眉脊粗壮，骨壁颇厚，与北京人体质性状接近。但大荔人的顶骨相对较大，枕骨隆突下移，顶枕部较高，吻部不很突出，脑容量 1120cc，脑膜中动脉分枝痕迹较丰富，这又显示出较北京人体质形态进步的特征。总体看，大荔人的特征与早期智人一致，介于直立人与早期智人之间，属于早期智人中的古老类型。像大荔人头骨这般完整、属于中更新世的早期智人标本，在世界范围内极少发现，填补了我国古人类学的空白。同年秋，对这座遗址进行挖掘，出土石器 181 件。

二、中期的石器特征

1. 丁村文化

丁村文化的石器在整个汾河流域都有发现。这些石器的原料约95%是黑色角页岩。经调查，在丁村以东不远的低山地带就出产这种黑色角页岩，丁村的石器原料就采自那里。1954年采集2000余件石器，大都有使用痕迹，但真正经过第二步加工的石器为数甚少。

丁村石器的特点是器形较粗大，制作技术以碰砧法为主，较旧石器时代早期有明显进步。石器类型较多样，典型器有单边砍砸器、多边砍砸器、石球、三棱大尖状器、鹤嘴形厚尖状器、小型尖状器和刮削器等。有些石器制作相当规整，显示出石器功能已经出现分化。

丁村文化的砍砸器普遍使用交互打击法，刃缘呈锯齿状。其中，在几个边缘都进行加工的多边砍砸器是一种功效甚佳的工具。丁村文化最具特色的石器是三棱大尖状器，此类器选用厚大的石片制作，后部手握部分较宽厚，前端尖锋锐利，呈对称三棱状。这种石器最早发现在丁村遗址，因此有"丁村大尖状器"的命名。还有一种典型器是鹤嘴形厚尖状器，器身厚长，尖端较扁，形似鹤嘴状。以上两种石器可能都是挖掘植物根茎的工具，也可用于砍斫（图九）。

2. 许家窑遗址

许家窑遗址出土石器多达12000余件，还发现不少经过加工的骨器。这些石器普遍采用直接打击法，技术较前一阶段进步。器类以刮削器和石球为主。其中，石球的数量达1073件，因此有"石球制造者文化"之美誉。这些石球普遍都有加工，外形浑圆、规整，是当时一种重要的狩猎工具。此外还有少量的尖状器、雕刻器、小石钻等。刮削器制作精巧，远胜前一时期。还有一种龟背状刮削器，特征鲜明，是一种新出现的工具，用厚重石片加工制成，劈裂面平直，背部隆起，周边为刃口，可用于剥皮、割肉或加工兽皮。还有一种短身圆头刮削器，加工精细，已显示出一定的细石器作风，相当进步。总之，许家窑的石器出现了不少新内容，甚至还有一些细小石器，与后来中国北方地区发达的细石器文化传统有一定的渊源关系。

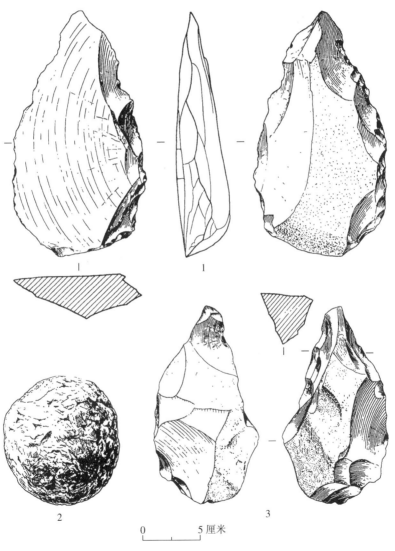

图九　丁村 79：02 地点石器

（引自王建等，1994 年）

1. 大尖状器　2. 石球　3. 三棱大尖状器

第五节　旧石器时代晚期

一、晚期智人的体质特征

人类经历 200 多万年的进化，到了旧石器时代晚期，体质形态有很大改变。特别是随着族外婚的实施，人类体质上的一些原始性状基本消失，外表与现代人已经没有区别。不过，属于智人偏早阶段的柳江人在体质形态上还保留少量的原始性状。

1. 山顶洞人

1930 年，考古学家在周口店遗址清理北京人化石堆积边界时，在靠近山顶处发现一座洞穴，故名山顶洞。1933 ~ 1934 年，对山顶洞进行了系统发掘。这座山洞洞口朝北，洞内为拱顶，可分为洞口、上室、下室和下窨（地下室）四个部分。在洞口和上室部位发现人类用火的遗迹。在下室出土三具完整的人头盖骨、零散肢骨化石及一些装饰品。在人骨周围还发现有赤铁矿粉，可确认这里是墓葬。有学者认为，这座墓葬曾被人为扰乱，或者被鬣狗破坏；也有学者认为，这些人骨属于"二次葬"。

在山顶洞内一共发掘出土 8 ~ 10 具晚期智人个体骨骼化石，其中 3 具完整的头盖骨分别属于 1 男 2 女。男性头骨的左侧放置穿孔贝壳、狐狸牙齿，尸骨周围还播撒了赤铁矿粉。山顶洞遗址发现的重要意义在于，这里发现了亚洲年代最早的人工墓葬，葬俗表明，当时的人类已经有了超现实的概念或最早的宗教信仰。在欧洲也曾发现在死者身上播撒赤铁矿粉的现象，对此现象有两种解释。一种是出于保护尸体，防止野兽破坏，因为有些野兽惧怕红色；第二种是希望死者能够复生，用红色的赤铁矿粉象征人的血液。

山顶洞人的体质形态相当进步。其头骨最宽部位靠近顶结节处，牙齿较小，下颌突出，脑容量 1300～1500cc，与现代人基本一致。男子平均身高 1.74 米，女子平均身高 1.59 米。

山顶洞人头骨化石最初交由北京协和医院的德籍教授魏敦瑞（Weidenreich, Franz）[1] 负责研究。他曾研究过北京人化石，发表了大量研究文章[2]。1939 年他再次撰文，指出山顶洞出土 3 具头骨中那位男性的体质数据接近欧洲克罗马农人，但体质形态属于原始蒙古人种。女性中的一具属于南太平洋的美拉尼西亚类型，另一具属于北美爱斯基摩类型。

20 世纪 60 年代，我国学者重新对山顶洞人骨化石进行了研究，认为这批化石的体质形态有很强的共性，具有明显的黄种人特征，与中国人、爱斯基摩人和美洲印第安人接近，表明这三个黄色人种支系可能由山顶洞人派生而来。可见，山顶洞人对认识中华民族祖先的体质形态特征具有重要意义。山顶洞人最初检测的年代为距今 18000 年，后来新的检测结果为距今 28000 年，属于更新世末期。

2. 柳江人

1958 年 9 月，在广西柳江市区以南 20 余公里、通天岩附近的一座洞穴内，发现一具保存完好的人类头盖骨化石，还有部分椎骨、肋骨、骶骨、髋骨和股骨。其中，除股骨属于一位女性外，其余均属于一位中年男子。据吴汝康教授研究，柳江人化石保留了一定的原始性状，如面部短宽，眼框低扁，鼻孔宽阔，为气候炎热地区人类的典型特征。柳江人的体质形态属于分化和形成阶段的黄种人类型，也有一些接近南亚黄种人的特征，铲形门齿证明他属于蒙古人种的早期类型。柳江人的体骨特征显示其身材较矮小，与现代东南亚人比较接近，脑容量已达 1480cc。柳江人较山顶洞人年代要早，是早期古人的代表，也是东亚地区更新世晚期年代最早

---

[1]　魏敦瑞时任北京协和医院解剖学教授。他还接替了加拿大籍学者步达生的位置，任中国地质调查所新生代研究室的名誉主任。

[2]　北京人头盖骨丢失后，魏敦瑞的研究成果尤为珍贵。

的现代人。

二、晚期文化和石器特征

旧石器时代晚期，人类已能缝制衣服，掌握了人工取火技术，除了制造石器，还发明了磨光和钻孔技术，能够制作和使用骨器，工具形态和种类有了更多的创新和改进，学会制作和使用弓箭、投枪，大大拓展了生产技能和生活领域。这一时期，部分人类走出亚洲，穿越白令海峡，进入美洲大陆、澳洲和北极地带。与此同时，人类也开始走出山洞，进入旷野平原，搭建窝棚，营建相对稳定的聚落或季节性营地。长期以来的采集－狩猎生产实践，使得人类对某些动物和植物的习性和生长规律有了较深入的认识，这一切都为即将到来的新石器时代和农业革命做了铺垫。

中国境内考古发现的旧石器时代晚期遗址遍布各地，几乎在各省、区和直辖市都有发现。从文化内涵看，南方和北方的分化趋势更加明显，开始形成有一定空间分布的地域文化。其中，北方的石器工业继续朝着小型化发展，并出现了两种走向。一种是石器朝着长宽等比的小型化发展；另一种是朝着长宽不等比的细化趋势发展，即石器变窄的幅度大，变短的幅度小，整体显得细长。南方也存在两种趋势。一种是依旧延续大石器的传统，另一种是有些地方开始出现小型化石器。

三、峙峪和下川

1. 峙峪遗址

这座遗址位于山西省北部的朔县（今朔州）。出土遗物以细小石器、小石片为主要特征，普遍存在小圆头刮削器、小长石片等细小石器，有些石器显示出相当进步的因素。在1964年发掘出土的15000件石器中，有一件用燧石制作的箭头，石片较薄，尖锋周正，下部两侧向内收窄呈短铤状。联想到以往在内蒙古萨拉乌苏、宁夏水洞沟等地发现的同类遗物，可证实弓箭应该出现在旧石器时代晚期。弓箭的发明在人类历史发展进程中意义重大，它标志着人类开始掌握一种新式兵器，极大地推动了渔猎经济的发展。代表这个时期石器制作工艺水平的还有钺形小石刀、扇形小石核。前者的原料为水晶，是一件镶嵌在骨柄上作为器刃的复合工具。后者的进步性表现在，它是日后发展成为细石器的一种特有石器类型。在峙峪遗址还发现了经过细致打击修整的骨尖状器，还有一件磨制钻孔的扁圆形石墨装饰珠。总体来看，峙峪遗址细小石器的制作技术有明显提高（图一〇）。经过对该址出土的骨化石进行碳十四检测，年代为距今 28940 ± 1370 年。

　　峙峪遗址出土的动物化石以野马为数最多，至少有 120 具个体。其次为野驴，有 88 具个体。这两种大型食草动物是峙峪人的主要狩猎对象。因此也有学者戏称峙峪人为"猎马人"。狩猎对象的专门化表明，人类在改善工具制作技术的同时，生产和劳动技能也大为改进，狩猎技术有明显提高。

　　2. 下川遗址

　　下川遗址位于山西省沁水县内的中条山主峰。在历山山腰的一座小盆地内，共发现了 6 处地点。1976 年和 1978 年先后进行过两次大规模的考古发掘，出土石器分两类。一类以石英砂岩为原料，制作粗大的打制石器，但数量不多。另一类以燧石为原料，制作细小石器，数量很多，是下川文化石器的主体。

　　下川遗址出土的石器种类非常丰富，有雕刻器、尖状器、石钻、石镞、圆头刮削器、船底刮削器、石锯、琢背小石刀等。特别是新出现的石锛状器、扁平长条大尖状器、石磨盘等相当进步的生产工具。不过，这座遗址最为突出的进步特征是有丰富的细石器和小型石器。

　　下川遗址出土的石镞分为圆底、平底、微凹底和略微起短铤等数种，两面加工很精细。尽管这批石镞的形态较新石器时代原始，但年代早，制作技术进步，数量也有明显增加。这里还出有一侧或两侧加工成带若干尖齿的石锯，有的还带短柄，可用于锯割。琢背小石刀造型特殊，是一种可

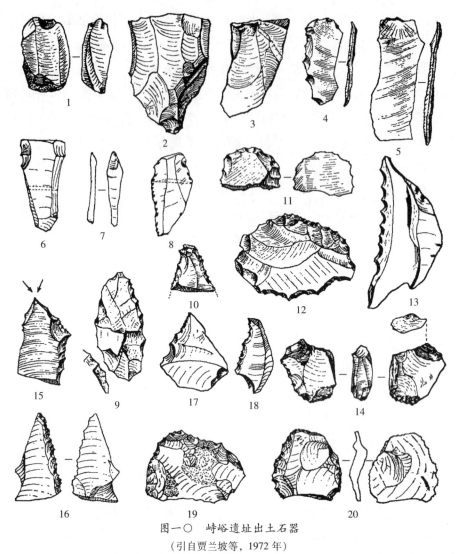

图一〇　峙峪遗址出土石器

(引自贾兰坡等，1972 年)

1. 两极石核　2、3. 多面石核　4~8. 小石片　9~10. 尖状器　11~13、19、20. 刮削器
14. 石核石器　15~18. 雕刻器

嵌入把柄的复合刀具。下川遗址还发现大量"石核石器"，是另一种具有
代表性的石制品，并非石核的改制品，而是用厚石片和带自然平面的薄板
燧石刻意加工、主要用于刮削和切割的生产工具。

下川石器表现出我国旧石器时代晚期共有的制作技术传统，并创造出以琢背小石刀、石核石器为代表的特色石器，有别于其他文化。这批石器已具备了细石器文化的技术和主要种类，不少石器加工精良，相当定型。总之，这是我国旧石器时代晚期细石器工艺最发达的一处遗址，为研究旧石器时代向新石器时代过渡提供了重要的中间环节。

四、大窑石器制造场

大窑遗址于 1973 年发现，面积 200 万平方米。遗址位于内蒙古呼和浩特市东郊大窑村、前乃莫板村的脑包梁上。这里地处大青山南麓丘陵地带，山梁由花岗片麻岩和燧石组成，是旧石器时代晚期一处重要的石器制造场，包括有专门开采燧石的原料场和制造石器的地点。大窑和前乃莫板两村相距约 10 公里。两座遗址的时代、性质完全相同，统称为"大窑石器制造场"。这座遗址延续使用时间很长，从旧石器时代晚期延续到新石器时代。

在遗址范围内，从半山腰至山顶部，燧石裸露，散布着一些专门打制石片的遗迹，周围散布或埋藏大量的燧石块和石制品。由于这是一处石器制造场，遗物中的绝大多数都是半成品，鲜有使用痕迹。估计当时的作业方式是在原生岩层开采燧石，就地加工制作石器。

1976 年以来，通过考古发掘出土石器 1600 余件。特点是以中小型石器居多，采用直接打制法，技术纯熟。遗物中以各种刮削器为数最多，砍砸器次之，还有少量的尖状器、手斧和石球。其中，龟背状刮削器形态复杂，数量最多。还有一个有趣现象，在遗址下文化层出土的石器普遍个体偏大，越往上石器个体越小，呈现出连续性、延续性和日趋细小化的发展趋势。

五、骨器和装饰品

1. 猫猫洞和穿洞的骨器

猫猫洞位于贵州省兴义县一座形似卧猫的山顶，这是一处岩荫遗址。

1974 年发现，1975 年发掘，出土人骨化石 7 件、骨器 4 件、角器 8 件、其他石制品千余件以及丰富的用火遗迹。

　　猫猫洞遗址最重要的发现是出土了一批骨、角器，改变了以往我国旧石器时代遗址缺少骨、角器的历史。在这里出土的骨器分为以下几类：（1）骨锥 3 件。均残缺下部，经打击、刮磨成型。骨锥的尖刃打磨精细，表面光洁。器身部位比较粗糙，可见线状擦痕。其中一件骨锥在锥尖下部约 30 毫米位置有一块三角状的疤痕，从其延伸的走向看，很像是脱落的鱼叉倒刺痕迹。若此推论不误，这也是我国首次发现的旧石器时代晚期的骨鱼叉。（2）骨刀 1 件。这也是一件我国首次考古发现的旧石器晚期骨刀标本。骨刀通体打磨光滑，一面平整，一面凸起，下厚上薄，刀背磨去棱角，刀刃在左侧和顶部，十分锋利。（3）角铲。以鹿角为原料，分单面、双面两种加工，单面加工为主。其制作程序为，先截取鹿角的一段，再将一端刮磨成 45 度角的器刃部分（图一一）。经铀系法检测，猫猫洞遗址的年代为距今 14600±1200 年，属于地质年代的更新世晚期。

　　穿洞遗址位于贵阳市普定县以北 6 公里处，是一处石灰岩洞穴遗址。经过发掘，出土包括人类上颌骨、牙齿和头骨残片等化石，以及鹿、牛、羊、麂、竹鼠、熊、豪猪、野猪等动物化石。石制品有石核、石片、砍砸器、刮削器、尖状器。石器剥片技法中以锐棱砸击法最为普遍。此外还发现 400 余件骨角器，制作精美，包括骨铲、骨锥以及大量打击的骨器。还发现有丰富的用火遗存，包括灰烬、烧骨、烧石、炭屑等。其中烧骨多达 8000 余件。遗址的地质年代推测为更新世晚期接近结束，与猫猫洞遗址年代相当或稍晚。

　　2. 山顶洞和小孤山的装饰品

　　北京周口店山顶洞遗址出土有骨针和 141 件装饰品，后者包括修磨的鹿角、穿孔兽牙、海蚶壳、小石珠、石坠和骨管等。其中最能反映这个时期骨器制作水平的是骨针，磨制十分精细，这也是目前所知年代最早的缝

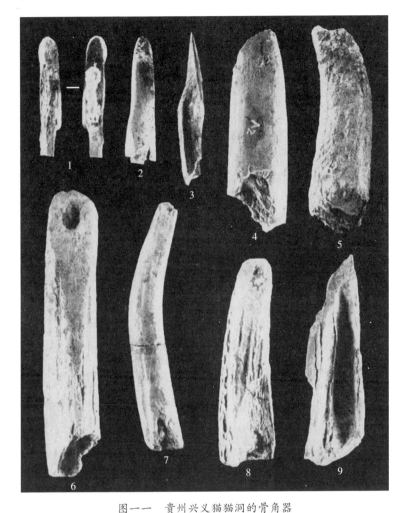

图一一　贵州兴义猫猫洞的骨角器

（引自曹泽田，1982 年）

1. 钝尖骨锥　2. 扁尖骨锥　3. 锐尖骨锥　4. 骨刀　5~8. 角铲　9. 斜尖骨锥

纫工具（图一二：下）。以上遗物表明，当时人类已能制作服饰，有美化装饰身体的观念。

1983 年，在辽宁海城县小孤山一座山洞内，发现了古人类化石、上万件石制品及大量古动物化石。其中最重要的是出土了一批骨、角、蚌壳

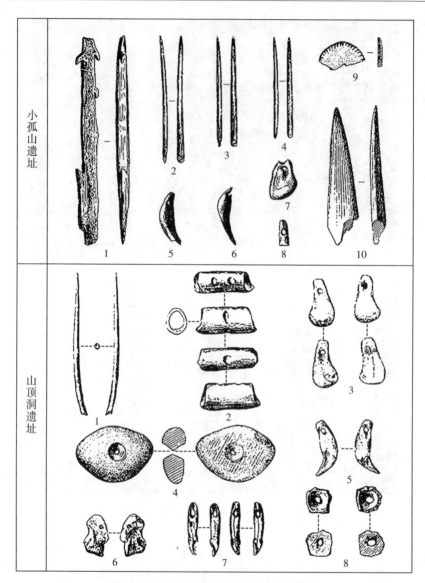

图一二　旧石器时代晚期的骨器和装饰品

（上：引自辽宁省文物考古研究所等，2009 年；下：引自王幼平，2005 年）

上：1. 骨鱼镖　2~4. 骨针　5~8. 穿孔兽牙　9. 穿孔蚌壳　10. 骨锥

下：1. 骨针　2. 骨管　3、5、7. 穿孔兽牙　4. 穿孔小砾石　6. 穿孔鲩鱼眼上骨　8. 穿孔小石珠

制品。包括骨鱼叉、骨针、穿孔兽牙、穿孔蚌壳等（图一二：上）。这批遗物形制与北京山顶洞遗址的出土物类似，相比欧洲同类遗物出现的时间也毫不逊色。经检测，小孤山的年代较山顶洞遗址要早一些，距今4~2万年。

第六节　中国境内旧石器时代文化的区系

中国的旧石器时代文化可上溯到距今180万年前，分为早、中、晚三个时期，且自始至终都表现出较独特的文化风貌。中国地域辽阔，各地自然环境差别很大，因此也造成了不同地区旧石器时代文化的差异。其中，最大的不同出现在华北与华南两大区系之间。而且在这两个区域的内部之间也存在一些差异，相互间呈现出既有联系又有区别的文化现象。

一、华北地区（秦岭、淮河以北地区）

华北的地理位置是指秦岭、淮河以北地区。这里的旧石器时代早期遗址主要发现在山西、陕西、河南、河北、辽宁等省。甘肃、宁夏、内蒙古、吉林、黑龙江、山东等省区也有发现。其中年代最早的遗址是山西芮城的西侯度和河北阳原的小长梁，地质时代属更新世早期，这两个遗址的文化面貌不尽相同，似乎代表了两个不同的文化系统。贾兰坡在1972年指出，华北地区的旧石器至少应分出两个系统，一个是匼河—丁村系，另一个是周口店第一地点—峙峪系。它们各自包含了一群从早到晚的遗址。其中，西侯度遗址可能是匼河—丁村系的源头，小长梁遗址可能是周口店第一地点—峙峪系的发端。

匼河—丁村系又称"大石片砍砸器—三棱大尖状器"传统，其基本特征是利用宽大的石片制造各种形状的砍砸器和三棱大尖状器，小型石器不多，类型简单。属于这个系统的遗址主要分布在晋、陕、豫三省及临近地区，包括旧石器时代早期的陕西蓝田遗址、山西芮城匼河遗址，旧石器中期的山西丁村遗址、河南灵宝孟村遗址。旧石器时代晚期，这个系统的文化面貌不是很清楚。有学者指出，内蒙古呼和浩特的大窑遗址可以归入该系统。但是这座遗址的所在位置远离匼河—丁村系的传统分布区，反而处在另一系统的文化分布范围内，这究竟是什么原因，还有待于深入的研究。

周口店第一地点—峙峪系又称"船头状刮削器—雕刻器"传统，其基本特征是利用不规则的小石片制作细小石器，类型较多，大型石器相对较少。属于该系统的遗址分布面很广，包括冀、晋、陕三省北部和宁夏、内蒙古、辽宁三省（区）南部。属于旧石器时代早期的遗址有北京周口店第一地点、辽宁营口金牛山等。属于旧石器时代中期的遗址有山西阳高许家窑、辽宁喀左鸽子洞和海城仙人洞等。这个阶段的石器工业无论是技术上还是类型上变化都不大，基本延续了旧石器时代早期的一些类型和加工技术，即使器类或形态有所变化，技术稍有进步，也表现得十分缓慢。因此，旧石器时代早期和中期的分界也不是很清楚。总体上看，旧石器时代中期仍延续传统的奥杜威技术。属于旧石器时代晚期的遗址有山西朔县峙峪、河北阳原虎头梁、内蒙古伊克昭盟萨拉乌苏等。这个时期的石器呈现出逐渐细化的特点，最终发展出了真正的细石器，与后来中石器时代或新石器时代早期的细石器能够衔接起来。

华北地区旧石器时代两大文化系统特征鲜明，分布各有疆域。但是到了旧石器时代晚期，情况出现了变化，一是遗址数量增加，二是分布面扩大到东北北部和青藏高原，进入到了旧石器文化的大发展期。这个时期的石器制造技术有很大进步，采用"间接打击法"生产小而长的石片，有些石器的第二步加工已出现"压剥法"，石器类型多样，刮削器类型复杂，数量多。其他还有尖状器、雕刻器和石镞等。大型石器有砍砸器、石锤和砺石。北京山顶洞遗址出土 25 件石器，有些特征显示出北京人石器工业传统的延续。

这一时期，北方地区的两大石器传统界线已不是很明确。石器普遍细小化，这一倾向与制作技术的进步、复合工具的流行有密切关系。例如刮削器、雕刻器可以安柄，没必要做得太大；弓箭是新的发明，箭头必须要小；有些标枪在木棒或骨棒顶端嵌入小的石片。这一趋势也导致匼河—丁村系的大石器传统必然向细小化方向转变。周口店第一地点—峙峪系细小石器传统更是如鱼得水地延续发展。其中也不排除有后者对前者的文化影响，这或许是华北地区旧石器时代晚期两大系统的界线开始变得模糊的主要原因。

二、华南地区

华南地区的旧石器时代遗址分布广泛。按地理单元分可为两大群，一群分布在云南、贵州、四川、广西一带，另一群分布在湖北、安徽、江苏等地。其中年代最早的是云南元谋的上那蚌遗址，使用锤击法制作石器，加工粗糙，形制不规整，器类有刮削器、尖状器等。年代为距今 170 ± 10 万年。

华南的旧石器工业不同于华北地区的两个系统。这里的石器普遍使用锤击法打制，有些地方使用锐棱砸击法，石器形状多不规则，类型也不如华北地区的确定。特别是到了旧石器时代晚期，华南仍然很少见到石器细化的倾向。

华南的旧石器文化内部也有差异，文化谱系还不是很清楚。比如同属于旧石器时代早期的湖北大冶石龙头遗址和贵州黔西观音洞遗址，二者就很不一样。前者的石器以砍砸器为主，类型简单；后者则以刮削器为主，还有砍砸器、尖状器和雕刻器，类型较多，而且大小相差悬殊。

华南旧石器时代中期的遗址发现不多，遗物较少，文化面貌不是很清楚。到了旧石器时代晚期，华南的旧石器遗址非常丰富，文化面貌各不相同。在四川铜梁张二塘遗址出土的多为大型石器，特别是双向加工的刮削器数量较多。但是同处在四川的汉源富林遗址出土的多为小型石器，且大多为单面加工，在南方地区很少见到。在贵州兴义猫猫洞等遗址发现的石器大多采用锐棱砸击法，工艺特殊，器类也较复杂，有刮削器、尖状器、砍砸器、雕刻器、石锤和石砧等。贵州兴义猫猫洞遗址还发现有骨角器，显得比较特殊。估计华南地区在旧石器时代晚期还可划分出几个小区，很多细节问题有待新的考古发现和研究才能厘清。

中国旧石器时代不同谱系的文化并非相互隔离，而是有着密切的关联。华南地区一般很少发现细石器，但在地理位置靠近北方的四川汉原富林遗址，不仅存在细小石器，数量还很多，可见南北两大区系之间是存在交流和相互影响的。同时也要看到，华北和华南的石器文化存在差异的另一原因是两地的生态环境不同，人类的生计方式不同。

三、小结

中国旧石器时代文化的共同特征可简单归纳为几点：（1）石片石器远多于砾石石器或石核石器；（2）各类石器的制作大多采用单面加工技术（向背面加工）；（3）石器种类始终以刮削器、尖状器和砍砸器为主。

以上三点体现了中国旧石器时代文化的统一性，也是区别于国外旧石器文化的基本特征。从理论上讲，旧石器时代人类的活动范围和空间知识有限，不可能有意识地同千百公里以外的群体发生联系，但是人类迫于自然灾害和生计变化总会有移动或迁徙，尽管每次移动的范围不是很远，方向也不确定，但在几千年甚至几万年的时间里，经过无数代人不自觉的接力，人类文化总有机会传播到较遥远的地区，也会与不同文化谱系的群体发生接触交流。这也就是为什么中国旧石器时代文化不仅具有多样性，而且在相当范围内具有统一性的真正原因。

第七节　中石器时代

一、概念和定义

1866 年，爱尔兰考古学家威斯特罗普（Westropp，Hodder Michel）提出了"中石器时代"（Mesolithic）的概念。最初这个概念的提出完全是为了满足考古学三段式的分期传统，并无实质性的内容，因此也不为大多数学者所接受。

1. 塔登诺阿文化与中石器时代

19 世纪，在法国南部相继发现一批旧石器时代晚期遗址，在瑞士等地发现了著名的湖居遗址，对探索欧洲旧石器向新石器的过渡途径提供了线索，但在地层上还有明显的缺环。

1885 年，在法国埃纳省巴黎盆地的费林－塔登诺阿（Fereen－Tardenois）的沙质黏土内发现一种新遗存，遗物以细小几何形器为特征，复合工具发达，时代为公元前 7000～前 4000 年，晚于旧石器晚期的马格德林文化（Magdalenian），早于新石器时代以瑞士湖居遗址为代表的罗本豪森文化（Robenhausian）。该遗存既不属于旧石器，也无法归入新石器。后来在法国和欧洲其他国家也陆续有此类发现，塔登诺阿文化（Tardenoisian）也由此而得名（图一三）。

从缺少旧石器—新石器过渡的地层依据，到在欧洲大部地区找到这个缺环，无疑是一大进步。不过，最初学术界在这个问题上还有分歧。德裔西班牙史前学家奥伯迈尔（Hugo Obermaier）[①] 主张将塔登诺阿文化分为两

---

① Hugo Obermaier（1877～1946），德裔西班牙史前史学家。早年为天主教神父，研究史前史，后前往法国，主持中欧地区的考古发掘，有一系列重要发现。

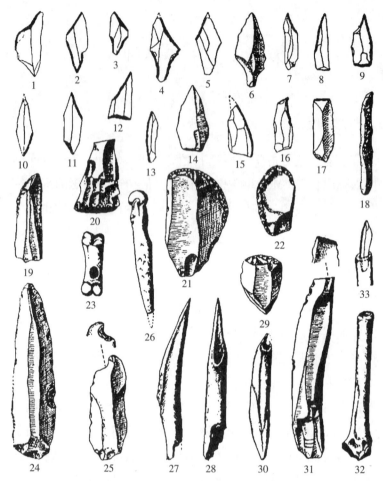

图一三　塔登诺阿文化的细小几何形石器、骨器和复合工具
(李雁供图)

1~22、24、25、29、31. 细小石器　23、26~28、30、32. 骨器　33. 骨柄石锥（钻）

类，一类归"后旧石器时代"（Post - Paleolithic），另一类归"原新石器时代"（Proto - Neolithic）。但也有人坚持，塔登诺阿文化属于"中石器时代"。

进入 20 世纪以后，开始有学者讨论并定义"中石器时代"的概念。认为中石器时代出现的背景是：冰期结束，欧洲的自然环境、气候、植被和动物种群出现重大变化，气候趋暖，冰期的冻土带变为草原，原来以

桦、松为主的针阔叶混交林让位于以橡木为代表的落叶林。大型食草动物
（驯鹿、野牛、野马）减少，取而代之的是大量的赤鹿一类动物。这一系
列变化对人类文化产生了重大影响。但是，著名考古学家柴尔德曾指出：
"与已往的时期相比，中石器时代给我们留下极度贫乏的印象。"①

　　2. 中石器时代的确立与定义

　　20 世纪 30 年代，英国考古学家克拉克（Clark, J. G. D.）撰写了《英
国的中石器时代》（1932 年）、《北欧的中石器文化》（1936 年）两部专
著。他指出："从更新世冰期结束—全新世初，欧洲大部分地区的旧石器
人类为适应新环境，开始制作和使用几何形细小石器及复合工具，呈现出
一派新的文化气象。这一特定的、非农业的历史阶段即'中石器时代'。
再后来，西亚的农耕文化传入欧洲，欧洲本土的狩猎—采集文化逐渐被外
来的农耕文化所取代。"

　　随着研究深入，学术界逐渐接受了如下一些概念：（1）欧洲的中石
器时代始于更新世最后冰期之后，结束于农业出现之前，地质时代进入全
新世。（2）欧洲的中石器文化源于本土的旧石器晚期文化。（3）欧洲绝
大多数中石器文化未能发展到农耕文化，但二者在一定程度上有关联和影
响。（4）全新世气候转暖，海面抬升，气候和环境的变化也影响到人类
文化，具体表现为几何形细石器和复合工具流行。

　　欧洲学者对中石器时代的定义有如下三种：（1）最后冰期后，人类
开始向以往被冰河覆盖的北方地区迁徙，人类历史开始向新石器过渡。这
个过渡阶段有时被单独划出来，称"中石器时代"。该定义强调时代变化
和人类生活空间的移动。（2）在旧石器和新石器之间有个过渡阶段，称
"中石器时代"。这个阶段人类发明了弓箭，但还不会制造陶器。该定义
强调物质文化的进步，特别是弓箭的出现。（3）中石器时代，人类广泛

---

① ［英］戈登·柴尔德：《历史发生了什么》，李宁利译，陈淳校，上海三联书店，2008
　　年，第 32 页。

使用弓箭和复合工具，生产效率提高，经济生活改变。这种变化带有过渡性，即从原来的狩猎－采集开始向农夫和牧人过渡。这个定义强调过渡性和经济形态的转化。

二、有关中石器时代的讨论

20世纪50年代，中国的考古工作者开始寻找中石器遗址，并在秦岭、淮河以北地区发现一批含细石器的遗址。在黄河流域，这类遗址多分布在山前坡地、高岗或小山梁上，如山东临沂凤凰岭、河南许昌灵井、陕西朝邑与大荔之间的沙苑等（图一四）。在长城沿线及以北地区，主要见于荒漠、戈壁或沙化地带，如内蒙古海拉尔松山、满洲里札赉诺尔、察右中旗大义发泉，青海贵南拉乙亥，新疆吐鲁番七角井。这些遗址的共同点是细石器发达。在长江流域和华南地区极少见细石器，唯一的例外是广东南海西樵山遗址，发现有细小石器。但南方也应该有这个历史阶段，比如那些没有发现陶器和磨制石器的洞穴遗址，可能属于这个时期。

华北地区自旧石器晚期以来，随着狩猎技术的进步，石器开始向细小化发展，出现少量复合工具，这与欧洲有些相似。但是中国不见欧洲、西亚和北非流行的几何形细石器（三角形、斜长方形、梯形、半月形等）。华北的细石器多为细长的石叶，且分属不同的文化。由于缺乏严格的理论界定，这些遗址不仅难以套用欧洲的中石器时代定义，时代也有早有晚。中国的国土面积几乎等于整个欧洲，这么大的范围，不排除某些地区的文化演进模式与欧洲类似，也有一些地区完全不同。总之，中国是否存在欧洲那样的中石器时代，学界还有不同认识，应实事求是地看待。

这种现象不仅限于中国，也见于世界其他地区。以西亚为例，旧石器时代晚期在黎凡特分布有纳吐夫（Natufian）文化，绝对年代为距今12000年，一度归入中石器时代，但该文化仍处在更新世阶段，后来又改为"后旧石器时代"（Epipaleolithic）。纳吐夫文化结束后，西亚进入前陶新石器时代（Pre－Pottery Neolithic，缩写为PPN），两者之间并无缺环，

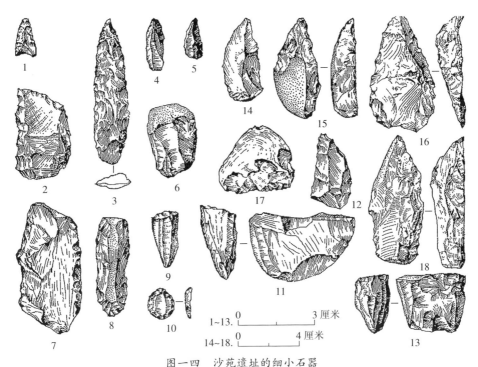

图一四　沙苑遗址的细小石器

（引自《新中国的考古发现和研究》，1984 年）

1. 镞　2、5、12、15、16、18. 尖状器　3. 石叶　4. 小石片　6～8、10、17. 刮削器　9、13. 石核　11. 石核刮器　14. 石片

说明西亚不存在欧洲那样的中石器时代。在东北亚，西伯利亚地区的旧石器一直延续到全新世时代早期，并与当地的新石器时代直接衔接。日本最早的陶器出现在距今 14000 年前后，农业出现很晚，日本考古界没有采用旧石器、中石器、新石器的概念，而是称"先土器时代""原土器时代"和"土器时代"。美洲考古传统也不采用三分法。可见中石器时代在世界范围内并不具备普遍意义。

美国学者普赖斯（Price，T. D.）在谈到欧洲的中石器时代时指出：

爱琴海与巴尔干地区更新世至冰后期条件的过渡并不剧烈。证据表明，前农业适应（prefarming adaptation）与该大部分地区旧石器晚期的适应并没有什么区别，仅有少数地区可以分辨出中石器阶段。

实际上，对旧石器向新石器过渡性质的认识，在很大程度上取决于我们对地理和环境的思考。东南欧和南欧的史前学家一直将冰后期的前农业适应称为后旧石器时代。在这些地区，环境与人类适应的变化看不出来，加上动植物驯养引入较快，严重模糊了中石器时代的可见度，也削弱了该课题的研究力度。中石器时代在西北欧最为显著，冰后期变暖产生巨大的影响。那里居住在苔原上的驯鹿狩猎者被开拓树林与滨海资源的人群所取代，农业来得很晚。中石器时代的性质与持久性很容易被观察和记录下来。因此，"中石器时代"术语的定义成为一个难以把握和棘手的问题。虽然在过去五十年里赋予了这个术语以无数特征，但日益清楚的是，该术语仅具有时间范畴上的意义[①]。

参考书目：

1. 吴汝康等：《人类发展史》，科学出版社，1978 年。

2. 贾兰坡：《中国大陆上的远古居民》，天津人民出版社，1978 年。

3. 吴新智等：《中国古人类综合研究》，《远古人类论文集》，科学出版社，1978 年。

4. 丘中郎等：《二十六年来的中国旧石器时代考古》，科学出版社，1978 年。

5. 张森水：《中国旧石器文化》，天津科学技术出版社，1987 年。

6. 苏秉琦主编：《中国通史》第二卷《远古时代》，上海人民出版社 1994 年，第 1~44 页。

7. 林圣龙：《中西方旧石器文化的技术模式的比较》，《人类学报》第 15 卷第 1 期，1996 年。

8. Lothar F. Zotz, Culture Groups of the Tardenoisian in Central Europe, *American Anthropologist*, N. S. , 36, 1934.

---

① Price, T. D. , The European Mesolithic, *American Antiquity*, 1983, 48 (4): 761 -778.

第三章 新石器时代

第一节 新石器时代的基本特征

1865 年，英国的卢伯克（Lubbock，John）在《史前时代》一书中还提出了新石器时代（Neolithic）的概念，新石器时代的标志有多项综合指标。在承认区域文化发展不平衡的前提下，是否能以某个单项指标为条件，还需要探讨。实际上，陶器、动植物驯化、砥磨技术、定居等因素均可不同程度地追溯到旧石器时代晚期。

新石器时代的基本特征可以概括为，全新世气候和环境的改变促使人类文化出现质的飞跃，人类实施定居，出现农业和家畜饲养，普遍开始制陶和使用磨制石器。

一、全新世环境与气候暖化

距今 11000 年前后，末次冰期——大理冰期结束，地质时代进入全新世。人类社会从旧石器时代进入中石器/新石器时代。随着冰后期的到来，气候转暖，雨量增加，植物丰茂，动物纷纷向北迁徙。冰期的不毛之地呈现出一派生机勃勃的景象。自然环境变得对人类生存更加有利，也为新石器的到来奠定了基础。

由于自然环境和文化发展水平不同，各地进入新石器的时间有先有后。西亚的前陶新石器时代始于距今 12000 年，陶器出现在距今 9000 年前后。日本的绳纹文化始于距今 12000 年，农业出现却很晚。中国的农业出现在距今 10000 年前后，华南有些遗址在距今 16000 年前后就出现了陶器。新石器时代在各地结束的时间也不一致。以中国为例，中原地区为公元前 2000 年，周边地区普遍要晚。若扩展到全世界，有些地区直到很晚，其文化发展水平仍停留在石器时代。

二、砥磨技术

旧石器/中石器时代，几乎所有石器都是打制的，仅个别刃部磨光（或使用过程磨损使然）。新石器时代，磨制技术迅速发展，因此也被称作"磨制石器时代"。

磨制石器并非指整个制作过程都采用磨制技术。一件石器通常要经过选料、打片、制坯、敲琢、打磨等数道工序。有些还要钻孔、抛光。后来出现了切割和管钻技术，使用竹木或皮绳，加入细砂，借助水和砂的磨擦力，切割硬度较高的石料并钻孔。

磨制石器的优越性体现在：（1）可根据需要随意制作各种石器，满足使用需求；（2）石料经砥磨可提高刃部锋利程度，减少摩擦，提高工效；（3）适合磨制的石材远较适合打制的广泛，大大拓展了原料的选择范围。以上三条以第一条最重要。只要比较一下金属时代及今天的工具形态，就不难看出磨制石器与金属工具之间的渊源关系，也就不难理解新石器时代的石器工业在人类文明史上的重要地位。

三、农业和畜养出现

农业的出现使人类从狩猎－采集这种单纯依赖大自然的恩赐转变为能动的生产。农业出现前，人类每增加一份劳动，自然界就减少一份产出，这种经济的供养力有限。农业和畜养的出现改变了人类的食物获取方式，人变为生产者，投入劳动越多，产出越大。这个变化在人类历史上意义重大。正是因为农业出现，人类文化才以一种前所未有的高速度向前发展。

四、陶器

中国古史传说有"神农耕而作陶"以及"舜耕历山，陶河滨"的记载，可见陶器的出现和使用与人类进入新石器时代、定居和农业有必然的联系。陶器是人类物质文化发展到一定历史阶段的产物，也是人类最早利用火将一种物质改变为另一种物质的发明创造。陶器的主要成分是硅和铝的无机盐类，无毒、无味，有一定的抗压力，是理想的生活用具。陶器使人类的饮食条件有了根本性的改善，易消化的熟食对人类体质形态的改善、大脑的进化意义重大。陶器还有利于存储食物，给人类的生产生活提供了极大便利。

陶器的优越性显而易见。首先，制作陶器的黏土多而易得；其次，黏土具有良好的延展性和可塑性，适宜制作各类器皿；第三，泥坯加热到600℃以上便因失去结构水而陶化，应力增加，耐火耐水，稳定性好，不变形。故陶器发明后，很快就成为人类不可或缺的日常生活用具。

目前，世界上发现最早的陶器有如下一些：

（1）中国江西万年仙人洞遗址圜底陶釜，距今 16000 年前后；

（2）中国湖南道县玉蟾岩遗址陶片，距今 16000 年前后；

（3）中国广西桂林庙前遗址陶片，距今 15000 年前后；

（4）日本爱媛县上黑岩遗址第九层陶片，距今 14000 年前后。

五、纺织

新石器时代，各地普遍发现纺轮和织物痕迹（陶器印痕或纺织品的炭化物），织物的经纬密度从 10×10 厘米到 40×40 厘米不等。纺织技术需要相当的智力和技巧，首先要有适合纺织的纤维，其次是掌握捻转牵拉纤维的技巧，纺出匀称、有一定强度的纱，最后再分经纬，将纱线织成布。有了布，人类极大地改善了衣着，御风防寒，这是对后世产生重大影响的发明创造。

六、铜器

铜器长期被认为是晚于石器时代的产物。实际上，最早的铜器出现在新石器时代，甚至更早的中石器时代。在伊拉克的扎维彻米（Zawi Chemi）遗址出有天然铜块，年代为公元前 9217±300 年和公元前 8935±300 年。同时期的沙尼达尔（Shanidar）遗址出有孔雀石珠、天然铜扣针和铜锥等。在伊朗的阿里库什（Ali Kush）遗址出有公元前 6500～前 6000 年的天然铜制品。这些早期铜器的出现，可能有某种偶然性（如当地产天然铜）。新石器时代晚期，人类对铜金属的认识大大深入，开始有意识地寻找和制作，但大部分产品为红铜（纯铜），因此这个阶段也称"铜石并用时代"（或红铜时代）。

第二节 "新石器革命"与农业起源的理论思考

一、绿洲假设

1904 年，美国地质学家和考古学家庞培里（Pumpelly, R.）和德国学者施密特（Schmidt, H.）在土库曼斯坦挖掘了安诺（Anau）遗址，提出"绿洲假设"（Oasis Hypothesis）理论。其论据是，随着人口增加和居住地变小，迫使人类寻求新的谋生手段，人类和野生动物开始向绿洲转移，并尝试栽培谷物。

"绿洲假设"经过英国考古学家柴尔德的诠释得以完善。他认为，文化的发展有赖于经济革命，因此要从经济角度解释人类的"史前史"。冰期末叶，近东的气候从湿润寒冷变得温暖干燥，食物短缺迫使人和动物迁徙到一些永久水源地和绿洲，导致人和动植物辐集到一个共生环境，人类逐渐意识到驯化动植物的潜力，于是，半流浪的狩猎 - 采集者开始实验谷物栽培，农业和畜养由此而产生。柴尔德将这一过程称之为"新石器革命"。

二、"山前"理论

有学者指出，和气候条件一样，地形也有利于动植物驯化，有时甚至更有利，并据此提出"山前理论"。其依据是，一些山前的向阳坡地生长大片灌木，没有森林，既能躲避洪水，也适宜草本植物生长和野生动物活动，加之地形平坦开阔，土壤肥力足，水土保持好，便于开垦。遂成为人类理想的驯化试验场。近东地区的"新月沃地"就处在山前地带，大量考古发现证实，大麦、小麦、绵羊、山羊、牛和猪等动植物最早就是在"新月沃地"被驯化的。

三、"原生地说"或"核心地带说"

1926 年，皮克（Peake，H.）和弗莱沃（Flever，H.）提出"原生地说"（Natural Habitat Zone Hypothesis）。其论据是，最早的农耕和畜养首先出现在两河流域上游的山麓地带，即野生小麦和大麦的原生地。

1948 年，美国考古学家布列伍德（Braidwood，Robert）组织了一支多学科考古队前往伊拉克北部，寻找更新世末期以来气候变化和早期农业的证据，验证"绿洲假设"和"原生地说"理论。通过对贾莫（Jarmo）遗址的发掘，了解到过去 12000 年来，近东地区的气候和降雨并未出现大的波动，只是略微干冷，否定了气候变化是农业起源的前提。布列伍德在"原生地说"的基础上提出"核心地带说"。他认为，人类经济活动的改变是"文化差异不断增长和人类社会不断专门化"的结果。

四、"人口压力说"与"边缘地带说"

1968 年，美国考古学家宾福德（Binford，L. R.）提出了"人口压力说"。他认为，更新世末期冰川消退，气候转暖，海面上升，迫使原来住在海岸低地或大陆架的人群向内陆迁移，对内陆形成人口压力。新石器时代的定居促进了人口增长，食物需求加大，对谷物的依赖导致人类采用人工干预的方法提高野生谷物的产量，这类实验的成功进一步刺激了人口增长，为避免出现危机，人类只能不断提高产量，农业就是这一周期运作的必然结果。

宾福德就此反思，扎格罗斯山地大量以采集－狩猎为生的群体非常熟悉当地的动植物资源，为何非要等到冰河期之后才想起来驯化？这里的野生小麦、大麦生长茂盛，只需采集几周便够吃一年，客观上并无产生农耕的动力，可见"核心地带说"也有问题。

宾福德结合"人口压力说"与"核心地带说"，提出"边缘地带说"（Edge－Zone Hypothesis）。他认为，人类的智力和体质在10万年前就有能力驯化动植物，为何没有发生？因为当时人口和资源的平衡未被破坏，一旦平衡机制打破，食物匮乏，驯化机制便随之到来。出现这种情况时有两种应对模式：（1）封闭式，采用流产、避孕、节欲、杀婴来抑制人口增长，维持人口与环境均衡；（2）开放式，将原有群体裂变，缓解人口压力，原生集团留守当地，多余人口分散迁移到适宜生存的地方。宾福德认为，为承受人口压力，维持均衡，农业会率先出现在最适宜栽培谷物和驯化动物的边缘地带，即新的"移民区"和新的食物资源开发地，移民会将"核心区"生长的野生小麦、大麦引入边缘地区，驯化也随之出现。

长江流域水稻起源的发现与研究充分印证了"边缘地带说"的合理性。人类在驯化初期，往往会选择那些籽粒丰实的谷物进行栽培实验，这并非因为它们好吃或者好加工，而是便于储藏，可保障在非收获季节提供最低限度的食粮。正因为如此，谷物往往是在季节分明、生长期短的温带率先被驯化。长江流域文化发达，人口众多，但这里冬季漫长寒冷，人类生计最迫切的问题是如何储存食物。尽管这里的野生稻分布不如华南丰富，但人类若了解到水稻的食用价值和易储存的特点后，便会刻意培植、扩大生产，这便是长江流域稻作农业较华南发达的重要原因。华南地区基本无冬季，气候温暖，雨量充沛，动植物资源丰富，即使在长期的采集活动中人们已熟悉了野生稻的习性和食用价值，但毕竟随时都能获取，不会产生迫切的栽培需求，这是华南和云南稻作农业的发展略逊一筹的深层原因①。

五、人类行为副产品说

美国人类学家戴蒙德（Diamond，Jared）认为，粮食生产不是人类有意识的选择，而是人类某些行为的副产品，是在漫长的历史过程中不期而至的。他认为，下列因素可能导致了人类采集与种植两种经济模式的此消彼长：（1）野生植物减少，反之，在野生食物（含鱼类）未减少的地域，农业一般不被选择；（2）驯化植物的好处日益增长；（3）其他方面的技术发展，如脱粒、储藏等，为农业的产生做了无意识的准备；（4）人口密度增长与粮食生产互为因果。农业要求定居，定居导致剩余产品提高，其比率甚至高出前者一倍以上。人类之所以选择种植，一定是因为这种经济活动在该地区比采集－狩猎更占优势。

六、其他观点

还有学者认为，最初的植物栽培是出于家畜饲养的需要。后来的研究证明，谷物驯化与家畜饲养并无必然联系。人类最早驯化的动物是狗、绵羊和山羊，它们并不需要农业提供饲料。只有猪是杂食动物，也是农业发明后人类大量饲养的家畜。

近些年来最流行的理论是"生态"的解释。即自然界各种因素的交织最终迫使人类进行栽培实验。由于各地自然环境不同，野生谷物和动物资源也不同，加之人类文化发展水平的差异，动植物驯化的时间也不同，

---

① 　严文明：《中国稻作农业的起源》，《农业考古》1982 年第 1、2 期。

因此世界上不可能只有一个驯化中心。研究表明，驯化是在世界上几个地区先后出现，并逐渐向四周扩散。如小麦、大麦、绵羊、山羊最早在近东驯化；粟黍起源于中国北方，水稻起源于中国南方；玉米在中美洲率先驯化；东南亚等地则是薯芋类块茎作物的起源地。

第三节　新石器时代的分期与分区

一、分期

中国的新石器时代文化分为早、中、晚、末四期。早期的绝对年代为距今 10500～8500 年前后，中期的年代为距今 8500～6500 年前后，晚期年代为距今 6500～4500 年，末期年代为距今 4500～4000 年。还有一种意见认为，从距今 5000 年开始，中国的新石器时代进入铜石并用时代，这个阶段可细分为前后两段。前段为铜石并用时代早期，即距今 5000～4500 年；后段为铜石并用时代晚期，即距今 4500～4000 年前后。

二、分区

受地形构造、地理环境和气候的制约，中国在史前时期形成了三个不同的经济地理文化区。三个地区经历了从旧石器时代向新石器时代过渡的三种不同途径。

1. 黄河流域旱作农业文化区

地理区域包括西北黄土高原、华北平原、山东丘陵和铁岭以南的东北平原一部分。在中石器/新石器时代早期，这个地区的遗址多分布在河湖岸边阶地或低丘岗上。距今 10000 年前后，开始制作陶器，种植粟、黍一类耐旱作物，饲养狗和猪。有些地区仍延续大型打制石器，有些地区出现了细石器，有的地区细石器非常发达，也有个别地点出现了磨制石器。

2. 长江流域和华南的稻作农业文化区

地理区域包括长江以南、珠江流域、东南沿海和云贵高原的一部分。中石器/新石器时代早期多为洞穴遗址、贝丘遗址和山岗高地遗址。距今10000年前后向新石器过渡，石器仍延续旧石器晚期的技术传统，流行大型打制石器，个别器刃磨光。农业尚未出现，采集并利用野生禾本科作物，饲养狗和猪，延续狩猎－采集经济。华南有些遗址很早就出现了制陶术。在长江中下游，人类从丘岗走向河谷平原、湖沼沿岸，朝着种植水稻的经济形态发展。

3. 北方狩猎－采集经济文化区

地理范围包括蒙新高原、长城沿线及以北地区、东北北部、青藏高原等。在中石器/新石器时代早期，这里气候干冷，很难发展种植业，在一些自然条件较好的河谷出现少量的旱作农业，豢养的家畜主要是狗。石器延续旧石器时代晚期/中石器时代的传统，细石器技术成熟，大型石器均为打制。个别地点在距今10000年前后出现陶器，但始终发展缓慢，长期延续狩猎－采集经济。东北北部的渔猎经济发达。

以上三个不同的地理经济区与旧石器晚期－新石器早期的历史文化传统联系紧密，也与三个地区的自然环境密切相关。尽管这三个地域划分明确，但相互间的差异并非一成不变，农业区也有一定的狩猎－采集经济，狩猎－采集区也有个别的农业成分。同样，稻作文化区也种植一些旱地作物，旱地农业区也有少量水稻栽培，特别是在淮河流域更是如此。此外，各地之间也不同程度地存在文化交流和相互影响。总之，三个地区的文化既有差异性也有统一性，后者特别强烈地表现在三个地区有着大致相同的文化分期上。

根据苏秉琦先生提出的区系类型理论，这三个地理文化区可进一步划分为六个考古学文化区，即黄河中游的中原地区，黄河下游的山东地区，

燕山南北—长城地带的北方地区（或燕辽文化区），长江上游地区的四川
盆地，长江中游的江汉地区，长江下游—环太湖的江浙地区①。在这个分
区基础上，还可增加黄河上游的甘青文化区，将珠江三角洲另列为华南文
化区。以上八个地区对日后历史时期民族文化区的形成有着深远的影响
（图一五）。

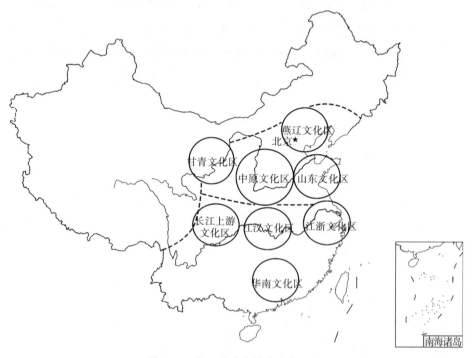

图一五　新石器时代的地理文化区
（据苏秉琦等，1981 年，改制）

①　苏秉琦、殷玮璋：《关于考古学文化的区系类型问题》，《文物》1981 年第 5 期。

第四节　新石器时代早期
（距今 10500～8500 年）

中国幅员辽阔，各地自然环境差异很大，受季风影响程度也不同。在西北黄土高原，干冷的马兰黄土期以后进入板桥侵蚀期，雨量增多造成水土大量流失，黄土高原被切割得支离破碎。在华北平原，河流纵横，形成广阔的河湖相堆积和大片沼泽，发育出肥厚的泥炭层。在东南沿海，距今 10000 年前，冰期结束，海面升至距今天海面以下 5 米处，冰期暴露的大陆架淹没到水下，以往居住在大陆架的群体退缩到今天的海岸线附近。华南地区的自然环境与今天接近，气候湿热，大象、水牛等热带、亚热带动物的分布纬度较今天高很多，热带雨林和沼泽面积也大大超过今天。在东北特别是高纬度的松辽分水岭以北地区，全新世早期仍残存猛犸、披毛犀等冰期的大型动物。总之，尽管各地环境差异很大，全新世的气候暖化为各地的文化发展创造了前所未有的契机。

20 世纪 60 年代，在江西、广西、广东、湖南等地陆续发现一批年代较早的洞穴遗址。到 20 世纪 80～90 年代，各地陆续发现一批年代接近万年或超过万年的新石器早期遗址，时间上已与旧石器末期衔接。在南岭两侧，有个别遗址甚至发现了早到距今 16000～15000 年的陶器，地质时代尚处在更新世。上述发现对了解各地新石器时代的考古学文化演变、编年、经济活动、聚落形态、陶器和石器制作技术等提供了新资料，也对学术界的一些传统观点提出了挑战。

一、华北地区

华北地区的早期遗址多分布在山间盆地、河谷阶地和平原地带。20世纪 80 年代以来，陆续发现河北徐水南庄头、阳原于家沟、北京怀柔转年、河南舞阳大岗、山东沂源扁扁洞等遗址，绝对年代为距今 10500～8500 年之间。

1. 南庄头遗址

南庄头遗址属于河北省徐水县，地点位于太行山东麓、华北冲击平原西缘的两条小河之间，海拔 21.4 米。遗址文化层之上覆盖了很厚的湖沼相沉积，表明遗址废弃后，当地形成一个覆盖周围十余县的巨大湖泊。

南庄头遗址出土 40 余块夹砂陶片，红褐或灰褐色，火候很低，少量器表有简单纹饰，器类仅有大口平底罐和钵。其他遗物还有石磨盘、石磨棒、石片、骨锥、角锥、木棒、木块及用火遗迹、烧土、树枝、植物籽实等。经鉴定，兽骨有狼、狗、猪、麝、鹿、狍、鸡、鹤、鳖、蚌壳等，除了狗可能为家畜外，其他均为野生或水生动物。孢粉分析显示当时气候偏干凉，利于发展原始农业。碳十四检测遗址年代为距今 9690±95 年、10815±140 年。

2. 转年遗址

遗址位于北京市怀柔转年村西的白河北岸二级阶地上，所在地貌为山谷盆地。遗址堆积厚 3～4 米，下部第四层为新石器时代。经三次发掘，出土石制品 15000 多件。细石器发达，以楔形、铅笔头状细石核、石叶、圆头刮削器等最具代表性，制作精细。其次为打制的小型砍砸器、盘状器、刮削器、尖状器以及少量琢磨的磨盘、磨棒、小石斧、石锛等。还出土 2 件石容器（罐），器表凿刻索状纹。遗址中有一处分布大量石屑、石核和石片的区域，应为石器制作场所。出土陶片 90 余片，以手制夹砂褐陶为主，泥片贴塑法成型，胎内掺粗石英颗粒，壁厚 0.7～1.6 厘米，火候低，器表色泽不匀。器类有筒形罐和乳突纹盂。碳十四检测遗址年代为距今 9800～9200 年（图一六）。

二、江南地区

这里的江南一个指湖南、江西、广东、广西所在的五岭（也称南岭）

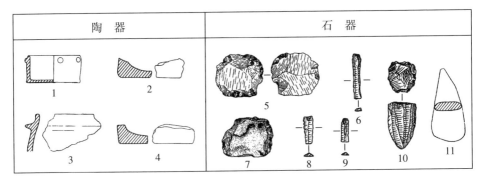

图一六　转年遗址出土遗物

（据宋大川主编《北京考古发现与研究》，2009 年，宋蓉选编）

1. 盂　2、4. 器底残片　3. 罐口残片　5. 盘状器　6、8、9. 细石叶　7. 砍砸器　10. 细石核　11. 小石斧

地区，另一个指东起福建厦门、西至广西东兴的沿海一线及近海岛屿。这个区域的新石器遗址年代很早，前者主要表现为石灰岩洞穴和岩荫，后者主要表现为贝丘。

1. 洞穴遗址

五岭一带发现的洞穴遗址有：江西万年仙人洞—吊桶环，广西柳州大龙潭鲤鱼嘴、桂林甑皮岩（下层）、庙前、临桂大岩、南宁豹子头，广东英德青塘圩，湖南道县玉蟾岩等。上述遗址的年代为距今 16000～9000 年。

仙人洞—吊桶环遗址位于江西万年大源乡的一个四面环山的喀斯特小盆地内，洞前有条小河，洞口高出河面约 3 米，文化堆积集中在洞前岩荫下，面积约 100 平方米，分上下两层。在下文化层发现 22 处夹杂木炭、烧骨、烧蚌壳、陶片的灰烬遗迹，应为火塘。经对兽骨鉴定，鹿科动物占80%，其次为野猪、羊、獾、鼬、小灵猫，以及少量猕猴、野兔、鸡、鳖、田螺、蟹等，广谱食物特征非常明显。

石器以打制盘状器、砍砸器、刮削器等为主，还有略经打磨的锥形器、环状穿孔器、凿等。骨、角、蚌、牙器刃部均经砥磨，有锥、凿、针、镞、带倒刺的骨镖、牙刀和蚌刀等。陶器均为手制，泥片贴塑或模制成型。陶胎内掺入石英砂粒，最大直径达 1 厘米，器壁凹凸不平，一般胎厚0.7～0.8厘米，最厚达1.5厘米。火候低，器表色泽不匀，甚至一件器物出现红、灰、黑三种颜色。制陶工艺原始，采用平地堆烧技术。器类仅见大口圜底釜一种，器表饰乱绳纹或草擦痕（图一七）。

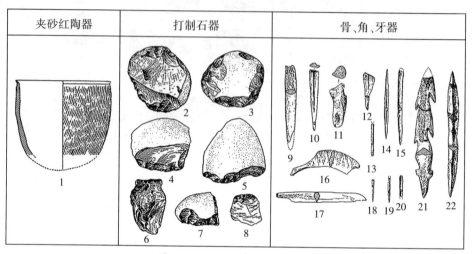

夹砂红陶器	打制石器	骨、角、牙器

图一七　仙人洞遗址出土遗物
（引自江西省文物管理委员会，1963年，宋蓉选编）
1. 陶釜　2、3. 盘状器　4~6. 砍砸器　7、8. 刮削器　9、10、12、14、22. 骨锥　11. 骨凿　13、15、18~20. 骨针　16. 牙刀　17. 骨刀　21. 骨鱼叉

吊桶环位于距仙人洞约800米外的一座小山顶部。出土大量碎骨及打制石器、细小石片和个别的碎陶片，应是一处屠宰猎获物的临时营地，与仙人洞遗址为配套的聚落设施。

1993～1996年，在仙人洞—吊桶环遗址旧石器末期地层采集样本中检测到野生稻形态的稻属植硅石，在新石器早期地层发现栽培稻形态的稻属植硅石，为长江流域稻作农业起源提供了重要证据。

与仙人洞大致同时或稍晚的洞穴遗址还有湖南道县玉蟾岩和广西桂林甑皮岩。前者出有陶器和碳化水稻籽粒，年代为距今12320±120年和14810±230年。后者洞内发现多处烧土面和灶坑，坑内遗留灰烬，洞的后部有一处堆积大量石灰岩块、砾石的倾斜凹坑，有些砾石表面留有打击痕，应为制造石器和储藏石料的场所，可见此类洞穴遗址有多种功能。

在广西柳州大龙潭鲤鱼嘴、桂林甑皮岩、扶绥敢造、横县西津、邕宁长塘及广东的一些洞穴、岩厦遗址，发现有新石器早期的墓葬。多数没有墓穴，排列密集，葬式以屈肢蹲踞葬、侧身屈肢葬为主，少量仰身屈肢葬或二次葬。有的人骨附近发现打制石核、蚌刀、鹅卵石、红色矿石、青石板等。在扶绥敢造遗址，发现墓主头骨周围用烧土围成半圆；在邕宁长塘遗址，发现用石子、螺壳围成墓圹，还发现有在尸身上播撒赤铁矿粉、头骨下垫白膏泥等奇特葬俗。经体质人类学鉴定，桂林甑皮岩遗址出土人骨属于蒙古人种，与柳江人的相似度大于其他地区的古人类，二者之间应存在遗传联系。

2. 贝丘遗址

华南沿海一线和岛屿上的贝丘遗址，主要分布在距海岸不远、海拔约10米上下的丘岗上，也有的位于河流入海处的河口滩地或潟湖沙堤上，面积一般数千平方米。由于延续时间长，遗址中堆积大量食后丢弃的腕足、腹足类贝壳，厚度从数十厘米至3米不等。其中夹杂有蚝蛎啄、砍砸器、手斧形器、石球、网坠等。打制蚝蛎啄数量最多，形状多为椭圆形，也有长条、方形或三角形，特点是将石器一端打出尖刃，用于破壳（牡蛎）取肉。这种特殊工具显示了沿海居民大量获取水生软体动物的生产经济。上述遗址最早的年代为距今9000年。

在广西西江及支流邕江两岸的阶地上也分布有贝丘遗址，一般坐落在河流拐弯或两河交汇处，依山傍水，宜渔宜猎，面积从数百到数万平方米不等。与前一类不同，这些遗址的堆积都是淡水类贝壳。

广西邕宁县顶狮山贝丘遗址有四层文化堆积。第一期堆积不见贝壳，出土较多以玻璃陨石为原料的细小石片、石核及少量饰粗绳纹或附加堆纹的夹砂黄陶片，不见大型打制石器，细小石器带有早期特征，年代与桂林甑皮岩遗址下层相当。经碳十四检测，该址第二期年代为距今 10365 ± 113 年（树轮校正为距今 10015 ~ 9091 年），扣除石灰岩地区样品检测误差并结合出土遗物分析，第一期的年代应在距今 10000 年左右。

3. 小结

华南、华北分属不同的经济地理文化区，因循各自的地域文化传统，文化发展进程大致同步，距今 10500～9000 年进入新石器时代。华北地区发现这个阶段的遗址数量少，出土物不多，其特点是细石器发达，有大型打制石器和少量琢磨石器。陶器出现，器类简单，工艺原始。显示出以狩猎－采集为主的经济形态，可能也有少量旱地农业，但整体面貌不是很清楚。

华南地区这个阶段的遗址数量略多，其特点是上承旧石器晚期的打制砾石石器工艺，不见细石器，骨、角、蚌器发达，显示出以狩猎－采集和渔捞为主的生业形态。个别遗址出有早到距今 16000 年前后的陶器，是否因检测标本受石灰岩埋藏环境影响，抑或其他原因？还有待深入研究。陶器和稻作的出现及广谱经济的特色构成华南新旧石器交替阶段的鲜明特征，人类经济生活正面临重大改变。

第五节　新石器时代中期（距今 8500～6500 年）

新石器时代中期，各地发现的遗址数量明显增加。在黄河流域和北方地区相继出现带环壕的聚落，房屋布局齐整，流行半地穴建筑，面积大小相近。在长江以南，房屋分半地穴式、平地起建和干栏式三种。氏族公共墓地多位于聚落附近，单人葬为主，也有二次葬、合葬。石器制作有明显进步，种类增加，功能分化，出现农业生产工具和谷物加工器具，农业有进一步发展。黄河流域和北方地区种植粟、黍类旱地作物，长江以南经营稻作农业。陶器采用泥片贴筑、泥条盘筑或泥条圈筑法成型，早期仍有露天堆烧，随后出现结构简单的陶窑，不仅质量提高，器类也渐趋丰富，渭河流域出现彩陶。从空间看，黄河中下游流行附加三足的炊器，有的地区借助陶支脚。在长城沿线及以北地区，器类单调，流行筒形罐，一器多用。江南地区风行陶釜与支脚的炊具组合，南北地域文化传统初步形成。

一、黄河流域

这个阶段的史前文化主要分布在黄河沿线的三个地区：第一个位于渭河流域和汉水上游，第二个位于黄河中游的河南、河北两省，第三个位于黄河下游的山东省。

1. 渭河流域的老官台文化

以陕西华县老官台遗址得名。在渭河中下游和汉水上游发现 20 余座遗址，面积一般不超过 2 万平方米。重要的有甘肃秦安大地湾、天水西山坪、天水师赵村、陕西华县老官台、临潼白家、渭南北刘、宝鸡北首岭、西乡李家村、南郑龙岗寺等。老官台文化的绝对年代为公元前 7800 ~ 前 6800 年。该文化分早晚两期，早期以秦安大地湾遗址下层为代表，晚期以宝鸡北首岭遗址下层、天水西山坪遗址下层为代表。

石器主要为打制的刮削器、砍砸器、椭圆形石刀及细小石片等，磨制石器有斧、刀、锛、铲、凿等。陶器以夹砂红褐陶、红陶为主，器表色泽不纯。经检测，烧成温度为 900℃左右。也有少量泥质红陶和灰黑陶，做工较细。炊器有三足钵、深腹筒形罐、三足筒形罐，饮食器有泥质红陶碗、钵，水器有泥质小口壶。夹砂陶器表普遍拍印、滚压交错绳纹，排列规整，也有的饰划纹、锥刺纹和附加堆纹。出现少量彩陶，在泥质陶钵或碗的口沿内外，用红彩绘宽带或窄带纹，个别在器内彩绘水波、箭头、竖线、曲线等符号，这是目前所知最早的彩陶。

房屋均为圆形单间半地穴式，地穴较深，有旋转坡状门道，直径 2.5 ~ 2.7 米，面积 6 ~ 7 平方米。室内无灶坑，地面未见刻意加工。墓葬均为长方形竖穴土圹式，流行单人仰身直肢葬，个别合葬、屈肢葬。婴儿采用瓮棺葬。以大地湾发掘的墓葬为例，墓主头朝北，仰身直肢，双手交叉在胸部。随葬品仅 2 至 3 件，有石器、陶器和装饰品，个别随葬猪下颌骨（图一八）。

在大地湾遗址发现碳化黍和油菜籽，为栽培谷物和蔬菜。兽骨有狗和猪，为家畜，鹿科动物是主要的狩猎对象。旱地农业已初具规模，食物种

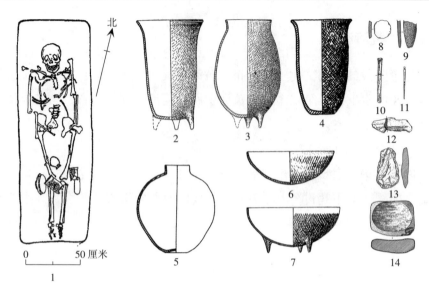

图一八　老官台文化

（任瑞波选编）

1. 白家村 M5 平面图　2、3. 三足陶罐　4. 平底陶罐　5. 陶瓮　6. 圜底陶钵　7. 三足陶钵　8. 圆陶片　9. 陶锉　10. 骨凿　11. 骨针　12. 骨锯　13. 石斧　14. 石磨盘

类较杂。

2. 黄河中游的磁山文化和裴李岗文化

（1）磁山文化

以河北武安磁山遗址得名。主要分布在以洺河流域为中心的河南北部和河北南部，北界可达燕山南麓的拒马河—大清河一线，南至漳河，绝对年代为距今 8000～7600 年。

石器多为打制的砍砸器、盘状器和石片，琢制或磨制石斧、石铲及鞋底状或长方形石磨盘，后者长 50 厘米上下，有的器底带 3～4 枚乳突足，与石磨棒配套，为谷物加工器具。骨器有镞、镖、针、锥等。陶器手制，以夹砂红褐陶为主，外观较粗，烧成温度为 700～930℃。器类有平底盂、倒靴形支脚、圆形或长方形陶盘、三足钵、圈足碗、小口壶等。约 1/3 器表饰划纹、篦纹、细泥条堆纹、指甲纹、乳钉等（图一九：上）。

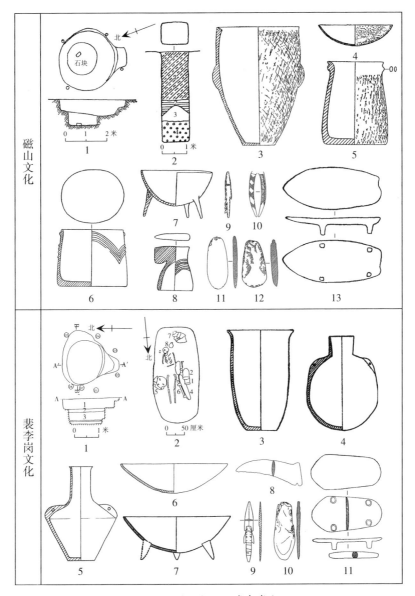

图一九 磁山文化和裴李岗文化

（任瑞波选编）

磁山文化：1. 磁山 F2 平、剖面图 2. 磁山 H346 平、剖面图 3. 深腹陶罐 4. 圈底陶钵 5、6. 陶盂 7. 三足陶钵 8. 陶支脚 9. 骨镖 10. 骨网梭 11、12. 石斧 13. 石磨盘

裴李岗文化：1. 贾湖 F36 平、剖面图 2. 裴李岗 M67 平面图 3. 深腹陶罐 4、5. 小口陶壶 6. 圈底陶钵 7. 三足陶钵 8. 石镰 9. 骨镖 10. 石铲 11. 石磨盘

在磁山遗址发现一些坑口挖有对称柱洞，坑壁掏挖脚窝，坑底加工成硬面，有的遗留陶器、石器、石材或石器半成品等，可能是当时的居所或制作石器的场所。还发现有一批长方形、椭圆形灰坑，坑底遗留大量谷物（粟）朽灰，系当时储藏谷物的窖穴，可见农业生产已有大量剩余。出土兽骨有猪、狗等家畜，还有 23 种野生动物。

（2）裴里岗文化

以河南新郑裴里岗遗址得名。主要分布在以嵩山为中心的河南中部地区。其中一类遗址位于浅山丘陵或高岗上，文化堆积浅薄，面积小，出土物不多，年代偏早。另一类位于河旁阶地或岗丘上，文化堆积较厚，出土物较多，面积也较大，年代偏晚。裴里岗文化的绝对年代为距今 8500～6800 年。

裴里岗文化的磨制石器高达 90%，仅有少量为打制。最具代表性的石器有：鞋底状或舌状石磨盘，底部带有 4 枚乳突足，形制规范，个体较大，与石磨棒配套为谷物加工器具，常用于随葬。另一种是齿刃石镰，一侧留有短柄，加工有密集的弧形锯齿状器刃，可绑缚木柄作为收割工具。其他还有石铲、石斧、小型燧石片等。陶器手制，以红陶、橘红陶为主。经检测，夹砂红陶的烧成温度 900±20℃，泥质红陶的烧成温度 960±20℃。器类有圜底钵、三足钵、小口双耳壶、深腹罐及少量鼎、碗、勺、三足甑形钵等。器表多为素面，少量饰乳钉、划纹、指甲纹、篦纹等。在河南巩义瓦窑嘴遗址发现的裴李岗文化晚期陶器中，有 15% 泥质黑陶，胎薄而匀称，器型规整，工艺进步，器类以碗最多（图一九：下）。

房屋均为半地穴式，单间为主，个别连间。平面分为不规则圆形、椭圆形和方形几种，圆形最多。屋内设灶，地面铺垫平整，一侧筑有斜坡或阶梯门道。聚落旁有氏族公共墓地，墓葬排列密集，流行长方形竖穴土坑墓，单人仰身直肢葬为主，少量合葬或多人二次葬，个别侧身葬、俯身葬或屈肢葬。墓主头多朝南或西南。随葬陶器、石器和骨器，一般 2～5 件，最多 10 余件。特点是女性随葬石磨盘、石磨棒，男性随葬石铲、石斧或石镰，性别分工明显。新郑裴里岗墓地分上下两层。下层墓分为南、北、西、中四区，上层墓分两区。区下还可分组，每组约 10 余人，应为一个家族的成员。若干家族构成氏族，氏族构成胞族，墓地中的大墓应是氏族首领。

在河南舞阳贾湖遗址发现随葬龟甲或骨笛的现象，个别龟甲和兽骨上有"刻划符号"，如"目""曰""II"等，很像日后的汉字。骨笛选用大型禽鸟肢骨制作，侧钻有七孔，经音乐专家检测，已具备 6 声音阶，说明当时已掌握了初步的音乐知识。

位于黄河流域的裴李岗文化，主要种植粟黍类谷物。位于淮河流域的贾湖遗址出有炭化稻米、粟及多种炭化果核、水生植物籽实等。家畜有猪和狗，显示当时的农业已有一定规模。

3. 黄河下游的后李文化和北辛文化

（1）后李文化

以山东淄博后李遗址得名。主要分布在泰沂山系以北的鲁西北平原地区，绝对年代上限距今 8500 年左右。

石器有打制刮削器、尖状器、石核；打制加琢制的石斧、石铲、石锛，局部打磨；其他还有石镰、石锤、磨盘、磨棒、支脚等。骨、角、蚌器有锥、镖、匕、镞等，数量不多。制陶工艺原始，均为夹砂陶，羼合料有粗砂粒、蚌壳粉末、云母屑等。特点是先用厚泥饼制成器底，再分段泥条盘筑制坯，对接成型。以红陶、红褐陶为主，火候低，器表颜色斑驳、粗糙。有些器形不规整，或左右不对称，或器口圆度差。陶器个体偏大，口径和高度在 40~50 厘米的器物较多，圜底器占 95%。器类中大型圜底缸占到 80%，其余还有釜、盆、罐、支脚、箕形器等。素面为主，少量陶器在器口饰戳印纹、压划纹、指甲纹，还有极少的绳纹。

后李文化的房屋均为半地穴式，方形或长方形，面积大者超过 40 平方米。墓葬为竖穴土坑结构，单人葬，随葬品极少（图二〇：上）。

（2）北辛文化

得名于山东滕县官桥镇北辛遗址。主要分布在泰沂山系南北两侧的汶

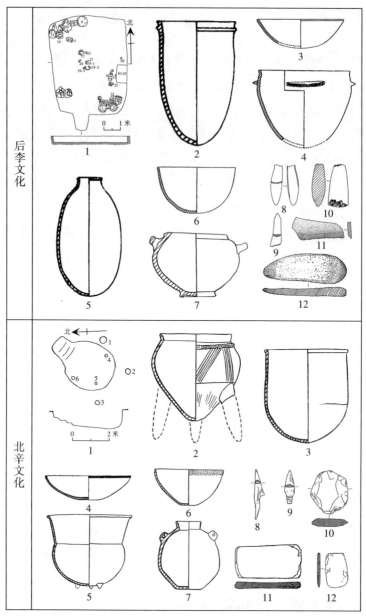

图二〇　后李文化和北辛文化

(任瑞波选编)

后李文化：1. 西河 F58 平、剖面图　2. 大口陶釜　3. 圜底陶钵　4、6. 陶钵　5. 小口陶釜　7. 双耳陶罐　8. 骨匕　9. 骨镖　10. 石斧　11. 石镰　12. 石磨盘

北辛文化：1. 东贾柏 F2 平、剖面图　2. 陶鼎　3. 圜底陶釜　4、6. 平底陶钵　5. 三足陶釜　7. 小口陶壶　8. 骨镖　9. 骨镞　10. 石盘状器　11. 石磨盘　12. 石铲

河、泗河流域，重要遗址有滕县北辛、兖州王因、泰安大汶口等。绝对年代为距今 7400～6400 年。

石器分为打制、磨制两种，器类有盘状器、石铲、磨盘、磨棒、石斧、石凿、石镰等。有部分骨角器。陶器均为手制，泥条盘筑成型，陶胎较厚。晚期出现慢轮修整技术。夹砂陶羼合料有石英细砂或蚌壳粉末，火候偏低，黄褐色或红褐色，器表施附加堆纹、刻划纹、压印纹、篦纹、锥刺纹。泥质陶以红色为主，胎壁较薄，火候较高，器表打磨，器形规整。器类中鼎的数量最多，形态多样，流行垂腹鼎，其他还有釜、小口双耳壶、圜底钵、红顶钵、盆、盘、罐、支脚等。最有特点的装饰是在器表堆塑宽 2 毫米的细泥条，数条并列，组成折线、菱形、条带、方格、编织纹样。少量彩陶，在泥质陶钵等器口外沿绘红彩或黑彩宽带纹。

房屋均为半地穴式。墓葬分成人土坑葬和儿童瓮棺葬，随葬品很少，发现有用陶钵覆面的特殊葬仪（图二〇：下）。

二、中国旱地农业的起源

中国的古史传说和古代文献中有一些关于农业起源的记载，传说地点多集中在华北地区。如《周易·系辞下》有："古者包牺氏……作结绳而为网罟，以佃以渔……包牺氏没，神农氏作。斫（大锄，引伸为砍）木为耜，揉木为耒，耒耨之利，以教天下。"说的是包牺（即伏羲）时代，人们只知狩猎捕鱼；神农氏时，制作农具，从事农耕。《白虎通义》记载，当时人口增加，食物不足，是时天降粟米，神农氏将其收集起来，教化民众耕作，始有农业。传说中的神农氏并非指某个具体的人，而是一个时代的化身，后人将他塑造成农神表示纪念。《尚书·尧典》记："帝曰：弃，黎民阻饥，汝后稷，播时百谷。"说的是尧时代，百姓饥馑，尧命弃为农官，教化百姓耕种。这与神农发明农业的原因一样，都是为了解决食物不足的难题。上述记载与农业起源理论中的人口压力说接近。同时表明，中国的旱地农业最早发生在黄河流域，即广义的华北或中原地区。农作物有粟和黍。考古发现证实，至少从距今 8500 年开始，华北地区的旱地农业已初具规模。

中原属于华北的一部分，这里地处暖温带半干旱季风气候区，年降雨 500~800 毫米，多集中在每年 7~8 月，其余三季较干旱。冬季寒冷，气温较世界其他同纬度地区要低 10 度以上，这种气候勉强可发展旱地农业。这个地区的西部普遍分布黄土，保水保肥能力较低，只有在腐殖质较丰富、土壤团粒结构较好的河谷平原，土壤才较肥沃。这种气候条件和土壤环境只能选择那些对肥、水要求不高、幼苗阶段耐旱、生长期较短的农作物。符合上述条件、在华北地区又具有野生祖本的谷物，只有粟和黍。

粟的野生祖本是遍布各地的狗尾草，黍的野生祖本为华北地区的野生黍，如此，中原地区率先培育这两种作物就很自然了。但农业的发生不仅需要地理和生态环境的支持，也需要文化的发展，只有当人们强烈意识到需要农作物、并有能力栽培时，农业才有可能发生。华北特别是中原地区，在旧石器晚期已形成一些遗址分布集中、文化发展程度较高的文化区，农业率先出现在这里就很自然了。新石器时代中期，农业已脱离初始阶段，粮食有了一定的剩余，出现了储藏粮食的窖穴和农业生产工具。因此，在磁山—裴里岗文化之前还有一个较长的农业起源阶段。

黍、粟驯化以后，其发展和传播途径并不一致。粟在新石器中期只见于中原，晚期遍及华北地区，铜石并用时代传入青藏高原，青铜时代传到黑龙江、朝鲜、云南和台湾等边远地区。即便如此，中原依旧是粟的主产区。黍在新石器中期主要在中国西北和东北种植，与粟相比，分布面更偏北、偏西，即更加干燥和寒冷的地区。这和公元前 2000 年前后，欧洲的粟分布偏南、黍分布偏北的情况相同。因此，黍的起源地是否一定就在中原还有待研究。

新石器时代，大豆也是中原地区主要的栽培作物。大豆耐旱，可根瘤固氮自肥，有良好的适应力，对史前时期的人来说，其食用价值可能较粟、黍更易于识别，在中国古代文献中也有这类记载。如周弃首先栽培的作物即大豆。《诗·小雅·小宛》："中原有菽"，菽即大豆。史前时期中原地区栽培的经济作物和蔬菜还有大麻、白菜、油菜、芥菜等。

三、长江中游地区

长江中游的地理范围包括湖南、湖北、江西三省及安徽省西部地区。这一时期这里分布有如下几支考古学文化。

1. 彭头山文化

以湖南澧县彭头山遗址得名。主要分布在武陵山余脉与洞庭湖、澧水下游湖相冲击平原之间的山前岗地上，东靠湖区，西连山地。绝对年代为距今9000~7800年。

彭头山文化的石器有大型打制石器、细小燧石石器和磨制石器三类，以前两类为主。打制石器有砍砸器、刮削器、石锤以及盘状器、穿孔盘状器等；细小燧石器有刮削器、锥形器、雕刻器，鲜有修整；磨制石器很少，加工较细，通体打磨，主要是小石锛、石凿及石棒、管珠等。陶器均为手制，泥片贴筑成型。其中，夹炭陶（陶胎内掺加稻壳谷秆）占到总量的90%以上。器表施厚0.1厘米的红褐或橙黄陶衣，易脱落。早期陶器形态多不固定，器种间的差异不明显，晚期制陶工艺进步明显。器类有罐釜、盘钵和支脚三大类。罐釜为炊具或存储器；盘钵为盛食器，支脚与炊具配套使用。器类中圜底釜占总量的一半以上，其他还有双耳小口壶、盘、钵、支脚、碗、盆、碟、三足罐等。偏早的陶器多施不很清晰的"类绳纹"，重叠杂乱，可能是用缠有草茎的木棒滚压而成，目的是为了加固陶胎。偏晚的绳纹排列较规整，还有少量剔刺纹、戳印纹、刻划纹和镂孔，有些器口压印或者刻划花边。

发现有较大型的地面式房屋和小型半地穴式房屋。墓葬多为不规则长方形竖穴土坑，流行二次葬，随葬陶器、石器和装饰品（图二一：上）。

彭头山文化发现的重要意义有：（1）大型打制石器与当地旧石器晚期的石器工业联系紧密，制作技术与贵州猫猫洞遗址的锐棱砸击法接近，

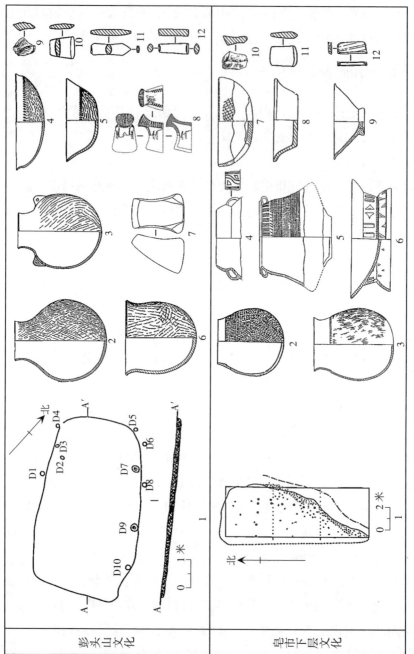

图二一　彭头山文化、皂市下层文化

（郭伟民选编）

彭头山文化:1.八十垱 F16 平、剖面图 2.小口圜底陶壶 3.双耳圜底陶壶 4.圜底陶盆 5.圜底陶钵 6.圜底陶釜 7.8.陶支脚 9.石刮削器
10.石锛 11.石磨 12.石棒

皂市下层文化:1.胡家屋场 F1 平面图 2.3.圜底陶釜 4.5.双耳陶罐 6.圈足陶盘 7.圜底陶钵 8.陶盘 9.圈足陶碗 10.燧石片 11.石斧
12.石刮削器

为探索长江中游新旧石器过渡提供了重要信息。（2）在彭头山、八十垱等遗址出土大量栽培稻谷壳和其他有机物遗骸，陶胎内普遍掺加稻壳，是目前我国乃至世界范围内发现最早的栽培稻实物，进一步证实长江中游是水稻驯化的重要起源地。

2. 皂市下层文化

以湖南石门皂市遗址得名。其分布区域较彭头山文化扩大，遗址位置从以往的山前岗地转入冲积平原及河流阶地，将聚落转向水源是为了加强定居的稳定和农业的发展。皂市下层文化的年代为距今7800～6500年。

石器亦分三类。大型打制石器以盘状器为主，还有砍砸器、尖状器和刮削器；细小燧石器较彭头山文化增多；磨制石器有斧、锛、凿等。陶器均为手制，泥片贴塑成型。早期陶器以夹炭陶为主，夹砂夹炭陶次之，夹砂陶再次之，泥质陶极少，器表较粗，所施红衣易脱落，流行饰粗乱绳纹和刻划纹。该文化的黑胎红皮陶和器表打磨并施红色薄衣的特点，与彭头山文化相似，显示出二者的传承关系。晚期夹炭陶锐减，泥质红陶居多，火候提高，色泽纯正，厚薄匀称，造型规整，以圜底器为主，有少部分圈足器和平底器。器类有圜底绳纹釜、圈足盘、镂空高圈足盘、圈足碗、双耳曲腹罐、直口高领罐、大口圜底罐、敞口敛腹平底盆、平底钵、深腹圜底钵等。器表装饰采用拍印、压印、刻划、剔刺、镂空等手法。绳纹变细，较规整，出现少量绘宽带纹的彩陶。在高庙等遗址出有质地细腻的白陶，器表用篦点压印凤鸟、太阳、神徽、兽面等纹样，构图富有神秘色彩，代表了这一时期制陶业的最高水准（图二一：下）。此时已出现能有效控制火候的陶窑。

偏早阶段的房屋为半地穴式，面积较小，地面铺设红烧土、木炭屑，发现有火塘、柱洞。偏晚阶段出现面积较大的半地穴式建筑，地面铺沙或烧土，墙壁经火烧。该文化的墓葬很少发现。

3. 城背溪文化

得名于湖北宜都县城背溪遗址。主要分布在鄂西北地区及秭归、枝江一带的长江沿岸或靠近长江的低山上，向西进入长江三峡，向东逼近江汉平原西部。绝对年代为距今 7500~6500 年。

城背溪文化遗址堆积薄，面积不大。石器多为打制，有的经敲琢或略加磨制，器类有刮削器、石片、石球、石条、斧、锛、凿、石磨盘、石磨棒、网坠等，少量磨制石器有钻孔。陶器分泥片贴塑、捏塑和堆砌三种方法。后两种方法主要用来制作支脚，用整坨泥料堆砌，再捏塑成型。早期以夹炭红陶为主，器表施陶衣。其他还有夹砂红陶、白陶、灰陶以及加陶末红陶、夹蚌屑红陶，器形有些不规整，厚薄不匀，左右不对称。晚期红褐陶占比达 80%，工艺进步明显。该文化的陶器有两个特点：（1）陶胎内普遍掺较细的砂粒或蚌壳粉末；（2）夹炭陶数量多，羼合料以稻谷壳、茎叶为主，器表红色，胎芯炭黑色或灰黑色，胎较厚，质地疏松，重量轻；（3）夹砂陶器表用泥浆抹平或施陶衣，外表极似粗泥陶。早期陶器尚处在平地堆烧阶段，随着陶窑出现，夹炭陶才逐渐被淘汰。经检测，城背溪文化有些陶器的烧成温度仅达 600℃。器类以圜底釜为数最多，与支脚构成炊具组合。其他还有钵、壶、圈足盘、圈足碗、三足罐、盆、三足钵、扁壶、碟、碗、勺、器盖等。器表饰绳纹、线纹、刻划压印纹、篦点、镂孔等。部分施白衣、黄衣或深红衣。彩陶不多，绘黑彩条带、卷云、波浪、折线、三角、网纹等（图二二）。

房屋和墓葬资料发现极少。该文化出土兽骨主要有鹿、鱼、蚌、鳖等，显示出稻作农业和渔猎经济并重的经济形态。

四、长江下游地区

地理范围包括上海、江苏、浙江、安徽南部和江西省东部地区。这个时期的考古学文化有宁绍平原的河姆渡文化和太湖周边的马家浜文化。

1. 河姆渡文化

1973 年在杭州湾南部宁（波）绍（兴）平原的余姚县发现，随之命名。经地质钻探，证明遗址所在地远古时期为丘陵沼泽，四周分布森林、

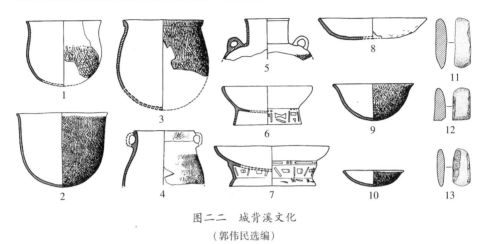

图二二　城背溪文化

（郭伟民选编）

1~3. 圜底陶釜　4. 双耳陶罐　5. 小口双耳陶壶　6、7. 圈足陶盘　8. 陶盘　9. 圜底陶钵
10. 圜底陶盘　11~13. 石斧

草地、湖沼，生态优越。由于地下水位高，在遗址 1000 平方米范围内发现大量有机遗物。遗址堆积分为两段，早段距今 7000 年前后，晚段距今5300 年。

　　生产工具有石器、骨角器和木器。石器不多，制作不精，器表遗留打制或琢制痕，器类有斧、锛、凿等。骨器丰富，有耜（锹）、镞、凿、锥、匕等。骨耜出土量很大，用偶蹄类动物肩胛骨为原料，肩臼中部磨出浅槽，两侧凿孔，有些孔内可见绳索勒磨痕。由于长期使用，表面光滑，刃部磨损严重。发现有木柄和肩胛骨绑在一起的骨耜，颇似中国南方农村翻泥挖土的锹，为水田农具。木器很多，有桨、锹、铲、矛、匕、筒、蝶形器、纺轮、锤、器柄等。其中"蝶形器"形似张开双翅的蝴蝶，质地有石、骨、象牙等，推测可安柄，用途不明。该址出土 20 余件木筒，用整段圆木凿挖而成，器表内外打磨平整，5 件器表涂漆，颜色泛黄发亮，两端缠绕多股藤皮，十分坚固，推测是一种打击乐器。该遗址出土的一件木胎漆碗，是目前所见最早的漆器。还发现两件漆绘彩陶片。

　　早期陶器均为手制，圜底器采用泥片贴筑法，器底厚，外观较粗，以夹炭黑灰陶为主。部分夹砂红陶、红褐陶或泥质灰陶采用泥条盘筑工艺。夹炭陶胎内掺有大量植物茎叶或稻壳，器壁粗厚，质地疏松，硬度低，重量轻，吸水性强，烧成温度800℃～900℃，胎内的有机物仅达炭化而未烧尽，在显微镜下可见有机物的炭结晶。器类有肩脊釜、腰沿釜、敛口钵、双耳罐、垂囊盉、盘、盆、豆、支脚等。釜、罐类器腹或口沿常刻划花纹，所见有平行条带、波浪、圆圈、猪、鱼、鸟、谷穗、叶片、花草等。夹砂炊具底部普遍拍印交错绳纹（图二三）。

在河姆渡遗址第四层发现大量木构建筑遗迹。首次发掘在630平方米范围出土1000余件，第二次在2000平方米范围内发现更加密集的分布。数量最多的是木桩和地板。木桩分圆桩、方桩和板桩，底部削尖，打入地下30～115厘米。方桩用来承重，板桩围护房屋，圆桩既承重，也可围护。首次清理出成排的木桩13组，大体南北向。两排木桩间铺设长80～100、宽近20厘米的地板，与排桩走向垂直，两侧边缘有企口，可使地板衔接坚固无隙。还发现有榫卯结构的梁柱构件，其用途上可承接屋梁，下可衔接地板或地龙骨。根据各类构件的排列、走向、大小及榫卯结构，可复原出用木地板、板墙、有窗棂的纯木长屋建筑。这种建筑通风防潮，采光好，房屋地板有的架空，即干栏式建筑，此类建筑风行于亚热带和热带，我国南方、东南亚地区常见，楼上住人，楼下用于储藏或为畜栏。

由于该遗址地下水位高，大量有机物得以保存。出土动植物遗存多达47种，按个体计，最多的是猪、鹿和水牛。在第四层发现大量栽培稻和橡子。其中，在第一次发掘的400平方米范围内遍布炭化稻谷，厚20～50厘米，数量可观。这一发现对探索长江流域稻作农业的起源和发展意义重大。

2. 马家浜文化

以浙江嘉兴南湖乡马家浜遗址得名。主要分布在太湖周边，南达钱塘江北岸，西北至常州一带。绝对年代为距今7400～5900年。

生产工具多为磨光穿孔石斧、石铲，还有用于谷物加工的石杵或陶

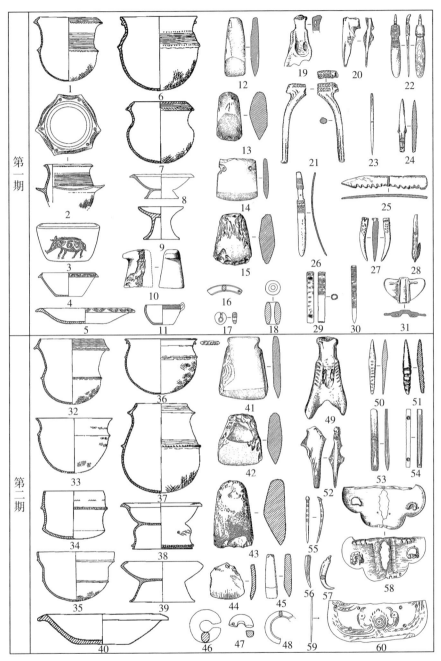

第
一
期

第
二
期

图二三　河姆渡文化

（孙国平、梅术文选编）

1、7、32、37. 敛口陶釜　2、6、33、36. 敞口陶釜　3. 猪纹方陶钵　4. 陶盆　5. 陶盘　8、9、38、39.
陶豆　10. 陶釜支脚　11. 单耳陶钵　12、13、43、45. 石锛　14、15、41、42. 石斧　16、47. 玉坠
17、46、48. 玉玦　18. 玉珠　19、49. 骨耜　20、52、53. 骨凿　21. 鹿角柄　22. 象牙鸟形匕　23. 骨
锥　24、50、51. 骨镞　25. 骨锯　26. 刻纹骨匕　27、56. 角锥　28. 骨鱼镖　29、54. 骨哨　30、55. 骨笄
31、58. 木蝶形器　34. 直口陶釜　35. 盘口陶釜　40. 陶盆　44. 石刀　57. 角饰　59. 骨针　60. 双鸟
朝阳纹象牙蝶形器

杵。渔猎工具较发达，有骨镞、石镞、骨镖、陶网坠等。陶器均为手制，特点是外表红色，内壁黑灰色，可能采用了覆烧或窑外渗碳技术。器表多施红衣，夹砂陶胎内多掺加砂粒或蚌壳粉末，质地较粗。夹砂陶、黑灰陶也施红衣。还发现有白陶，使用含镁质陶土烧制。经检测，马家浜文化陶器的烧成温度为 800℃ ~ 850℃。器类有腰沿釜、扁足鼎、造型多样的陶盉、喇叭口圈足豆、牛鼻耳壶等。素面为主，纹饰有弦纹、附加堆纹、镂孔等。还发现有个别彩陶和漆绘陶（图二四）。

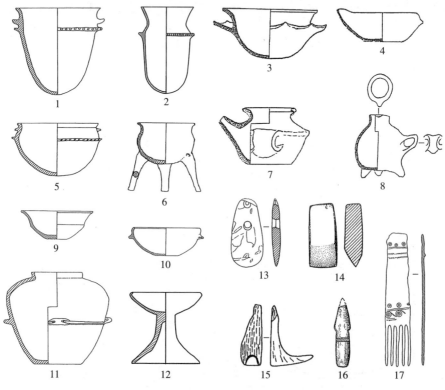

图二四　马家浜文化
（孙国平等选编）

1、2. 筒形陶釜　3. 腰沿陶釜　4. 带流陶钵　5. 圈底陶釜　6. 陶鼎　7. 陶盉　8. 陶鬶形器
9. 陶盆　10. 陶钵　11. 陶瓮　12. 陶豆　13. 穿孔石斧　14. 石锛　15. 鹿角靴形器　16. 骨镞
17. 象牙梳

在江苏吴县草鞋山遗址发现小块稻田。在马家浜遗址 200 平方米范围内出土兽骨、兽角类遗物，为陶器总量的 10 倍，局部几乎全部是破碎的动物遗骸堆积，有些还保留敲砸、锯割痕。经鉴定有水牛、梅花鹿、麋鹿、獐、麝、野猪、龟、鱼、田螺等。植物遗存有野核桃、青梅、杏子、菱角等，反映出马家浜文化除稻作农业以外，渔猎－采集经济也很发达。

在草鞋山遗址下文化层出土三小块炭化野生葛纺织物，经鉴定其纺织术不同于一般的平纹粗麻布，比较进步，这是目前所见年代最早的纺织品遗物。

马家浜文化的房屋为平地起建的木构长方形建筑。在草鞋山遗址房屋柱洞内保留有木柱，柱下垫板，可见清晰的砍劈、锯截痕，遗址普遍发现带芦苇束、芦席、草绳、草束印痕的红烧土块建筑遗物。可知当时的房屋有用编织芦苇为骨，两面涂泥的墙，竹席、芦苇、草束覆盖屋顶，屋外四周有排水沟。有的屋内铺设木地板，或铺垫碎石、蚌壳、蛤蜊壳、陶片或沙子等，经夯打、火烤，硬度较高，可起到防潮作用。

马家浜文化的墓地排列紧密有序，儿童与成人葬在一处，流行单人俯身直肢葬，头朝北，发现有个别用陶器覆面或将人头置于陶器内的奇特葬俗。随葬品不多，数量无明显差别，有用猪下颚或龟甲随葬的现象。个别女性随葬品数量相对突出，暗示女性社会地位较高。

五、稻作农业的起源

以往学界认为，水稻起源于印度，后传入中国、朝鲜、日本及东南亚。这是植物学家、遗传学家根据植物分类和遗传学得出的认识，并未考虑考古发现。实际上，印度发现的最早水稻遗存为距今 4000 年，年代很晚。也有农学家认为，水稻起源于中国华南或与云南邻近的印度支那北部山地。随着河姆渡遗址炭化水稻的发现，证明水稻的原产地应该在中国的长江流域。

　　河姆渡的水稻遗存年代早，数量巨大，谷粒形态已远离野生祖本，接近现生栽培稻。同时还出有大量挖泥、推泥的水田农具，表明当时已辟有成块的水田，稻作农业相当成熟，此前还有一个较长的发展期。后来在江苏吴县草鞋山、湖南澧县城头山相继发现距今 6000 年前的小块稻田、灌溉沟渠和储水坑池，反映出长江流域稻作农业的发展水平。

　　首先，在河姆渡找不到外来影响，说明当地应有更早的稻作遗存；其次，据文献记载，长江下游有野生稻分布，栽培学研究证实，普通野生稻是栽培稻的直接祖本。新石器时代早期，人类完全有可能利用普通野生稻进行驯化，长江下游是有条件成为稻作农业起源地的。华南地区野生稻分布更多，也有新石器早期遗存发现，为何不优先考虑那里？问题是，华南的新石器文化尽管出现早，但发展缓慢。数千年来都是洞穴或贝丘遗址，即使有农业，比重也很小。距今 5000 年左右，华南才发现明确的稻作遗存。即便如此，华南的稻作农业也不如长江中下游发达。当然这里还涉及到农业起源的机制和早期农业的发展动力等一系列复杂问题。

　　人类最初会选择那些籽粒丰富的禾本科作物进行培植实验，获取食物，这并非出于它们好吃，也不是因为适合加工，而是容易储存，能在非收获季节为人们提供最低限度的食粮。正因为如此，很多谷物都是在四季分明、生长期较短的温带率先被驯化。华南地区全年无冬季，雨量充沛，动植物资源丰富，人们随时可获取所需食物。即使长期的采集活动已熟悉了野生稻的生长习性和食用价值，但由于随时可采集，便不会产生栽培的迫切需要。这大概是华南稻作农业发展缓慢的重要原因。

　　长江流域则不同，这里寒冷的冬季较长，如何将旺季的食物储存到冬天是个迫切的问题。长江流域新石器文化较发达，人口也较多，尽管野生稻的分布不如华南丰富，一旦人们发现水稻的食用价值和利于储存的优点后，便会刻意培植并努力生产，这是长江流域稻作农业较华南发达的重要原因。

栽培稻有两个亚种，即籼稻和粳稻。籼稻喜欢水生开阳、气候炎热的环境，在长江流域和华南都可栽培；粳稻喜欢温凉气候，不可能在气候炎热的华南培育。长江下游发现不少与粳稻相近的野生稻，考古也有类似发现，可见那里具备了培育粳稻的理想环境，是水稻起源的理想地带。但这并不排斥华南在水稻起源中的作用。同样，云南也有野生稻分布，但从考古发现看，其地位较之长江流域和华南地区要逊一筹。

20世纪80年代以来，在长江中游的湖南澧县彭头山、八十垱发现了距今9000年的水稻实物，应该是人工栽培稻。1994年，在湖南道县出土了距今16000年的稻谷颗粒。1993年以来，中美合作在江西万年仙人洞遗址发现有距今10000年前的水稻植硅体，尽管还不能证实是否为人工栽培稻，但很有可能已被人类培育利用。上述发现证明，长江中下游才是水稻的真正起源地。

六、长城沿线以北及东北地区

这个地区的地理范围包括河北北部、内蒙古、山西北部、陕西北部、甘肃西部、宁夏、新疆以及辽宁铁岭以北的东三省。这个区域纬度高，气候干旱寒冷，生态环境较差，新石器时代中期主要是狩猎－采集群体活动的区域。但在一些水热条件较好的河谷和山间盆地也有部分旱作农业。

1. 兴隆洼文化

得名于内蒙古敖汉旗兴隆洼遗址。主要分布在西拉木伦河流域和燕山南北地带，以西辽河和大小凌河为中心，包括内蒙古东南部的赤峰市、哲里木盟西南部、辽宁西部和冀北地区，绝对年代为距今8150～7350年。

石器分为打制、磨制和细石器三类。打制石器以有肩石锄为代表，还有石铲、盘状器等；磨制石器有磨盘、磨棒、斧、锛、凿等；细石器主要是石叶。兴隆洼文化还发现有目前我国所知年代最早的玉环、玉玦和玉珠等装饰品。陶器均为手制，特点是先捏制器底，再用泥条分段盘筑器身，对接成型。以夹砂灰褐、黄褐陶为主，火候偏低。器类以筒形罐为主，既用作炊具，也是水器和储藏器。其他还有少量的钵、碗、杯、盅、纺轮等。器表刻划、滚压之字纹、交叉网格、凹弦纹或附加堆纹。晚期出现少量泥质褐陶，火候有所提高。

兴隆洼遗址发现一处保存完好的椭圆形环壕聚落，直径 160～183 米。环壕内有近百座圆角方形、长方形半地穴房屋，面积大小不一。屋内地面用生土夯实，挖有圆形坑式地灶，灶底垫有石块，有的屋内挖柱洞或窖穴。同时期的环壕聚落在内蒙古林西县白音长汗遗址也有发现，而且是两个环壕聚落毗邻，各自围绕 20 余座半地穴房屋，展示出北方地区的聚落形态结构。

兴隆洼遗址发现有炭化黍，加上石锄、石铲等农具和加工谷物的磨盘和磨棒，证实当时已出现了旱作农业，但农业所占比重多大还需要研究。该址出土兽骨以鹿科动物为最多，其次为猪，应为当时主要的狩猎对象（图二五：上）。

2. 赵宝沟文化

以内蒙古敖汉旗赵宝沟遗址得名。主要分布内蒙古东南部、河北北部和辽宁西部的燕山南北地带，绝对年代为距今 7150～6420 年。

石器分为大型石器和细石器两类。大型石器以磨制为主，个别打制或琢制。器类有斧、耜、锄、凿、锛、刀、镞、球、磨石、磨棒、砍砸器等。细石器采用单面和双面压制技术，器类有镞、刮削器和尖状器等。骨器、蚌器有锥和制陶用具等。陶器均为手制，泥条盘筑，分段制作，对接成型。器表内外经压磨处理，内壁较光洁。以夹砂褐陶为主，火候低，器表有的色泽不匀。泥质陶不多，个别薄胎泥质磨光黑陶显示出较高的制陶工艺。器类以弧腹或直腹平底筒形罐为主，还有鼓腹罐、尊形器、钵、盂、豆形器、碗、斗笠器盖等。器表多施一种花纹，个别施两种，有主次之分，次要花纹起补白作用。纹样采用压印、压划或抹压，有之字、缠绕 S、太阳、菱形等几何纹。个别器物刻划猪龙、麟鹿、鹰鸟和牛角组成的画面，神秘抽象，显示出很高的艺术水准。赵宝沟文化以鹿为狩猎对象，长期的生产实践使猎手对鹿产生了特殊情感，所以在陶器上常见刻划的鹿纹。

在赵宝沟遗址清理出 82 座长方形半地穴式房屋。这批房屋共分七排，以大、中、小三种构成组合，室内挖灶坑，结构与兴隆洼文化相似。一般房屋面积 20 平方米上下，最大近 100 平方米，应是经济、自然条件相同区域内一个普通家庭拥有的居住空间，但内部已出现分化和等级差异。赵宝沟 2 号房屋出土较多石磨盘和石磨棒，这种配套谷物加工器具的集中出现，反映出农业经济的进一步发展（图二五：下）。

在燕山南麓的滦河流域，包括北京、天津等地，发现一批与兴隆洼文化和赵宝沟文化内涵类似的遗存，经发掘的遗址有北京平谷上宅、大兴北埝头、天津蓟县青池、河北三河孟各庄等。这些遗址的聚落形态、房屋结构及遗物与兴隆洼文化和赵宝沟文化接近，也有一些地方特点。其中上宅遗址出土的鸟首形镂孔器，被认为可能是祭祀用具或者带有图腾崇拜性质的特殊器皿。

3. 新乐下层文化

遗址位于辽宁沈阳市皇姑区。该文化主要分布在浑河、辽河流域及新民县境内。新乐遗址堆积分为上下两层，下文化层的年代为距今 6800 ± 120 年。

石器分为细石器、打制石器和磨制石器三类。打制石器有砍砸器，两面加工；磨制石器有斧、凿、磨盘、磨棒、镞和网坠等。石镞平面呈三角形，横断面呈六角形，很有特点。陶器均为手制，泥条盘筑，分段制坯，对接成型。夹砂红陶和夹砂褐陶占 90% 以上，夹砂黑陶占 4%，泥质陶极少。火候偏低，器类 90% 以上为筒形罐，还有少量斜口器、圈足碗和小罐。其中 85% 以上陶器表面压印或刻划竖列之字纹（图二六）。

新乐遗址清理房屋 40 余间。其中，下层房屋均为圆角长方形，屋内挖有浅圆灶坑，最大一座房屋面积达 95 平方米，应为公用建筑。在一座房屋内放置 5 套配置有序的石磨盘和石磨棒，大房子内还出有成堆的未脱粒碳化谷物，形态与黍近似。后经鉴定证实为野生植物的籽粒。新乐下层

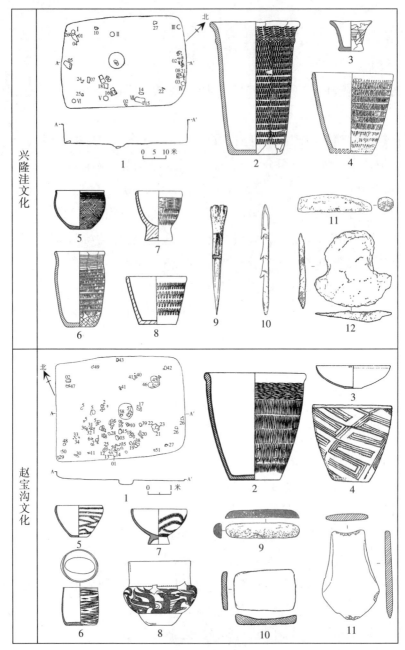

图二五　兴隆洼文化和赵宝沟文化

（任瑞波选编）

兴隆洼文化：1. 兴隆洼 F2 平、剖面图　2、4、6. 筒形陶罐　3. 陶杯　5. 陶钵　7. 圈足陶杯
8. 平底陶罐　9. 骨锥　10. 骨鱼镖　11. 石磨棒　12. 石铲

赵宝沟文化：1. 小山 F1 平、剖面图　2、4、6. 筒形陶罐　3、5. 陶钵　7. 圈足陶碗　8. 陶尊
形器　9. 石磨棒　10. 石磨盘　11. 石耜

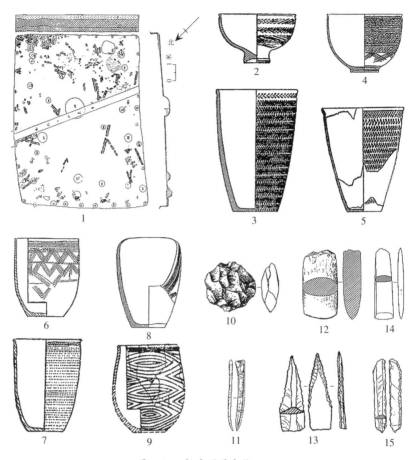

图二六　新乐下层文化

（任瑞波选编）

1. 新乐 F2 平、剖面图　2、4. 圈足陶碗　3、5～7、9. 筒形陶罐　8. 斜口陶罐　10. 石刮
削器　11. 骨锥　12. 石斧　13. 石镞　14. 石锛　15. 石叶

文化的生业以狩猎－采集和渔捞为主。

七、细石器工艺的继续发展

在范围广大的北方（包括东三省、内蒙古、甘肃、青海、宁夏、新疆
等地）地区，各地自然环境差异很大，共同点是各地都有荒漠、草原，以

往笼统地将该地区的史前文化归为"细石器文化"，这一认识过于简单。在这个广阔区域内，史前文化面貌不一，时代差异较大，即便都有细石器，也不属于同一系统。再一特点是，北方地区的细石器沿用时间久，制陶业发展不充分，种类简单，文化特征可大致归纳如下。

（1）受地理环境和生态的制约，北方地区的史前文化显示出某种共性，即广泛存在细石器文化，延续时间久，长期保留狩猎－采集经济。

（2）大部分地区没能发展出农业和畜养业，但在部分与农业文化区毗邻的遗址也有少量的农业经济。

（3）由于环境、气候和生态景观的接近，整个大北方一直存在密切的文化交流和相互影响，加上长期华夷（农牧）对峙的心理，北方地区很早就形成了一个文化面貌颇为接近的半月形文化传播带，并一直延续到历史时期。

八、畜养业的起源

畜养业的起源和农业关系密切，几乎所有出土家畜、家禽骨骼的遗址，都发现有农具或农作物遗存。我国最早驯化的家畜是猪。在新石器时代早期的甑皮岩遗址就出有家猪骨骼。新石器时代中期，无论华北、华中还是华南，猪都是主要家畜。猪不仅能食用，很多文化还用猪下颌骨随葬，作为财富的象征。新石器时代晚期，养猪业有了很大发展，用猪头或猪下颌骨随葬现象非常普遍，有时甚至用整头猪随葬。以山东泰安大汶口墓地为例，该墓地有 133 座墓，有 43 座随葬猪下颌骨，最多达 14 块。在甘肃永靖秦魏家齐家文化墓地，有 46 座墓随葬猪下颌骨，最多达 68 块。若养猪业不发达，上述现象很难想象。用猪骨随葬也见于长江流域、长城以北地区。猪是多型性杂食动物，与农业社会关系紧密。目前还无法确认，中国南北两地驯化的猪是同源还是异源。

人类最早驯化的另一家畜是狗。距今 10000 年前、甚至更早，狗就被人类驯化了。在距今 7000 年前的新石器时代中期，不少遗址发现了狗。

如河姆渡遗址出土的狗骨就与狼骨明显不同，属于驯化形态。有些文化还有用狗殉葬的习俗。有人认为，随葬狗的墓主是猎人，但这个问题比较复杂。此外，这一时期出现了表现狗的艺术品，形态各异，显示出狗和人的亲密关系。总体看，各地发现狗的数量不如猪多。

鸡是一种早期驯化的家禽。在黄河流域的磁山文化、北辛文化有发现。后来各地常有鸡骨出土，应是饲养较普遍的家禽。家鸡从野生原鸡驯化而来，今天在华南地区仍有原鸡存活。古代华中地区的原鸡分布广泛，应是中国本土驯化的家禽。此外，还有一些外来的驯化家畜，如山羊、绵羊、牛等，它们应是在距今4000年前经西北地区传入中国的。

在东南沿海的新石器遗址曾发现丝织品，可见育蚕缫丝是在长江流域率先发展起来的，这是对世界文明产生重大影响的发明创造。

总体看，中国史前时期的畜养业有很多共同点。一是与农业经济结合紧密；二是以养猪为主，兼养狗、鸡。反映出的空间差异是，北方旱地农业区后来饲养黄牛、绵羊和山羊；南方稻作农业区饲养水牛，并且育蚕。历史时期延续了史前的畜养业，以养牛、羊为主的独立畜牧业出现时间不会早于公元前2000年，它有可能首先出现在华北旱地农业区的北部和西部边缘。这种畜牧经济后来继续向西、向北扩散，最终发展出日后内蒙古、大西北和青藏高原几个面积广阔的天然牧场。

第六节　新石器时代晚期
（距今 6500～4500 年）

一、仰韶文化

（一）发现与研究

1921 年，瑞典人安特生博士在河南渑池挖掘了仰韶村遗址，这个事件遂成为中国现代田野考古学诞生的标志，同时拉开了中国史前考古研究的序幕。这次发掘及其重要发现，让以往鼓吹中国没有石器时代的谬说不攻自破，但也引发了中国史前文化"西来说"和"本土说"的争论。

仰韶文化的发现与研究大致分四个阶段。

第一阶段：20世纪20～30年代，考古发现和初步研究时期。

第二阶段：20世纪30～50年代初，确认仰韶文化的内涵、特征、地位和年代。1931年，梁思永主持发掘了安阳后岗遗址，发现著名的三叠层（仰韶—龙山—殷商），明确了从石器时代到青铜时代的三个历史发展阶段，标志着中国田野考古学走向成熟。

第三阶段：20世纪50～70年代末期。大批仰韶文化遗址的发掘积累了丰富资料，也取得丰硕的成果，初步确立了仰韶文化的年代和类型，并就仰韶文化的社会性质展开了热烈讨论。

第四阶段：20世纪70年代末期至今。重要考古发现层出不穷，专题研究逐步多样，仰韶文化的区、系、类型得以确认。对仰韶文化的来源、去向、聚落形态、丧葬习俗、生业方式、社会组织和社会性质等问题的认识和研究不断深化。

（二）分期、分区与类型

1. 分期

仰韶文化究竟经历了怎样的发展过程？要弄清这个问题，需要做全面的分期和分区研究。仰韶文化分布面很大，遗址多达数千处，各地的文化特征不尽相同，要想真正解决整个仰韶文化的分期，首先需要分析典型遗址的地层关系并分期，进而对各地的仰韶文化遗址进行分期，最后将各地的文化分期做对比，概括归纳出整个仰韶文化的分期。下面以陕西境内渭河流域仰韶文化的典型遗址为代表，讨论仰韶文化的分期。

渭河流域的仰韶文化来自老官台文化，这里也是仰韶文化分布的核心区，遗址分布密集，不少遗址经过大面积发掘，而且发现有不同阶段仰韶遗存的叠压打破关系，兹举典型遗址分析如下。

（1）西安半坡。这是一处单纯的仰韶文化遗址。原报告分为两期，经进一步整合为三期。早期陶器主要有直口圜底钵和平底钵、窄缘深腹盆、浅腹圜底盆、杯口尖底瓶、葫芦瓶、大头细颈壶、弦纹夹砂罐和绳纹侈口瓮等。彩陶较少，主要有人面、鱼纹和宽带、三角、梭形、波折等纹样。中期遗存较少，陶器有敛口曲腹钵、卷缘曲腹盆、甑、釜和环形口尖底瓶等，彩陶流行曲线构图的回旋勾连纹。晚期陶器有敛口斜腹钵、宽平缘斜腹盆、带流罐、附加堆纹或鸡冠耳夹砂罐、喇叭口尖底瓶、高领瓮等。彩陶极少，仅见红彩平行斜线纹一种。

（2）临潼姜寨。这座仰韶文化遗址可分为四期。一期陶器特征与半坡早期相同，但更加单纯。二期有浅腹圜底钵、浅腹盆、钝尖底罐、葫芦瓶、带盖敛口罐、侈口弦纹罐等，罐最大径在腹中部以下。彩陶有鱼纹、鸟纹、圆圈纹、条带纹等。整体特征接近一期又有明显区别。类似遗存也见于半坡早期，但数量很少。姜寨的发现使半坡早期可细分为两期。三期遗存很少，特征与半坡中期基本相同。四期遗存丰富，特征与半坡晚期接近，只是增加了敛口深腹钵和盆形甑，未见彩陶。

（3）华县泉护村。该址的仰韶文化遗存分两期。一期还可细分为早、中、晚三段。早段与半坡中期相当，晚段接近半坡晚期。二期多灰陶，年代比半坡晚期更晚。

（4）彬县下孟村。为单纯的仰韶文化遗址，可分两期。一期遗存丰富，有杯口尖底瓶、宽带纹圜底钵和侈口弦纹罐等。特征与姜寨一期相同。二期出现环形口尖底瓶、卷缘曲腹盆和大口缸等，彩陶以回旋勾连纹为主，总体特征与泉护一期的早、中段相当。

（5）宝鸡北首岭。这座遗址规模很大，可分为早、中、晚三期。早期属老官台文化，中期有些像姜寨一期，有些像姜寨二期。可见其本身还可再分期。晚期遗存很少，多数类似泉护一期，个别可能更晚（以上遗址分期见图二七）。

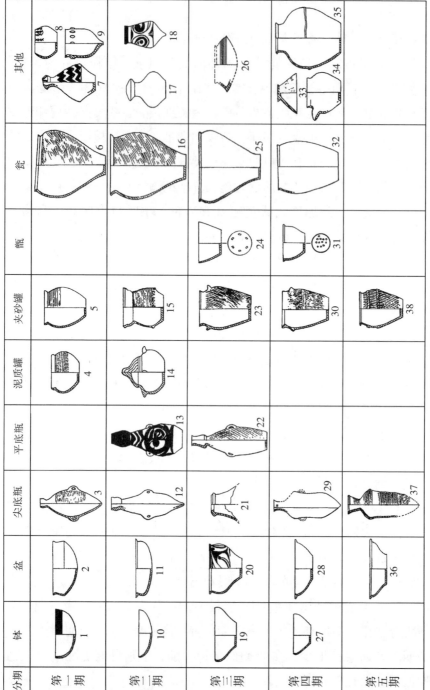

图二七　渭河流域仰韶文化分期

分期	钵	盆	尖底瓶	平底瓶	泥质罐	夹砂罐	甑	瓮	其他
第一期	1	2	3		4	5		6	7 8 9
第二期	10	11	12	13	14	15		16	17 18
第三期	19	20	21	22		23	24	25	26
第四期	27	28	29			30	31	32	33 34 35
第五期		36	37			38			

　　上述 5 个遗址的分期代表了渭水流域仰韶文化的发展历程。其中,第一期还有华县元君庙、华县横阵村、铜川李家沟一期等遗址。本期典型器有圜底钵、圜底盆、杯口尖底瓶、大头细颈壶、尖底罐、侈口罐、盂和绳纹瓮等。纹饰主要是绳纹和弦纹,锥刺纹也较普遍。彩陶绘黑彩人面、鱼纹、三角、宽带、梭形、菱形、波折等纹样。特点是直线直边构成的几何纹,本期也称半坡类型。

　　第二期除图二七所列之外,还有渭南史家、铜川吕家崖等遗址。本期陶器大多脱胎于第一期而稍有变化,如圜底钵和圜底盆大多较浅,侈口罐的最大腹径下移,大头细颈壶的头部更大而颈部变短,尖底瓶仍为杯口,但腹部变瘦,葫芦瓶大量出现。纹饰以弦纹为主,绳纹减少,锥刺纹更少。彩陶仍为宽带纹、鱼纹和条纹。除直线直边构图外,新出现圆点、圆圈和弧线纹,作风较第一期活泼。这类遗存也称"史家类型",实际上是半坡类型的晚期。

　　第三期除图二七所列之外,还有西安南殿村、渭南北刘、岐山王家嘴、华阴西关堡、铜川李家沟等遗址。本期典型器有敛口曲腹钵(碗)、卷缘曲腹盆、环形口尖底瓶、侈口罐、小口平底瓶、釜、甑、灶、大口缸等。器表饰绳纹、弦纹,锥刺纹消失。彩陶绝大多数绘黑彩,新增少量白衣黑彩或黑红复彩,花纹有回旋勾连纹、花瓣纹以及鸟纹、蛙纹等。曲线构图,圆润流畅。本期也称庙底沟类型。

　　第四期除图二七所列之外,还有临潼义和村、岐山王家嘴等遗址。本期陶器主要有敛口斜腹钵、宽平缘斜腹盆、喇叭口尖底瓶、侈口罐、带嘴罐和高领瓮等。器表主要施绳纹、附加堆纹及少量的篮纹。彩陶极少,仅见红彩平行斜线纹。本期也称半坡晚期类型。

　　第五期遗存发现较少,也可将其归入龙山文化早期。但本期器物如平缘盆、喇叭口尖底瓶、侈口绳纹罐等,与本区半坡晚期类型的联系多于同客省庄文化,故也可将其归入仰韶文化,是渭河流域仰韶文化向龙山文化的过渡阶段。

2. 分区与类型

（1）关中及邻境地区。地理范围包括陕西和甘肃东部的渭河流域及与之相邻的豫西、晋南地区，是仰韶文化的核心区。发掘遗址数量多，研究成果丰富。本区的仰韶文化可整合为半坡类型（含史家类型）、庙底沟类型、西王村类型（半坡晚期类型）和庙底沟二期（泉护二期）四个阶段。文化面貌如前所述。

（2）郑（州）洛（阳）地区。地理范围包括河南渑池以东、郑州以西的伊洛河流域。本区的仰韶文化源于裴李岗文化，偏早的仰韶文化以王湾遗址一期一段、二段和大河村一期为代表，前者典型器有杯口尖底瓶、圜底钵等，彩陶很少，仅见宽带纹，特征与半坡类型接近。后者典型器有环形口尖底瓶、卷缘曲腹盆、窄折沿夹砂罐、釜、甑、灶和扁平足圜底鼎等。彩陶多绘黑彩回旋勾连纹，特征与庙底沟类型一致。偏晚阶段的仰韶文化以王湾二期和大河村三、四期为代表，也称"秦王寨类型"或"大河村类型"。本阶段灰陶、灰黑陶比例增加，地方色彩渐浓。典型器有鼎、豆、盆、带嘴罐、瓮、小口壶等。大河村遗址彩陶发达，流行白衣黑彩或白衣黑红彩，所见有篦梳纹、太阳纹、同心圆纹、六角星纹、睫毛纹、古钱纹和带状网格纹等。大河村五期以灰陶为主，典型器有凿足鼎、折腹盆、罐形甑和圈足杯等，彩陶极少，已进入庙底沟二期文化阶段，也称"大河村五期文化"。

（3）汉水中游地区。地理范围包括河南南阳盆地及汉水中游的鄂西北一带，重要遗址有河南淅川下王岗、邓州八里岗、湖北郧县大寺、枣阳雕龙碑等。本区特点是陶鼎数量较多。由于地近长江中游，受大溪文化影响，出现少量喇叭口器座、筒形瓶、一侧带小盅的簋形器等。仰韶文化偏早阶段的遗址以下王岗为代表，早一期的特征与半坡类型接近，早二期的特征与庙底沟类型相当。偏晚阶段，本区的仰韶文化被屈家岭文化取代。

（4）豫北冀南地区。地理范围指太行山东麓的平原地带。本区的仰韶文化与黄土地带核心区差异拉大，但发展阶段基本同步。本区第一期称后岗类型，重要遗址有河南安阳后岗、河北正定南阳庄等，其源头与磁山文化有关。陶器多为手制红陶，典型器有平底钵、圜底钵、圆柱足圜底鼎、夹砂罐、小口壶及甑、釜、灶和支脚等。陶器多素面，彩陶不多，绘红彩宽带、交错斜线、平行竖线、网格等纹样，年代与半坡类型相当。第二期遗存很少，重要遗址有河北曲阳钓鱼台、正定南阳庄等。典型器有敛口钵、曲腹盆和小口罐等。彩陶多绘黑彩条带纹、回旋勾连纹、花瓣纹和网格纹，年代与庙底沟类型接近。第三期称大司空村类型。重要遗址有河南安阳大正集、河北磁县下潘汪等。陶器以灰色为主，典型器有敛口钵、折腹盆、碗、彩陶罐、篮纹罐、簋形器、筒形杯等，鼎较少见。陶器多素面，少量饰篮纹、绳纹、方格纹或附加堆纹。彩陶约占陶器的 8% ~9%，红地黑红彩为主，或在灰黑陶上绘红彩。纹样有豆荚纹、细腰纹、双勾纹，并用睫毛、S、C、6、O、山形等纹饰补白，其他纹样还有带状网格、平行线、垂幛、波形、梳形等。本期陶质、色泽和彩陶花纹与秦王寨类型接近，并具有地方特色，时代亦相当。

（5）河套、晋北和冀北地区。地理范围包括内蒙古河套至河北张家口一线。偏早段以包头阿善一期、清水河岔河口的遗存为代表，陶器多红色，有圜底钵、圜底盆、小口壶、线纹罐等，彩陶多绘宽带、平行斜线纹，黑彩或红彩，特征接近半坡类型。第二期见于内蒙古清水河县白泥窑子、河北蔚县三关等地。陶器有敛口圜底钵、敛口曲腹钵、卷缘曲腹盆、环形口尖底瓶、小口平底罐、侈口夹砂罐和瓮等，器表饰绳纹或弦纹，彩陶绘黑彩回旋勾连纹、花瓣纹、豆荚纹、垂弧纹等，年代与庙底沟类型相当。第三期以内蒙古托克托县海生不浪遗址为代表。多灰陶，红陶较少，典型器有敛口折腹钵和敛口折腹罐，其他还有碗、盆、喇叭口尖底瓶、夹砂罐、带嘴罐、小口双耳壶等，部分饰篮纹或绳纹。彩陶分为单色（黑或红色）和复色（黑红兼用），常见鱼鳞纹、三角纹、横线或折线纹、网格纹、弧线纹等，特点是密布器身，还发现有内彩。本期年代与西王村类型相当，但地方色彩突出，习称"海生不浪类型"。第四期以阿善二期、准格尔旗房塔沟遗址为代表。以灰陶为主，器类有喇叭口尖底瓶、篮纹罐、碗等，彩陶减少，流行绘红彩棋盘格纹、窄带纹或弧线纹，个别在陶器上半部绘彩，下部施篮纹，年代与庙底沟二期相当。需要说明的是，三、四两段遗存主要见于河套地区，东部情况则不同。

（三）聚落形态与房屋建筑

1. 聚落形态

仰韶文化的聚落规模明显扩大，社会内部出现分化。最突出的是聚落内划分出居住、生产和埋葬等区域，并呈现有机的结合。通过分析生产工具和动植物遗存，可知当时的生产活动都是在村落内部进行，村落是相对独立、封闭的小社会。仰韶时期实施自给自足的自然经济，村落间交往不多。因不同村落间的居民相对封闭，村落内部的团结和防卫意识很强。聚落规划普遍采用内向凝聚式布局，强调防卫设施的建设。以陕西临潼姜寨遗址为例，第一期聚落有房屋百余间，集中分布在 1.8～1.9 万平方米范围内，紧邻居住区设有窑场和公共墓地。聚落内建有畜栏和大批窖穴，后者多为储存粮食的设施。聚落内的房屋全都面向中心广场，形成一个近乎封闭的圆环内向式布局，显示出聚落内部居民的团结和严密的组织纪律，同时也出于防卫需要。为加强防卫，聚落外构筑有环壕，壕沟内侧可能还建有篱笆寨墙。环壕周围设置寨门和通道，设有岗哨，防御设施完备。姜寨聚落的内向凝聚式布局为仰韶时期的通例。西安半坡、秦安大地湾遗址甲区、宝鸡北首岭等地也有类似发现。北首岭遗址未见环壕，遗址面河背山，南北通道狭窄，独特的地形可起到天然防卫，所以不需要挖筑壕沟等设施。

2. 社会组织

仰韶文化聚落的另一特点是内部划分明确。姜寨聚落内的房屋有五组，每组 20 余座，各自有一座大房子为中心，包括几组中型房屋和十几座小型房屋。每组房屋聚集在一起，门向大体一致。不同组的房屋之间有空地间隔，门向也不同。这种分组很有意味，原则是社会组织结构，假如把房屋分组与各类房屋的功能结合起来考察，其内涵就更加清楚了（图二八）。

小型房屋面积 15～20 平方米。屋内有火塘和日用设施，有些陶罐内装粮食或其他食物，门内一侧留有空地，或建低矮的土床，可住三四个人。屋内居民共食共宿，但没有足够的粮食储备，属于半消费单位。推测小房屋居住的是没有自营经济、不很稳固的对偶家庭成员。

中型房屋面积 20～60 平方米。屋内有火塘和日用设施。门内两侧有空地，建有供休息的土床，可容纳 5～10 余人。这类房屋的功能要和小房屋结合考虑，毕竟一座中型房屋总与几座小型房屋挨着，组成了较大的集

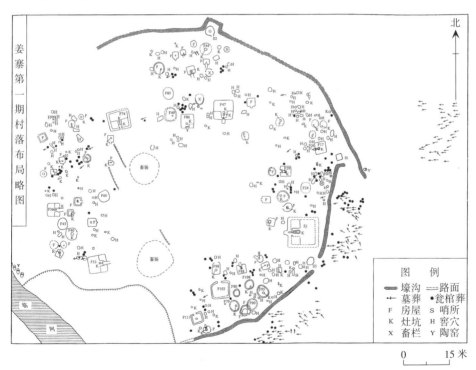

图二八　姜寨仰韶文化聚落遗址平面图
（引自半坡博物馆、陕西省考古所《姜寨》，1988 年）

体，即家族。中型房屋的居民应是家族长者或没有婚姻生活的老人和少年。家族的粮食储藏在屋外窖穴内，族长隔段时间开窖给每个家庭分配粮食，形式有些类似北美印第安人的长屋居民。小型房屋的陶罐储藏有分发的粮食，家族是完整的消费单位，某些情况下也是生产单位。

大型房屋面积 60～120 平方米。屋内设大型火塘和两个对称的土床，土床外的空间大大超出一般起居范围，似带有某种公用性质，应是公众议事厅或宗教活动场所。在姜寨一期的 5 组房屋中，每组各有一座大房子和若干座中小型房子，可见每组房屋是较家族更高、更大一级的集体，即以氏族为基础的"氏族公社"。鉴于某些大房子附近还建有单独的陶窑或畜栏，表明氏族公社拥有独立的经济，存在公社一级所有制。鉴于每组房屋附近的畜栏和窖穴并不均等，有的甚至没有，表明各公社之间的经济存在差异。集体内各氏族公社有劳动分工，或许还存在商品交换。

姜寨 5 个氏族公社的解释还可从墓地的分布得到印证。在姜寨聚落的东、东南发现三处墓地，估计北面（现代村落下）还有两处，若非氏族一级的社会集团，很难会强调墓地分割。如此，处在环壕内的集体是比氏族公社更高、规模更大的社会单位，这个集体可以是公社，因为它拥有整个集体所有的窑场，有全体村民拥有的集体经济（可能公社一级的公有经济不如氏族公社发达，但毕竟存在）。所以，姜寨聚落反映的是一种以氏族公社所有制为主体、同时至少存在家族所有制和高于氏族集体所有制的社会形态，这种形态处在原始社会的较晚阶段，但不是最后阶段。姜寨在很大程度上体现了新石器时代晚期聚落的特点。

仰韶文化晚期的聚落可以秦安大地湾遗址乙区为代表。这个聚落建在半山腰上，依地形变化分为若干小区，每区建有面积较大、规格较高的大型房屋，最突出的是位于遗址中心的 F901，这是一座前有殿堂、后有寝室、左右设厢房的高规格建筑。前堂有一根直径 90 厘米的圆柱，屋中间建有直径 205 厘米的大火塘，地面经多层铺垫处理，使用一种掺加陶质轻骨料的"原始水泥"，打磨光滑。经测试，其硬度和抗压能力均不低于今天的 100 号水泥。大房子前面是广场,广场两侧竖立两排圆柱,柱前有一排青石板。F901 的面积为 290 平方米,加上广场共 420 平方米,为迄今所见同时期面积最大、等级最高的建筑,也是一座有特殊用途的公用建筑,即部落首领举行会议或宗教活动的殿堂,可见大地湾遗址乙区是个地位非常重要的中心聚落。

世界上有许多保持氏族特征的民族,为强调血缘集团的牢固、生活的集体性和防务需要,往往将村内房屋建成圆形、椭圆形、半圆形或方形一圈。例如,北美大草原的提皮(Tepe)印第安人营帐和西南地区的帕布罗(Pueblo)印第安人、澳洲土著的风篱、巴布亚人的村落、非洲富尔伯(Furbo)族的乌罗(Wuro)以及东非、南非的克拉阿尔(Kraal)等,都是将房屋围成圆圈,周围建土墙或栅栏,中央为广场或畜栏,有时还有较大的公共建筑。

考古发现最著名的圆形村落是东欧的特利波里(Tripoli)文化。如属 B/II 期的弗拉基米罗夫克遗址有 354 座房屋,依地势高低排列为许多同心椭圆形或半圆形。C/I 期的克罗米辛遗址的房屋为两个相套的圆圈,里圈有 8 座,外圈 30 座,中央为空地,推测为畜栏或举行仪式的地方。两期的年代为公元前 4 千纪前半叶,与仰韶文化庙底沟时期相当。

考察各种圆形聚落的居民,其社会组织和发展阶段差异很大。南非班图(Bantu)人的克拉阿尔通常只住一个父系家族;北美帕布罗印第安部落住着一个母系氏族;大草原的提皮印第安人营帐则居住了整个部落。看来,要了解姜寨聚落的村民究竟属于何种集团,处在哪个阶段,性质如何,仅仅依靠圆形聚落的房屋布局这一点进行民族学比较还不够,必须要对房屋类型和各类房屋的关系、与房屋有关的经济建筑物和墓葬进行具体深入的分析。

3. 房屋建筑及演变

仰韶文化的房屋类型较多,主要分为半地穴式和平地起建两类,平面分圆形和方形,结构有单间、双间和多间,面积也分大、中、小三种。从建筑技术上还可分类。总体来看，早晚演变线索清晰，可分为如下几期。

第一期均为单间结构，圆形、方形都有，地穴深约半米，无壁柱，无墙。屋中间挖瓢形灶坑，地面铺草泥土或料礓石，此类建筑可复原成窝棚式。本期聚落布局规整有序，大、中、小三种房屋判然有别，反映出原始氏族公社的组织形态。

第二期多为方形单间结构，有较浅的地穴，出现壁柱和木骨泥墙，屋中间挖圆形灶坑。地面加工与第一期相同，房屋面积较第一期大一倍以上。

第三期有三个变化。一是双间、多间房屋出现；二是普遍为地面起建；三是室内地面加工考究，一般采用白灰地面，最高等级的使用三合土泥浆涂抹地坪、再经火烤的"原始水泥"，颜色、光洁度和硬度均接近现代水泥。火塘为平地式，或修筑低矮的灶圈，位置从屋子中心移至一角。有些连间房屋还建有较高的方形灶台。室内面积大小相差悬殊。

第四期普遍为地面建筑。有的房屋地面或墙壁涂抹白灰面，屋内采光改善明显。火塘形状和位置与第三期同，有些遗址的房屋还在墙壁上掏挖壁灶。

以上分期以第二、三两期变化幅度最大（图二九）。

（四）手工业和经济形态

1. 生产工具

半坡类型的工具以陶器为主，石器次之，骨角器最少。陶器主要是打制圆盘形器，其他少见。在生产中起作用的首推石器，次为骨角器，陶器作用最小。其中，打制石器占将近一半。半坡类型的石铲很少，多呈心形，特点是厚重，宽体，器刃凸弧。

庙底沟类型的石制工具占绝对优势，其次为陶器，最后是骨角器，这个比例也与它们在生产中所起作用大小相称。其中盘状石器占绝大部分，石铲、石刀比第一期明显增多。石铲有心形和舌形两种，特点仍是较厚

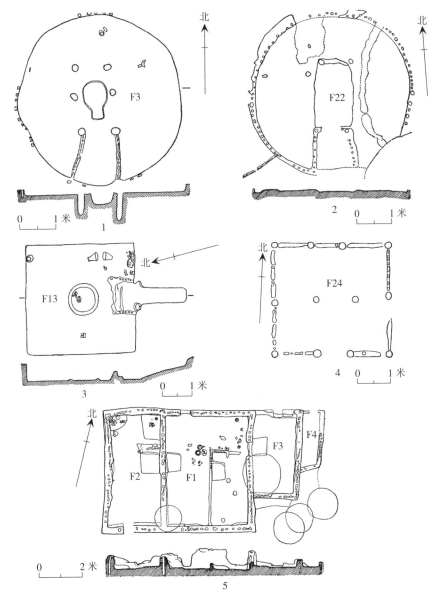

图二九　仰韶文化房屋建筑的发展变化

(引自《新中国的考古发现和研究》，1984 年)

1. 圆形半地穴式　2. 圆形地面式　3. 方形半地穴式　4. 方形地面式　5. 方形地面连间式

重，体较宽，凸弧刃。

西王村类型的最大变化是磨制石器比例加大，打制石器退居次席，显示出石器制作的进步。本期的石铲分为穿孔和有肩两种，主要变化是器形变得扁薄，器体变窄，刃部较平直。

庙底沟二期的石器几乎全为磨制，陶质工具大为减少。石器制作技术又有明显进步。本期石铲分为方形和有肩两种，器形扁薄，窄体，刃部较平直（图三〇）。

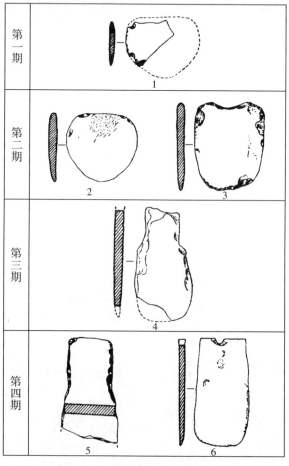

图三〇　仰韶文化石铲形态演变

2. 陶器

仰韶文化的制陶业分别由老官台文化、裴李岗文化和磁山文化传承而来，普遍采用泥条盘筑技术，慢轮修整逐渐普及。陶窑大多安排在聚落附近，这与我国云南某些少数民族在村边烧造陶器的情况类似。陶窑结构分两类。一类是横穴式窑，火道与窑室近乎水平，距离较长。另一类为竖穴式窑，窑室略高，火道低，二者距离较短，上下近乎垂直。横穴窑的窑温不如竖穴窑，陶器烧成火候略低。仰韶文化以第一类横穴窑为主。窑室面积仅 1 平方米左右，一次烧造的陶器数量有限。仰韶文化晚期出现少量竖穴窑。

仰韶文化的陶器颜色有早晚阶段变化。偏早的陶器几乎全是红色或红褐色，随时间推移，逐渐出现少量灰陶或灰黑陶，最后发展到以灰陶和灰黑陶为主，也有少量白陶。这个转变在渭河流域出现在半坡类型晚期，在晋南豫西出现在西王村晚期，在豫中出现在秦王寨类型，在豫北冀南出现在大司空村类型。根据上述变化，也可将仰韶文化陶器分为早晚两大段。

仰韶文化的陶器种类较多，主要有钵（碗）、盆、瓶、罐、瓮（缸）五大类，基本生活用具分别为食器、盛器、水器、炊器和储藏器。五类器具在每个地区的每个时期都有（豫南冀北地区略有例外），而且形制的阶段性变化明显。以下按仰韶文化四个发展阶段对典型器的发展变化做一归纳（图三一）。

钵　个体稍大，体态宽矮。其演变趋势从直口、圆腹、圜底变为敛口、曲腹或折腹、小平底；再到敛口、斜腹、平底；晚期为敞口、斜腹或内折腹，平底。

碗　个体略小，较高，平底。演变趋势从直口、圆腹变为直口、斜腹；再到微敛口、斜腹；晚期为敞口、斜腹、大平底。

盆　形态较多，其中有一型可贯穿始终。演变趋势从窄缘、微折腹、圜底或小平底变为卷缘、曲腹、平底；再到宽平缘、斜腹、平底；晚期为敞口、斜缘、斜腹、大平底。

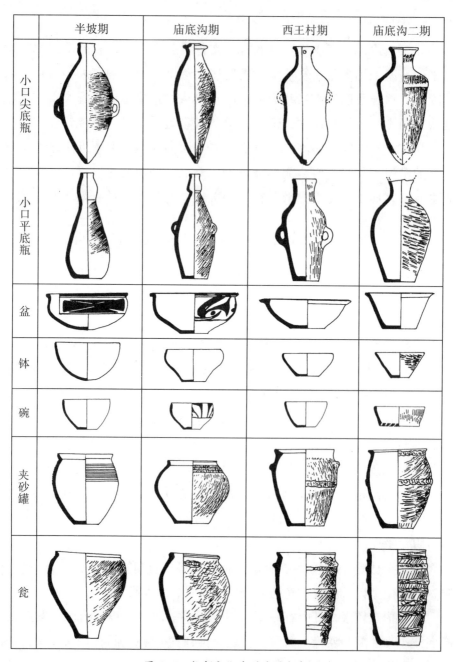

	半坡期	庙底沟期	西王村期	庙底沟二期
小口尖底瓶				
小口平底瓶				
盆				
钵				
碗				
夹砂罐				
瓮				

图三一　仰韶文化典型陶器分期

小口尖底瓶　演变趋势从杯口、鼓腹、锐尖底、双腹耳，腹中部饰较齐整的绳纹到环形口、瘦腹、锐尖底，无耳，通体饰较凌乱的线纹；再到喇叭口、溜肩亚腰或瘦腹，底角加大，有的有双耳，素面或饰篮纹；晚期为喇叭口、折肩，亚腰或瘦腹，无耳，底角加大，通体饰绳纹或篮纹。

小口平底瓶　出现在半坡类型晚期的史家阶段。演变趋势从杯口、最大腹径靠下，无耳，上腹饰较齐整的绳纹或彩绘到杯口或环形口，最大腹径上移，双腹耳，通体饰较凌乱的线纹；再到喇叭口、广肩，双腹耳，素面或饰绳纹；晚期为喇叭口、溜肩或折肩，无耳，一般饰篮纹。

夹砂罐　形制变化较大，演变脉络大致清晰。演变趋势从侈口、鼓腹，上腹饰多道密集弦纹，或弦纹下再饰绳纹，或通体饰整齐的绳纹到侈口、窄折沿，鼓腹，多饰弦纹加绳纹，特点是较稀疏散乱；再变为侈口、瘦腹，通体饰绳纹或篮纹及一道附加堆纹，有的带鸡冠耳。晚期为侈口、瘦腹，通体饰绳纹或篮纹，常饰两道以上附加堆纹，其中一道贴在口沿外侧。

瓮　分为夹砂和泥质两类，夹砂瓮分四式。演变趋势从侈口鼓腹、通体饰齐整的绳纹到侈口、微鼓腹，有时带小鸡冠耳，饰较乱的绳纹；再到侈口、瘦腹，有时带鸡冠耳，通体饰绳纹或篮纹，再加饰多道附加堆纹；晚期为侈口或直口，筒形腹，通体饰篮纹或绳纹，再饰多道附加堆纹。

以上五种基本器类演变规律清晰。但期与期之间的关系并不完全相同，最明显的分界在二、三期之间。可见这五种器物的变化也可整合为两大段四期，第一、二期为早段，第三、四期为晚段。

陶器纹饰的阶段性变化：第一期以绳纹、弦纹和锥刺纹为主；第二期绳纹变细，呈线形，弦纹减少，锥刺纹消失，出现少量篮纹和附加堆纹；第三期篮纹、附加堆纹较普遍，绳纹减少，出现个别方格纹；第四期以篮纹和附加堆纹为主，有少量方格纹和绳纹。四期纹样区别明显，两大段变化也很清晰。前两期以绳纹、弦纹为主，后两期以篮纹、附加堆纹为主。

彩陶情况较复杂。不同区域差异明显，似无规律可循，但大致也能分出两大段四期。前两期彩陶数量逐渐增加，后两期数量逐渐减少直至消失。第一期仅有单彩，西部均绘黑彩，东部有黑彩也有红彩；第二期以单彩为主，出现白衣和红衣彩陶，白衣彩陶常绘黑红复彩；第三、四期回归为单彩，以红彩为主。除去秦王寨类型早期外，白衣复彩绝迹。前两期有少量象生花纹，后两期几乎消失。前两期多几何图形，第一期采用直线直边（宽带、三角、菱形、细腰形等）构图，第二期采用曲线（圆点、凹边三角、新月形等）构图，第三、四两期多用线条绘曲线、直线、带状网格等纹样。

3. 经济形态

仰韶文化实施以农为主、多种经济并举的综合经济。农作物和经济作物有粟、黍（陕南、豫南一带也种植部分水稻）、白菜、芥菜等。家畜和家禽有猪、狗、鸡等，也有狩猎、捕鱼和采集活动，作为重要的经济补充。

（五）葬俗与社会性质分析

仰韶文化的葬俗显示出较大的一致性，特点是将墓地规划在聚落附近，墓主头向多朝西北，成人采用长方形竖穴土坑墓，婴儿实施瓮棺葬。早晚阶段性变化明显。

第一期流行多人集体合葬和同性合葬，二次葬普遍。有些墓地以单人葬为主，也有少量合葬或二次葬。墓内普遍随葬陶器、生产工具或装饰品。瓮棺葬具一般采用夹砂瓮，器口用陶盆、陶钵扣合封堵。

第二期墓葬发现不多，所见以单人葬为主，个别地方（豫南）仍流行多人集体合葬。少数墓有随葬品，特点是随葬陶器明器化，个小质劣。瓮棺多用断开的小口尖底瓶为葬具。

第三期墓葬全部为单人葬，仅少数墓有随葬品，瓮棺采用鼎、罐、尖底瓶、盆、豆等组合构成葬具。

第四期墓葬均为单人葬，仅有极个别墓有随葬品，而且数量很少，瓮棺葬明显减少。

　　埋葬习俗最能反映出社会性质。其中，第一是单个墓内埋葬的人数，第二是随葬品的多寡。有些学者通过对半坡类型合葬墓的分析，认为它所反映的是母系氏族社会特征。庙底沟类型有所变化，可能出现了母系向父系社会的转变，但毕竟还在变化之中，有些地方存在母系社会流行的葬制。第三期全部为单人葬，仅凭这一点还不好判定社会性质。因为这个阶段的仰韶文化墓葬发现太少，难以反映全面情况。若考虑同时期黄河下游的大汶口文化已出现夫妻合葬墓，也有可能进入到了父系社会。第四期情况也可这样解释。从随葬品看，第一期比较丰富，第二期明显减少，有可能是认识到财富的重要性，不情愿对一般社会成员实施厚葬，这种珍惜财产的观念往往与私有观念相联系。社会生产的发展为财富积累提供了可能，财富积累的不平衡，引发了私有观念的产生和对财产继承权的关心，由于这个时期的财富大部分是由男子创造的，遂造成一股由母系转变为父系的社会力量。仰韶文化合葬墓的显著减少和随葬品的显著减少发生在同一时期，集体合葬墓的消失与房屋建筑从单间向双间、再向多间的演变也大致出现在这一时期，恰好说明这几种社会现象之间有着本质的联系。

二、黄河下游的大汶口文化

　　大汶口文化主要分布在黄河下游的山东省、苏北和皖北、淮北地区，其影响北至辽东半岛南端，西抵河南省中部。绝对年代为距今 6400 ~ 4500 年。

　　大汶口文化的前身是北辛文化，对该文化的认识走过一段曲折的历程。20 世纪 50 年代初，在山东滕县岗上村发现一种以红陶为主兼有彩陶的遗存，由于有彩陶，遂被归入仰韶文化。1957 年，在山东安丘景芝镇发现一批墓葬，特征与龙山文化接近，被归入龙山文化。1959 年，在山东宁阳堡头（即大汶口）发现一座墓地，出土遗物较独特，遂命名为

"堡头类型"。1962～1963 年，在曲阜西夏侯、蓬莱紫荆山等地相继发现大汶口文化被龙山文化叠压的地层关系，才认识到它们是有早晚关系的两种文化。1964 年，夏鼐提出"大汶口文化"的命名。

（一）分期与类型

1. 分期

大汶口文化分为早、中、晚三期。

早期：房屋均为半地穴式，平面有圆形、方形和长方形之分。圆形房屋面积 7～8 平方米，方形房屋面积 10～20 平方米，最大近 30 平方米。在山东长岛大黑山岛北庄发现一座保存完好的聚落遗址，房屋排列有序，布局严谨，平面呈圆角方形或长方形。墓葬均为长方形竖穴土坑式，以仰身直肢葬为主，无葬具，流行一次葬，有单人葬也有合葬，包括个别成年男女合葬和多人二次合葬。随葬品多在 10 件以内，最多达 60 余件，已出现贫富分化。随葬品主要为陶器、石器和骨角器。还有随葬猪头、整狗、龟甲、手握獐牙或獐牙勾形器等较奇特的葬俗。发现有人工拔除侧门齿、头骨枕部或齿弓人工变形的特殊现象，但各地表现不均衡。生产工具多为石器、骨器。石器制作精良，多通体打磨，少量打制或琢制。器类有斧、锛、凿、钺、刀、磨盘、磨棒等。其中，长方形、梯形穿孔石钺较多，采用管钻打孔。陶器以手制红陶、红褐陶为主，典型器有釜形鼎、钵形鼎、鬶形器、觚形杯、罐、盆、豆等，素面为主，有些施刻划纹或附加堆纹。彩陶不多，偏早阶段绘红色或黑色单彩，偏晚阶段彩陶增加，出现白彩、红彩、黄彩或褐彩等复彩花纹，所见均为几何构图，有直线、波浪、三角、花瓣、八角星、连山、弧边三角勾连等纹样，其中有些明显受到仰韶文化的影响。本期年代为距今 6400～5500 年。

中期：房屋仍以半地穴式为主，地面建筑出现，平面分圆形、方形或长方形。有些房屋的建造是先挖墙基，再在墙基内立柱，结构相当进步，但数量还不多。参照这一时期出土的陶屋模型，可知房屋为尖顶，短檐，前有门，其他三面开窗。墓葬发现较多，变化是多人合葬（3人以上）和二次葬明显减少，成人男女合葬增多，出现殉人。墓葬分大、中、小三种，大型墓使用原始木椁。随葬品数量较早期增加，墓葬之间的随葬品数量和质量差别明显。生产工具变化不大。石器和骨器普遍通体打磨，制作精细。装饰品大量出现，包括少量工艺精湛的象牙制品，如梳子、透雕镶嵌牙筒等。陶器普遍采用慢轮修整，红褐陶居多，灰陶和黑陶比例增加，偏晚阶段，有些遗址的灰陶、黑陶比例已超过红褐陶。器类组合为鼎、豆、罐、壶、杯等。其中豆和壶的数量增加，新出现背水壶、盉、圈足尊、筒形杯、大镂孔豆、大镂孔器座等。器表装饰出现篮纹，彩陶普遍，绘黑、红、白、褐等复彩，花纹样式较早期减少，常见网纹、旋涡、波浪、菱形、三角等纹样，地方色彩凸显。本期年代为距今5500～5000年。

晚期：分为前后两段，典型器的形态变化如图所示（图三二）。这个时期的房屋仍以半地穴式为主，平面以方形、长方形居多，房屋面积一般在10平方米上下。在安徽蒙城尉迟寺遗址发现一批浅地穴连间式房屋，穴外建墙，包括主墙、隔墙、门、居住面、柱洞和室内土台等几部分。主墙和隔墙内立木柱，再建木骨泥墙。圆形房屋为半地穴式，穴较浅，周边建墙，墙内立柱，门道为阶梯式或斜坡状。墓葬特征是绝大多数为单人一次葬，合葬及二次葬很少。另一个变化是墓底设二层台，使用葬具者增多，墓葬间的差别进一步拉大。具体表现为：（1）墓穴大小相差悬殊。（2）存在葬具有无的差别，个别大墓甚至使用重椁。（3）随葬品多寡不均，质量优劣不等。儿童墓发现较多，部分葬式规格与成人相同，仍保留少量绳纹瓮棺葬。石器和玉器制作精湛，打磨精细，普遍采用管钻法打孔。陶器制作更加进步，轮制技术普及，出现快轮拉坯成型技术，产量明显增加。灰陶和黑陶占主要位置，红陶降至次席，出现部分白陶，但在遗址中，红陶、红褐陶的比例仍高于墓葬。器类组合有鼎、鬶、豆、高柄杯和背水壶等。出现空袋足鬶、薄胎高柄杯、瓶等新器形。器表装饰以篮纹为主，次为附加堆纹和镂孔，彩陶已很少见。本期年代为距今5000～4500年。

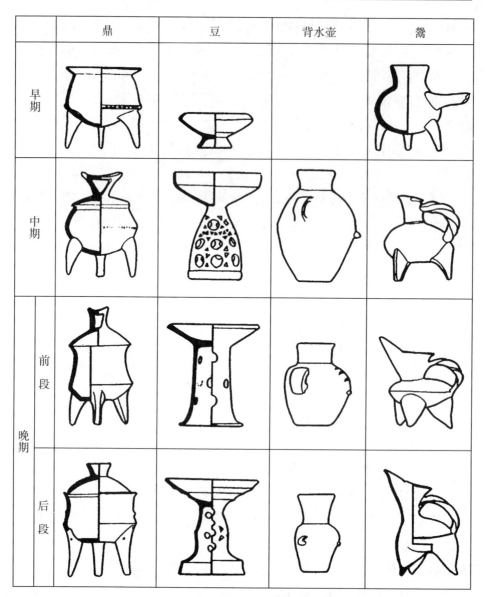

	鼎	豆	背水壶	鬶
早期				
中期				
晚期 前段				
晚期 后段				

图三二　大汶口文化典型陶器分期

2. 地域类型

大汶口文化早中晚三个阶段还表现出不同的地域风格。

（1）大汶口文化早期阶段可分为三个地方类型。

王因类型：以山东兖州王因遗址为代表。主要分布在汶河流域和泗河中上游，其前身为北辛文化的北辛类型。

刘林类型：以江苏丕县刘林遗址为代表。主要分布在淮河下游以北地区，该类型的前身是苏北地区的青莲岗类型，同时受到来自南北两个方向的文化影响。

紫荆山类型：以山东蓬莱紫荆山遗址为代表。主要分布在胶东沿海及渤海内的近海岛屿上，该类型是在当地北辛文化的基础上发展起来的，地方特点突出。

（2）大汶口文化中、晚期可分为如下几个地方类型。

大汶口类型：以山东泰安大汶口遗址为代表。主要分布在汶河流域和泗河中上游，由早期的王因类型发展而来。

花厅类型：以江苏丕县花厅遗址为代表。主要分布在泗河、沂河、沭河几条河流的下游以及江苏省境内的淮河以北地区，由早期的刘林类型发展而来。

陵阳河类型：以山东莒县陵阳河遗址为代表。主要分布在沂河、沭河中上游以及山东日照和江苏赣榆东部的沿海地带，其来源还有待新的发现。

尚庄类型：以山东茌平县尚庄遗址为代表。主要分布在鲁西北地区，其来源应为章丘一带的大汶口文化早期遗址。

五村类型：以山东广饶县五村遗址为代表。主要分布在鲁北地区的淄河、孝妇河流域，向北可能越过黄河，其来源也有待新的发现。

三里河类型：以山东胶县三里河遗址为代表。主要分布在鲁北地区的潍河、弥河流域，该类型的来源也有待新的发现。

北庄类型：以山东长岛县北庄遗址为代表。主要分布在胶莱平原以东的半岛和沿海岛屿上，该类型的前身是早期的紫荆山类型。

尉迟寺类型：以安徽蒙城县尉迟寺遗址为代表。主要分布在淮河支流以涡河为中心的皖北、豫东和鲁西南地区，该类型的源头是其东北方向的大汶口文化，并受到当地土著文化的影响。

（二）经济形态和手工业

1. 农业

大汶口文化早期，农具数量发现较少，仅有石铲和少量石刀，显示农业的总体水平较低。中期阶段，农具数量和种类增多，有肩石铲、骨角锄等出现，镰刀和刀的数量也有增加。晚期阶段，农具比例攀升，各类农具均已出现，有石器也有骨角器。其中，用于收割的长方形穿孔石刀已定型，显示出农业有大幅度发展。

大汶口文化主要种植粟、黍类谷物及其他一些经济作物。大汶口文化中晚期，粮食已有一定程度的结余。在胶县三里河遗址一座房屋（F201）内的窖穴中储藏有 1 立方米多的炭化粟，足以为证。从另一角度看，大汶口文化晚期饮酒之风很盛，从侧面暗示出农业生产的发达程度。在莒县陵阳河墓地发掘的 45 座墓中，随葬的饮酒器——高柄杯多达 663 件，占出土陶器总量的 45%，足以显示粮食剩余的充分和酿酒业的发达。

2. 畜养与渔捞经济

大汶口文化早期发现的家畜有猪、狗和鸡，特别是猪的饲养量非常突出，证据一是遗址地层中出有大量食用后弃置的猪骨；二是普遍有用猪头或猪下颌随葬的现象，与的甚至用整猪随葬或祭祀；三是出现了以家猪为表现对象的艺术品。另一种家畜是狗，在邳县大墩子遗址出土最多的是猪骨和狗骨，很多墓用整只的狗殉葬。例如刘林墓地有 8 座墓殉狗，每墓 1 只，还有单独的狗坑；大墩子墓地有 9 座墓殉狗，最多一墓殉狗 3 只。这种现象在其他遗址也有反映。

大汶口文化的渔捞经济占相当比重，特别是东部的渤海、黄海有长达 3000 公里的海岸线，捕捞海产品是重要的经济活动，内陆沿湖、沿河地区则捕捞水产品。江苏北部有些墓内随葬乌龟，个别墓主还佩戴内装石子和骨针的龟甲，应是龟灵崇拜的反映。

3. 手工业

（1）陶器。大汶口文化最重要的手工业部门是制陶业。早期陶器均为手制，红陶为主，逐渐出现慢轮修整技术。在丕县大墩子102号墓内随葬了5块天然赭石，墓主是一位50岁上下的男子，推测是专业制陶工匠，随葬的赭石颜料用于陶器的绘彩。中期开始出现个别小型轮制陶器，灰陶、黑灰陶比例增加。晚期快轮制陶术逐渐普及，生产效率大为提高，灰黑陶占据主要地位。其中，薄胎黑陶和白陶代表了这个阶段制陶业的两项重要成果。白陶分白、黄、橙黄、橙红、青灰等颜色，原料使用一种特殊的坩子土，经1200℃高温烧制而成。在大汶口遗址发现的陶窑为横穴式。

（2）玉器。制玉是大汶口文化的另一项重要手工业。早期玉器发现不多，以装饰小件为主。中、晚期玉器数量和种类增加，器类仍以串珠类饰物为主，也有部分玉器用于礼仪或祭祀活动，例如璧、钺、环、佩、琮等。这些玉器多数为当地自产，少量来自长江下游。制玉工艺采用切割、钻孔、雕琢、抛光等技术。

（3）石器。大汶口文化的石器制作水平很高。具体表现在三个方面：第一，通体磨光石器普遍，打制石器数量很少；第二，钻孔普遍采用双面管钻技术；第三，各类石器基本定型。

（4）其他。大汶口文化的骨、角、牙制品也表现出很高的工艺水准，制作上采用劈、截、切、割、锯、削、磨、钻、雕、刻、镂等多种技法，器类除常用的锥、针、笄、凿、镞、矛、束发器以外，还发现有少量做工极为精湛的象牙梳子、雕刻镶嵌绿松石的象牙筒等。其他手工业部门还有木器加工、编织和纺织等（图三三）。

（三）社会性质分析

大汶口文化早期的墓葬结构反映出：（1）家族墓地出现。氏族公共墓地有分群、分组迹象，这类家族墓极少出现相互叠压打破的现象。（2）贫富分化已经出现，并有加剧的趋势，包括氏族之间、家族之间和个

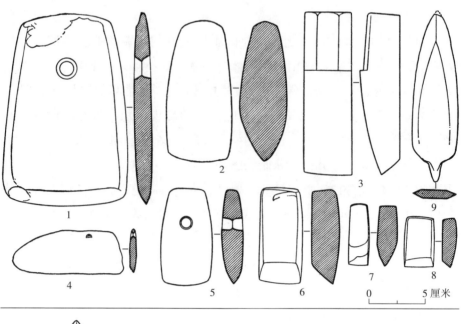

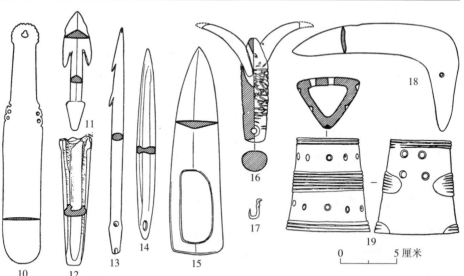

图三三　大汶口文化的石器和骨角牙器

（引自《新中国的考古发现和研究》，1984 年）

上：石器　1. 铲　2、5 斧　3、6、8 锛　4. 镰　7. 凿　9. 矛

下：骨器　10. 匕　11. 镞　12. 凿　13. 鱼镖　14. 棱形器　15. 矛　16. 獐牙钩形器　17. 鱼钩

18. 镰　19. 雕筒

人之间的贫富差异。（3）男女分工明确。以上几点反映出家族私有制已经确立，父权制取代母权制，家庭形态开始向一夫一妻制度迈进。大汶口文化早期之末出现成年男女合葬墓，即是这一发展进程的反映。

大汶口文化中期的墓葬结构反映出，家族在进一步分化，富有的家族墓地出现，墓室面积宽大，随葬品十分精美，表明这类家族可能在氏族或部落中握有一定的权力。以新沂花厅发现的 10 座大型墓为例。8 座墓殉葬 18 人，少者 1 人，多者 3~5 人，殉葬者多为儿童或少年。这批大墓的面积达 15 平方米，随葬上百件器物，包括大型陶器、玉器、整头的猪、狗。与此相对照的是，不少小型墓内无任何随葬品。可见家族私有制已经巩固，部落间械斗频繁，交流更加广泛。

大汶口文化晚期的变化表现在：（1）贫富分化，对立更为尖锐。以大汶口墓地为例，10 号墓不仅墓圹面积大，还有木椁，随葬品近 200 件，且大部分是制作精美的工艺品和装饰品，为迄今我国新石器时代规模最大的墓葬之一，墓主是女性，应该是氏族内很有地位的贵族夫人。而同时期的有些墓随葬品很少，甚至一无所有，差别已远远超出氏族社会内部一般财产分配的不平等。（2）商品生产出现。最重要的是制陶业，随着轮制陶器的普及，各地的陶器形态更加趋同，特别是用于随葬的明器，作工粗糙，样式一致，应系流通的商品。（3）"图画文字"出现，总计出土 20 余件，种类有"日月山""日月"（有人释"旦、昊、昊山"），"钺"（有人释"戊"），"锛"（有人释"斤"）。其他还有四边形、冠形、树形等。这些"图画文字"均刻在大口尊的器口下部，单体为主，并涂朱。从出土位置看，其分布东起黄海之滨，西至淮北，南抵长江中下游。学术界对其性质还有不同认识，多数认为是文字（图三四）。有学者据此认为，此时已进入文明社会初期，但还带有氏族社会的色彩。

三、长江中游的大溪文化和屈家岭文化

长江中游的地理范围是指以江汉平原为中心，西北至川东三峡—鄂西

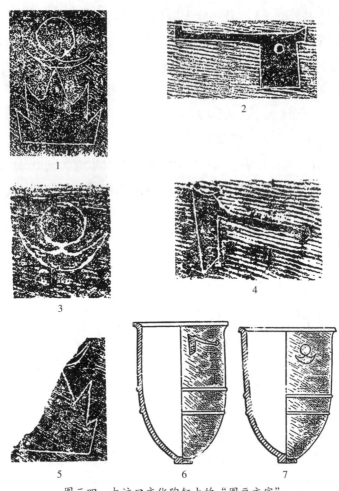

图三四　大汶口文化陶缸上的"图画文字"
（引自《新中国的考古发现和研究》，1984 年）
1~4、6、7. 陵阳河采集　5. 前寨遗址采集

北地区，南抵湘西北—洞庭湖一线，包括湖北、湖南、江西三省这一广大区域。

1. 大溪文化

因四川（今重庆市）巫山县大溪遗址的发掘而得名。按地域划分，大溪文化可分为鄂西北类型和湘西北类型，前者分布在川东三峡、鄂西北及江汉平原一带，其前身为城背溪文化；后者分布在湘西北至洞庭湖一线，其前身为皂市下层文化。大溪文化的绝对年为距今 6500~5300 年。

大溪文化的石器分磨制、琢制、打制三类，典型器有打制双肩石锄、磨制梯形斧、条形锛等。石斧分大、中、小三种，在巫山大溪出土的一件巨型石斧长 38 厘米，湖北红花套出土一件长 43.1 厘米，这种石斧应有特殊的用途。石锛分为常型、有段和有肩三种。圭形凿磨制精细，特点突出。其他还有石矛、骨矛等兵器。此外，大溪文化还出有一批玉璜、玉环、玉璧、耳坠等装饰品。早期陶器均为手制，泥条盘筑成型，已出现慢轮修整，夹炭陶胎内掺入谷壳、茎叶碎末，夹砂陶掺加砂粒、碎陶末或蚌壳粉末。多数遗址以夹炭红陶为主，还有一部分夹砂灰陶和泥质灰、黑、橙黄陶，以及少量白陶。大溪文化晚期制陶工艺进步显著，黑灰陶数量增多，出现少量薄胎蛋壳陶。有些陶器外表红色、内壁黑灰色，可能采用了覆烧技术或窑外渗碳工艺。经检测，大溪文化夹砂红陶的烧成温度为 750℃，黑陶为 780℃，灰陶为 810℃，彩陶为 830℃。

泥质陶普遍施红衣，素面磨光，圈足器流行戳印小镂孔装饰。彩陶不多，绘黑彩绞索纹、横人字纹、草叶纹、菱形网格纹等，地方色彩突出。在鄂西北发现有施白衣、绘黑红彩花瓣纹的彩陶，系仰韶文化庙底沟类型影响的产物。典型器有圜底釜、圈足盘、簋形器、曲腹杯、筒形瓶、鼎、器座、豆、壶和陶球等（图三五：上）。

房屋分半地穴和平地起建两种，平面有圆形、方形之别。平地起建的房屋先挖基槽、掏柱洞，建竹骨泥墙（竹篱笆涂泥）。用红烧土铺垫地面并且砸实，或涂抹细泥，再经火烤。屋内设有火塘，屋外四周有檐廊，适应南方多雨、潮湿的气候环境。

在巫山大溪遗址发掘 200 余座墓葬，以竖穴土坑单人葬为主，成人与儿童葬在一起，分仰身直肢、俯身直肢、屈肢三种葬式。屈肢葬形式复杂，按人体的蜷屈程度分五种，有些下肢严重蜷曲，应为人为捆绑所致。早期随葬品数量差别不大，晚期贫富差异明显。主要随葬陶器和生产工具。在大溪发现一批奇特的葬俗，如将陶器打碎或在器底打洞，摆放在头两侧；将大石斧压在胸部或枕在头下；或头枕象牙；或随葬大鱼（放在身上、垫在臂下、或衔鱼尾于口中）、龟、狗或猴子。有些遗址发现儿童瓮棺葬。

在湖南澧县城头山发现大溪文化的水稻田，稻作农业已形成规模。家畜主要为猪和狗。在巫山大溪遗址出土大量鱼骨、兽骨，反映出渔捞和狩猎－采集经济也比较发达。

2. 屈家岭文化

因湖北京山县屈家岭遗址的发掘而得名，该文化是大溪文化的延续和发展，二者的分布区域大致重合。屈家岭文化也可分为江汉平原、湘西北两个类型。其分布范围北至河南郑州、禹县一带，反映出这一时期长江中游的古文化向北扩张的趋势。屈家岭文化的绝对年代为距今5300～4500年。

石器以磨制的斧、锛、凿为主，有部分穿孔石铲、石镰和石刀。打制的双肩石锄继续流行。陶器分手制、慢轮修整、快轮成型三种。一般较大型的容器仍采用手工制作，慢轮修整，有些中小型器皿采用快轮拉坯成型。夹砂陶主要掺加石英砂粒、碎陶末；仍有部分掺谷壳的夹炭陶。以灰陶为主，黑陶次之，红陶再次之，不同时期的陶色比例有变化。制陶业的进步表现在：（1）产业内部分工细化，产品规范化程度提高，不少陶器的主体部位造型相同，再根据不同需要配以附件，或三足，或圈足，或器柄，与主件组成不同器类，如双腹豆、双腹碗、双腹鼎等，反映出"流水作业"的集约生产方式，大大提高了劳动生产率，以满足社会需求。（2）能够生产特大型陶器，如口径达86厘米的大型陶锅、高40～50厘米的陶缸及陶臼、大型管状器等。（3）出现少量胎厚仅0.5～2毫米的薄胎陶及精美的蛋壳彩陶。在湖北郧县青龙泉遗址发现有横穴式陶窑，平面呈葫芦形，窑室圆形，火膛底部低于火道。经测试，屈家岭文化的陶器烧成温度为900℃。

器类有罐形鼎、双腹鼎、双腹豆、双腹碗、壶形器、高圈足杯、大口缸、杯、陶球、彩陶纺轮等。素面为主，有少量彩陶，特点是在细泥黄陶表面施橙红、灰、黑色陶衣，再用红、橙黄、黑色颜料绘彩。有些彩陶的图案呈现数种颜色重叠、色彩浓淡不一、相互浸润晕染的奇特效果。屈家岭文化普遍发现有彩陶纺轮，特点是个体较小，一面绘黑彩。此外，有部分大口缸上刻有与大汶口文化相似的"图画文字"（图三五：下）。

屈家岭文化的房屋以地面建筑为主，平面分方形、长方形，构建程序是先挖基槽再挖柱洞，立柱，填土夯实，建竹（木）骨泥墙，地面铺垫烧土、黄沙，涂抹细泥或白灰面。变化最大的是出现双间或多间联排式套房，反映出家庭结构的变化。墓葬以单人仰身直肢葬为主，随葬品多数较少，个别略多，有的墓内随葬猪下颚、猪头，显示出贫富在进一步分化。儿童多采用瓮棺葬，无随葬品。屈家岭文化的经济形态与大溪文化相同。

四、长江下游的崧泽文化

长江下游的地理范围包括上海市、江苏省南部和浙江省北部，中心位于太湖周边至杭州湾一带，其北界可达长江以北的南通地区。

崧泽文化得名于上海青浦县崧泽遗址。主要分布在太湖周边地区，其前身为马家浜文化，绝对年代为距今 5900 ~ 5100 年。

石器制作规范、精细，器类主要有穿孔石铲、穿孔石斧、锛、凿等，骨、角器数量明显减少。陶器掺合料有砂粒、蚌壳粉末或稻壳类有机物。以手制夹砂红陶、泥质灰陶为主，出现少量黑皮陶。慢轮修整工艺较普及，有些小件器物采用轮制工艺。典型器有釜形鼎、盆形鼎。特点是鼎足样式较多，有弓背宽铲状、扁平侧三角状、三棱状、凿形等。圈足壶的特点是流行将圈足底边切割成花瓣状，器身呈瓦棱状，非常有特点。其他还有陶釜（腰沿釜消失）、甗、壶、罐、盆、盂、杯、竹节柄豆、刻槽带流盆等。器表多素面，部分饰附加堆纹、压印或刻划的纽索纹。崧泽文化陶器的一个特色是器表多带折棱，显得棱角分明。另一特点是流行镂孔装饰。还有个别彩陶，绘红彩或黑彩几何纹（图三六）。

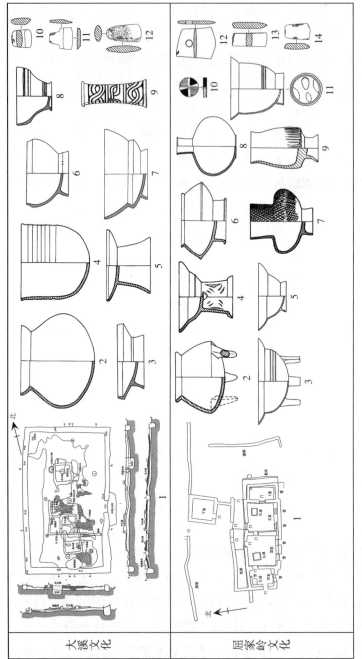

图三五　大溪文化和屈家岭文化

（郭伟民选编）

大溪文化:1.关庙山 F30 平、剖面图　2.圈底陶釜　3.圈足陶釜　4.大口陶缸　5.陶豆　6.陶簋　7.圈足陶盘　8.曲腹陶杯　9.彩陶筒形瓶　10.石铲
11.有肩石铲　12.大型石斧
屈家岭文化:1.石板湾 F1 平面图　2.罐形陶鼎　3.盆形陶鼎　4.双腹陶豆　5.双腹圈足陶盘　6.圈足陶罐　7.小口圈足陶壶　8.细颈陶壶　9.圈足陶杯
10.彩陶纺轮　11.陶甑　12.石锛　13.石镞　14.石斧

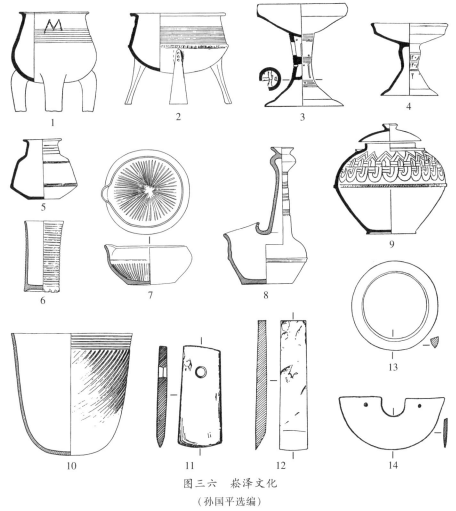

图三六　崧泽文化

（孙国平选编）

1. 釜形陶鼎　2. 盆形陶鼎　3、4. 陶豆　5. 陶罐　6. 陶杯　7. 陶澄滤器　8. 塔形陶壶
9. 刻纹陶瓮　10. 大口陶缸　11. 石钺　12. 石锛　13. 玉环　14. 玉璜

崧泽文化的氏族公共墓地规模较大，多数没有明显的墓圹，有学者认为当时流行平地掩埋的葬俗（也可能是墓圹不易辨识）。以单人仰身直肢葬为主，头向多朝东南。随葬品多寡不等，一般为9件以下。目前所知随葬品最多的两座墓为成年女性和儿童合葬。随葬品有陶器和生产工具，组合有

鼎、豆、杯、罐等，有的墓随葬猪下颚，个别墓有木质葬具，或在墓主身上铺垫黄土。在江苏吴县草鞋山遗址发现两座男女合葬墓，男左女右，显示出男尊女卑的不平等现象，男性本位萌芽，私有观念出现。

五、北方地区

这里的北方地区主要指东至辽宁省西部，西到内蒙古中南部的长城沿线及以北地区。

1. 红山文化

1935 年，日本人在内蒙古赤峰发掘了红山后遗址。1954 年经正式发掘，分出两层文化堆积，随后将该遗址下层命名为"红山文化"。该文化分布北起乌尔吉木伦河，南到辽宁朝阳、河北北部，东接锦州，西至内蒙古东南部。绝对年代为距今 6660～4870 年。

红山文化的石器分三类，打制石器有砍砸器，细石器有镞和石叶，磨制石器有石耜、桂叶形穿孔石刀、磨盘、磨棒等。最有特色的是鞋底状石耜（锄或犁形器），顶部打出缺口，可捆绑木柄，其功能类似于今天的镢头。陶器均为手制，泥条盘筑（或圈筑）成型，小型器用手工捏制。陶色以泥质红陶和夹砂褐陶为主，少量灰陶、黑灰陶。泥质陶火候较高，色泽也较纯；夹砂陶火候和做工略逊一等。造成上述差异的原因除原料外，也有烧成因素。晚期泥质红陶增多，出现少量泥质黑陶、灰陶，出现慢轮修整技术，已能制作无底筒形器和广肩小底瓮等较大型的器物，反映出制陶业的进步。陶窑均为横穴式，有单室和连室两种。在内蒙古敖汉旗四棱山遗址发现 6 座红山文化中期的陶窑，窑室四周砌筑石块，内壁涂抹草泥土。1 号窑为单室，结构包括窑室、火道和火膛三部分，马蹄形窑室，直径约 1.4 米，底部设 4 个窑柱，柱上敷草泥，柱与柱之间为自然火道，长条形火膛设在窑室一侧。6 号窑为连室，双火膛，长方形窑室，面积 2.7 平方米，底部倾斜，设 8 个窑柱，局部尚保留部分券顶，极为难得。红山文化陶窑的火道较长，可使窑内温度升高不至于过猛，适合当时的制陶水平。经对西水泉遗址出土红陶片检测，烧成温度低者约 600℃，高者达 900℃ ~ 1000℃。

器类有筒形罐、钵、盆、双耳罐、腹耳瓮、器盖、器座、壶、豆、三足杯、带流壶。还发现专供祭祀用的大型陶塑人像、动物、禽鸟塑像、小型孕妇塑像及筒形器座等。器表流行装饰压印的线形或篦点之字纹、附加堆纹。泥质陶以素面为主，少量施红衣绘黑彩，纹样有宽带纹、蝌蚪纹、垂鳞纹、弧三角勾叶圆点纹、菱形棋盘格纹、同心圆纹、鱼尾纹、人字纹等。有些早期纹样受到仰韶文化后岗类型的影响（图三七）。

房屋以方形半地穴式为主，面积大小相差悬殊（大者 11.7 × 9 米；小者 4 × 3 米）。室内有瓢形灶，地面砸实，有斜坡门道。近年在内蒙古敖汉旗、林西及河北北部发现与仰韶文化类似的环壕聚落。如敖汉旗西台遗址的聚落有两道环壕，将聚落围成相邻的两个近长方形（呈凸字形），似表现了从环形聚落向方形（长方形）聚落演进的趋势。石斧、石锄等农具的存在表明，红山文化的农业有进一步发展。

20 世纪 80 年代，在辽西等地发现一批红山文化的坛、庙、冢遗迹：（1）在喀左东山嘴这座小山上发现一组石构建筑，按南北中轴线布局，中心是砌石墙的长方形台基（9.5 × 11.8 米），台基东西 6 米处有南北走向的条石建筑；正南 15 米处有直径 2.5 米的圆形台基。出土 2 件小型陶塑孕妇像和精美的龙首玉璜、绿松石枭、彩陶筒形器、猪骨等。初步研究表明，这是红山文化的一处祭祀遗址群。（2）在凌源、建平两县交界处 50 平方公里范围内发现 16 处遗址点，遗址中心有一座长条形多室半地穴建筑（18.4 × 2.5 米），左右各有一侧室（图三八：1）。经过对主建筑南侧一长方形建筑进行发掘，发现穴壁上有木柱、涂抹细泥的草泥墙，墙上绘黄底红彩几何纹。根据倒塌物分析，屋顶应为草木结构，里外涂泥。西侧耳室出有泥塑人物、动物雕塑残块，包括人头、肩、臂、手和乳房等，约 5 ~ 6 人的个体，大者相当于真人的 3 倍，小者如真人大小。其中有一件完整的泥塑人面，造型庄重，用玉石镶嵌眼珠（图三八：2）。其他还有

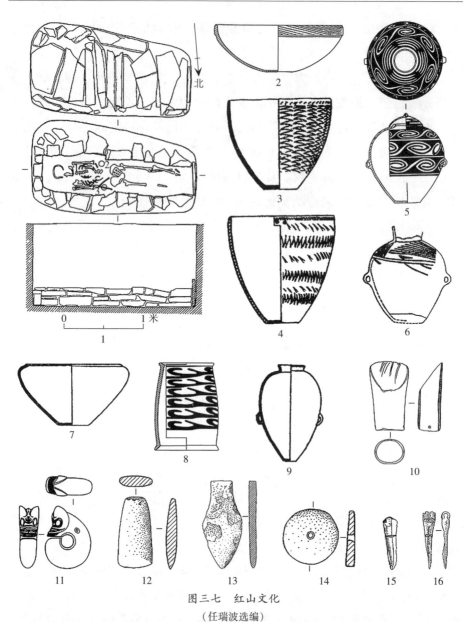

图三七　红山文化

（任瑞波选编）

1. 牛河梁 Z2M2 平、剖面图　2. 陶钵　3、4. 筒形陶罐　5. 彩陶瓮　6. 彩陶双耳壶　7. 陶盆
8. 彩陶筒形器　9. 小口双耳陶罐　10. 玉箍形器　11. 玉猪龙　12. 石斧　13. 石耜　14. 陶纺
轮　15. 石叶　16. 骨锥

卧熊、猪首龙身、猛禽脚爪等塑像残件，体积均超出真实动物。在这座面积不大的建筑内塑造有人和动物塑像，推测其功能应为原始宗教祭祀建筑，性质类似"神庙"。在"神庙"以北18米外，发现三个边缘构建有护坡石墙的大平台，南北长175、东西宽159米，面积200×200米，北平台南侧也发现有堆积烧土和泥塑的残件。平台与"神庙"之间有路相通。估计当时在平台之上也有建筑，地表发现有陶片和烧土块，可能是与

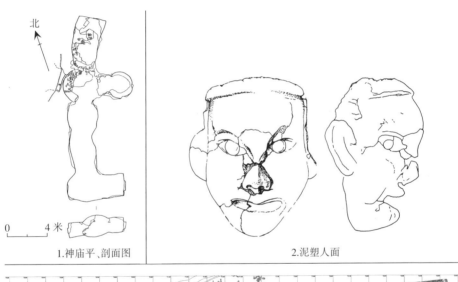

1.神庙平、剖面图　　　　　　　　　2.泥塑人面

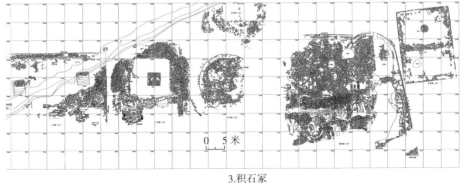

3.积石冢

图三八　红山文化神庙与积石冢

（郭大顺供图）

"神庙"配套的大型祭祀场所。最近在北平台西南角发现两个器物坑，出有特大型的陶器，应是与祭祀有关的遗存。

在"神庙"以南、以西的山头，发现一批大型"积石冢"群，占地约两公里，规模宏大（图三八：3）。"积石冢"用石块建造，主冢多为方形，大者边长18米，中心是带棺椁的大墓，随葬玉龙、玉鸟、玉环等。在椁外及墓外积石四周，摆放成排或环状的筒形器（有的绘彩）。此类器无底、无盖，推测应是具有沟通天地功能的祭器。大墓周围有很多小墓，与大墓构成主从结构。其中2号地点的4号冢为并列双冢，长30余米，为积石冢之冠。1号墓上部有一小墓，出土一件小铜环，引人关注。5号地点的1号冢出土玉器47件，2号冢出有陶塑裸女像，足登靴，造型生动。这些大墓的主人显然不是一般人物。

这些遗址的规模远远超出一般的聚落形态，特别是坛、庙、冢的布局在红山文化乃至新石器时代都很突出，东山嘴和牛河梁是红山文化重要的宗教祭祀中心，积石冢大墓的主人应为氏族社会上层人物。这些发现对探讨红山文化的社会复杂化进程和文明化进程有重要研究价值。

2. 富河文化

得名于内蒙古巴林左旗富河沟门遗址。主要分布在乌尔吉木伦河流域和西拉木伦河北岸，在西辽河以北与红山文化有部分重合。地层关系显示，该文化晚于红山文化，应是地域有别、局部共存的两支考古学文化。有学者认为，该文化可能是在西拉木伦河以北的兴隆洼文化基础上发展出来的，其上限与赵宝沟文化相当，下限晚到红山文化的某个时段。绝对年代为距今6500～5000年。

石器均为打制，制作规范，形态固定，数量最多的是打制砍砸器，其他还有锄、锛、凿等，细石器有石叶和柳叶形石镞。骨器很多。制陶业落后，陶器均为手制，泥条盘筑，分段制坯，对接成型。陶器均夹砂，火候不高，以黄褐陶为主，灰褐陶次之。器表经压磨处理。器类以大口筒形罐为主，少量钵、碗、斜口罐及个别圈足器。筒形罐口底大小相若，与红山文化同类器区别明显。普遍饰横排竖压之字纹、篦点纹。经统计，此类纹样占全部陶片的20%；其次为之字线纹（或弧线纹）；或者在口沿外装饰附加堆纹、刻划纹，有些器底压印编织纹。经检测，陶器的烧成温度为700℃~800℃。

聚落选择在河旁高岗或向阳山坡上。房屋均为半地穴式，平面方形或圆形，方形为主。特点是在山坡上挖地穴，屋子后部穴壁较高，在此立柱，很有特点。发掘中未见家畜骨骼，可见该文化主要从事采集－狩猎经济。富河文化发现有鹿肩胛骨制作的卜骨，为新石器时代较早出现的占卜用具。

3. 小河沿文化

以内蒙古敖汉旗小河沿遗址得名。主要分布在内蒙古东南部、辽宁西部的老哈河流域，南至河北北部容城一带。绝对年代为距今4870年以降。

石器分为磨制和细石器两类。前一类以斧、锛为主，个别石钺制作较精；细石器主要为石叶，还发现有石璧、环和兽牙制作的束发器。陶器均为手制，泥条盘筑，分段制作，对接成型。多数夹砂，火候偏低。夹砂褐陶为主，次为夹砂灰陶和夹砂红陶，再次为泥质黑灰陶和红陶。器类以夹砂灰陶筒形罐最多，大多数口沿外侧置双小耳，别具特色。其他还有罐、钵、盆、壶、豆及少量的尊形器、器座、碗、小口罐、大口罐、鸟形壶、双连口壶、勺形器、枕状器，以及个别捏塑的猪、狗等动物造型器皿。除素面外，多数器表拍印绳纹、刻划纹和方格纹，其他还有绳纹、刻划纹组成的菱形纹、回纹，个别有镂孔。有少量彩陶，绘黑彩几何纹，常见竖线间饰对三角，竖线间饰垂鳞纹，斜折线间饰三角纹，还有回纹、万字、八角星、缠绕的连续S纹、菱形网格以及少量奔鹿、奔犬动物纹。还发现个别内壁绘彩的陶器、彩绘陶以及器表刻划"符号"（图三九）。

小河沿文化有些陶器与大汶口文化接近，暗示该文化年代与大汶口文化晚期相当。少量陶器与内蒙古东南部仰韶文化海生不浪类型类似，可见该文化与东西两个方向都有联系。

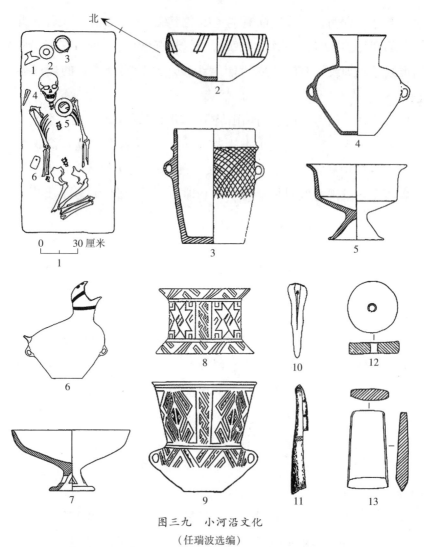

图三九　小河沿文化

（任瑞波选编）

1. 石棚山 M38 平面图　2. 彩陶钵　3. 筒形双耳陶罐　4. 陶壶　5、7. 陶豆　6. 鸟形
彩陶壶　8. 彩陶器座　9. 彩陶尊　10. 骨锥　11. 骨梗石刃刀　12. 陶纺轮　13. 石斧

　　房屋均为半地穴式，平面分圆形双室、椭圆形单室两种。墓地均建在较高的山坡上，皆为竖穴土坑墓，单人屈肢葬为主。还发现有下葬前焚尸的习俗。每墓一般随葬 3 件器物，最多 15 件，有陶器、石器和装饰品。

男性随葬石斧，女性随葬纺轮。在石棚山墓地发现 3 座双人合葬墓，墓主头向相反，下肢叠压，葬式奇特，经鉴定为男女合葬。小河沿文化的生业除农业以外，狩猎－采集亦占一定比重。

六、黄河上游的马家窑文化

20 世纪 20 年代，瑞典学者安特生在甘肃临洮马家窑发现，后命名。分布范围集中在甘（肃）青（海）两省交界的河湟地区，西界达甘肃酒泉市和青海同德县。在宁夏自治区南部和四川省西北部也有少量分布，绝对年代为距今 5200 ~ 4650 年。

陶器均为手制，采用泥条盘筑技术，大型器分段制作，对接成形，普遍使用慢轮修整。泥质陶做工细腻，火候高，以橙红陶为主，次为红陶、灰陶；夹砂陶质地较粗，红褐色或灰褐色，器表饰散乱绳纹和附加堆纹。个别陶器的上半部为泥质，下半部夹砂，很有特点。在东乡林家遗址发现的陶窑为横穴式，平面呈圆形，直径 1.3 米，窑箅周围带火孔，火膛为长方形。经检测，马家窑文化的泥质彩陶烧成温度达 900℃ ~ 1050℃。

陶器种类较多，日用器有小口壶、细颈瓶、钵、盆、瓮、豆、甑、碗、罐、尖底瓶、杯、盅、勺以及夹粗砂的带嘴锅、瓮等，装饰品和工具类有陶环、镯、刀，乐器（或玩具）有响铃。

马家窑文化的彩陶制作工艺高超，纹样设计和绘画的精美程度达到前所未有的水平，数量也明显增加，在生活居址出土的彩陶约占 30%，随葬品高达 50%。流行绘黑彩弧线、圆点构成的几何纹，特点是构图繁缛，布局有序，线条流畅，内彩发达。也有少量象生纹，晚期出现少量绘黑白复彩的纹样。常见花纹有波浪、同心圆、旋涡、圆点、网格、垂幛、蛙以及变形的鸟、水虫、鲵鱼等。还发现有数件绘画舞蹈人物的彩陶，堪称史前艺术的精品，也反映出马家窑文化居民能歌善舞。通过研究这个时期的彩陶花纹构图，证明有些彩陶是利用慢轮辅助绘制的（图四〇）。

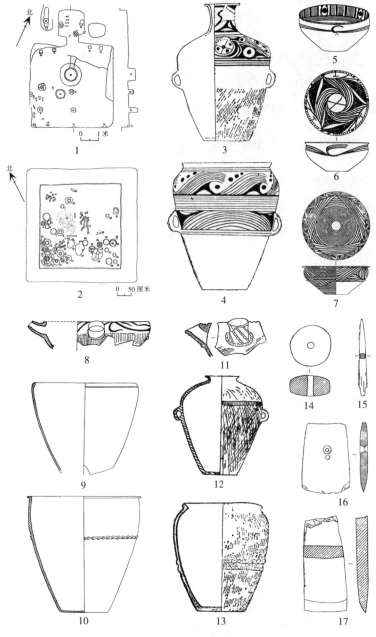

图四○　马家窑文化

（任瑞波选编）

1. 林家 F19 平、剖面图　2. 核桃庄 M1 平面图　3. 彩陶壶　4. 彩陶瓮　5～7. 彩陶盆　8、11. 带嘴陶锅　9、10. 陶瓮　12. 小口腹耳陶瓮　13. 绳纹陶罐　14. 陶纺轮　15. 骨梗石刃镞　16. 石斧　17. 石锛

聚落多选择在河流两岸阶地上。房屋分为方形、圆形单间和分间几种，方形最多。单间房屋均为半地穴式，面积 10 ~ 50 平方米，居住面敷草拌泥或红胶泥，屋内挖圆形或瓢形灶，灶旁立中心柱，房屋四周立柱，门道为台阶式，门外建储物窖穴。分间房屋多为平地起建，分主室和附室，主室中央有火塘，侧面是隔间，或在门外搭建小屋。在蒋家坪遗址还发现多套间的半地穴房屋。

墓葬发现不多。在青海同德宗日发现多达上百座的大型墓地。但多数地点为零星分布，如青海大通上孙家寨、乐都瑙庄等。葬式有一次葬、二次葬和瓮棺葬，大多无葬具。墓中随葬陶器、石器和装饰品。大型墓随葬品多达 30 件左右，较一般墓葬多出几倍。

在甘肃东乡林家遗址发现炭化谷物，可证马家窑文化种植粟、黍类旱地作物；饲养家畜有猪、狗、鸡等。生产工具主要为磨制的石铲、石斧、石刀、陶刀及骨梗刀，谷物加工工具有石磨盘、石磨棒、石杵、石臼等。狩猎－采集经济仍占一定比重。在东乡林家遗址出土一件单范铸造的青铜刀和炼铜渣，是我国目前所见最早的青铜器。

七、珠江沿海的咸头岭文化

这是目前所知华南沿海一带最早的史前文化，得名于广东深圳咸头岭遗址，主要分布在珠江三角洲沿海，南至香港、澳门，与福建沿海也有一定联系，绝对年代为距今 6000 年前后（图四一）。

石器多为磨制，以狭长梯形锛最有特色。陶器均为手制，泥片贴筑，陶胎厚薄不匀，火候较低，器表色泽不匀。夹砂陶多掺杂碎蚌末或砂砾，表皮橙黄、灰褐色夹砂粗陶占比高达 96%。器类以圜底器为主，也有圈足器，包括釜、罐、钵、圈足盘、豆、杯、器座、碗、盆等。除素面外，器表常饰绳纹、弦纹、叶脉纹、编织纹、附加堆纹。流行用文蛤、蚶类贝壳的边缘压印齿状几何纹，非常有特点。一般釜、罐类炊具饰规整的绳纹，特点是上腹部绳纹竖列，下腹部交错排列。有少量泥质圈足盘，器表

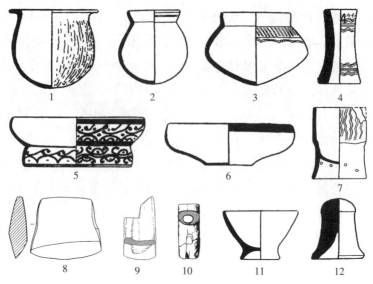

图四一　咸头岭文化

1～3. 圜底陶釜　4. 陶支座　5. 彩陶圈足盘　6. 彩陶钵　7. 圈足陶杯　8. 石锛　9. 骨铲
10. 骨哨　11. 圈足陶碗　12. 陶支脚

施红衣，绘赭红彩浪花纹。该文化发现少量白陶，制作工艺成熟，应是受到长江中游皂市下层文化影响的产品。经检测，珠海后沙湾遗址所出白陶胎质偏软，重量轻，密度低，吸水率达 32.29%，烧成温度仅 650℃。咸头岭遗址出土的白陶火候高，质地坚硬，应是外来和本地仿制的不同白陶产品。咸头岭文化的墓葬流行双臂伸直压在臀下的特殊葬式，均无随葬品，少量墓主有拔牙现象。

第七节　新石器时代末期（距今 4500～4000 年）

一、龙山时代与龙山文化

龙山时代的概念是在龙山文化的基础上提炼出来的。1928 年，吴金鼎在山东历城（今属章丘）龙山镇附近发现了城子崖遗址。1930年秋发掘，出土一批以黑陶为特征的遗存，与以往在河南发现的以红陶和彩陶为特征的仰韶文化不同，遂命名为"龙山文化"。后来，在河南北部陆续发现一批以灰陶和黑陶为特征的文化遗存，亦被归入龙山文化。当时考古界的认识是，"黑陶文化"源起山东，后向西扩散，进入河南北部，成为商文化的源头。

随着工作的深入，发现这种以黑陶为特征的文化分布范围很大，以至于后来出现了以山东、河南、河北、陕西、湖北等不同行政区划命名的龙山文化。龙山文化也因此成为一个庞杂的综合体，造成学术研究的诸多不便。实际上，各地的龙山文化有不同来源，山东境内的龙山文化源于大汶口文化；中原地区的龙山文化（包括豫北冀南的后岗二期文化、豫西的王湾三期文化、晋南的陶寺文化和关中的客省庄文化）是在各地仰韶文化的基础上发展起来的，长江中游的湖北龙山文化源自屈家岭文化。同样，在西北地区、长江下游、华南等地也都有这一阶段的文化遗存，它们不仅属于同一时代，也有着相似的文化发展水平和一定的共性，相互间还有着不同程度的联系，可统归之为龙山时代。

二、龙山时代各区域考古学文化

1. 龙山文化

曾有"山东龙山文化""典型龙山文化"或"海岱龙山文化"的命名，主要分布在山东境内，其影响南达江苏北部、安徽东北部，北至辽东半岛，向西影响到河北唐山地区。该文化源于大汶口文化，二者的差异不是外部原因，而是同一考古学文化在不同历史阶段的反映。龙山文化的石器有舌形铲、长方形刀、石镰、剖面呈菱形的镞。陶器以打磨光亮、素雅的黑陶为代表，轮制工艺发达。器类有鼎、鬶、壶、甗、罐、盆、豆、杯、罍、鬲等。典型器有鸟喙足鼎、长流鬶、高柄蛋壳杯等。房屋多为夯土台基方形建筑。延续氏族公共墓地传统，流行竖穴单人土坑墓，随葬品的数量及质量差异很大，等级差别严重。人骨鉴定证实，该文化有拔牙风俗（图四二）。

　2. 中原地区诸龙山文化

　　中原地区的地理范围很大，按地域不同，分布有数支龙山时代的考古学文化，文化面貌各异，内涵较复杂。

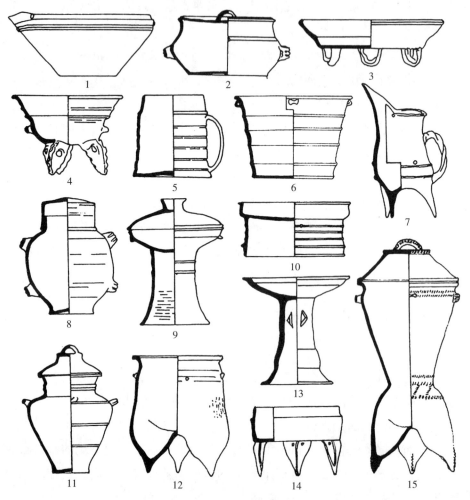

图四二　龙山文化陶器

1. 带流盆　2. 双耳带盖罐　3. 环足盘　4. 鸟喙足鼎　5. 单把杯　6. 盆　7. 鬶　8、11. 罍
9、13. 豆　10. 圈足盘　12. 鬲　14. 鸟喙足盘　15. 甗

（1）王湾三期文化。曾命名"河南龙山文化"，主要分布在河南西部的郑（州）—洛（阳）地区。陶器的种类、质地、包括制作技术与后岗二期文化颇多相似，以深灰色陶为主，炊具有斝、鼎和罐，鬶的数量不多，形态变化也较大。器表多饰绳纹、篮纹和方格纹（图四三：上）。

（2）后岗二期文化。曾用名"河北龙山文化"。主要分布在豫北冀南地区。陶器以灰黑色为主，纯黑色不多，轮制陶器的比例远不如龙山文化。炊具以鬲、甗、斝为主，鬶较少。器表多饰绳纹、篮纹和方格纹，素面陶很少。地面涂抹白灰的圆形房屋流行，有的用土坯建墙（图四三：中）。

（3）王油坊文化。也称"造律台类型（或文化）"。主要分布在豫东地区和山东交界位置，文化面貌介于龙山文化与中原龙山文化之间。陶器以灰陶为主，黑陶的数量比后岗二期、王湾三期要多。素面磨光陶约占一半，另一半饰篮纹、方格纹和少量的绳纹。器类可分三组，甲组为该文化所特有，如鼎、甗、圈足盘、盆形甑、大口尊、漏斗形器等；乙组带有中原龙山文化特征，有深腹罐、碗、浅盘豆、高领瓮、双腹盆、刻槽盆等；丙组为龙山文化风格，有素面罐、单耳罐、大平底盆、长颈壶、鬶、甌、鸟首足平底盘、直口皿等。房屋分为方形、圆形两种。夯筑房基，土坯筑墙。该文化向南影响到长江下游地区（图四三：下）。

（4）陶寺文化。主要分布在山西中南部汾河流域。陶器以夹砂和泥质灰陶为主，也有少量磨光黑陶，部分器表呈红褐色。炊具有大袋足鬲、斝和灶，其他还有罐、壶、瓶、盆、盘、豆、扁口壶、鼓等。器表饰细绳纹，少量饰斜篮纹，或在磨光黑陶表面绘红、黄、白、绿组成的彩绘花纹，还有的在陶盘内绘红彩或红、白彩蟠龙纹。木器有鼓、圈足盘、豆、仓、斗；石器有磬、V形刀、钺以及玉瑗、玉琮、玉环等。房屋发现圆角方形白灰面建筑。陶寺墓地规模很大，有上千座长方形竖穴土坑墓，排列十分密集，以单人仰身直肢葬为主。这批墓葬分为大、中、小三种。大型墓极少，中型墓占1/8，余为小型墓。中型以上的墓有木质葬具或用麻布殓尸，随葬品数量相差十分悬殊（图四四：上）。

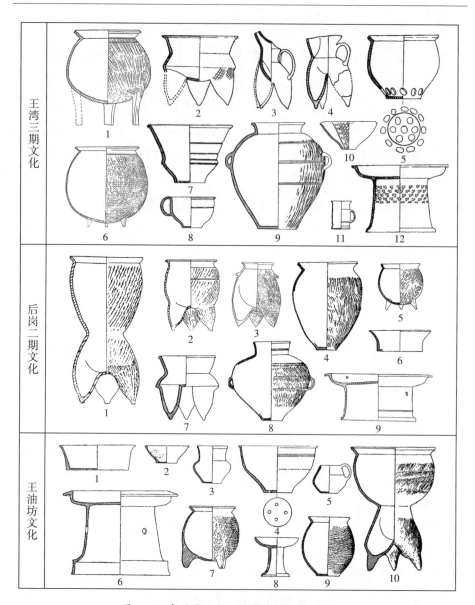

图四三　中原地区龙山时代诸文化陶器（一）

王湾三期文化：1、6. 鼎　2. 斝　3. 盉　4. 鬶　5. 甑　7. 双腹盆　8. 单耳钵　9. 瓮　10. 刻槽盆　11. 单把杯　12. 大圈足豆

后岗二期文化：1. 甗　2、7. 斝　3. 鬲　4. 罐　5. 鼎　6. 盘　8. 瓮　9. 大圈足豆

王油坊文化：1. 盆　2. 碗　3. 罐　4. 甑　5. 单耳罐　6. 大圈足豆　7. 鼎　8. 豆　9. 罐　10. 甗

（5）客省庄文化。曾用名"陕西龙山文化""客省庄二期文化"。主要分布在陕西关中平原，北至旬邑，南达洛河、丹江流域。陶器特点是关中东部80%为灰陶，18%红陶，黑陶仅有1%；关中西部以红陶为主。炊具有双鋬鬲、斝和夹砂罐，其他有高领折肩罐、单耳、双耳或三耳罐、盉、甗、盆、碗、瓮、器盖等。篮纹、绳纹的比例达75%。流行"吕"字形半地穴白灰面双间房屋，有的屋内建储物窖穴。在临潼康家遗址发现一处总面积19万平方米的大型聚落，有近300座圆角方形房屋，成列成行，上下叠压多层，个别房址墙下有奠基葬。墓葬有灰坑葬和长方形竖穴土坑葬，散布于聚落周围，随葬品很少（图四四：下）。

总体来看，中原地区诸龙山文化的陶器颜色比龙山文化浅，而且越向西越浅，轮制黑陶越向西也越少，手制灰陶则越向西越多。甗、鼎、豆不如龙山文化多，不见蛋壳陶，器表饰绳纹、篮纹和方格纹。反之，鬲、斝、甗、甑、双腹盆和小口高领瓮的数量很多。石器与龙山文化接近，但是舌形铲少，有肩铲多，石镞剖面为三角形。房屋有单间圆形、方形或长方形，也有双间，流行夯土白灰面建筑。有大型氏族公共墓地，随葬品相差悬殊。

3. 长江中游的石家河文化

曾用名"青龙泉三期文化""湖北龙山文化""季家湖文化"和"长江中游龙山文化"。后因湖北天门石家河遗址的发现命名。石器制作较精，有钺、斧、锛、镰、镞等。玉器制作极为精美，器类有人头像、鹰、凤、鸟、兽、龙、虎等。陶器有轮制灰陶和较多的橘红粗陶，黑陶很少。器类有鼎、甗、豆、圈足盘、高领罐、红陶杯、大口缸等。素面为主，部分饰篮纹、方格纹。还发现大批陶塑，有人抱鱼坐像，家畜类的有鸡、狗、猪，野生动物有长尾鸟、猴、象等（图四五）。

4. 良渚文化

1936年因浙江杭县（今余杭县）良渚镇的发现而得名。良渚文化由崧泽文化发展而来。主要分布在太湖周围，南抵钱塘江，西北达江苏常州，

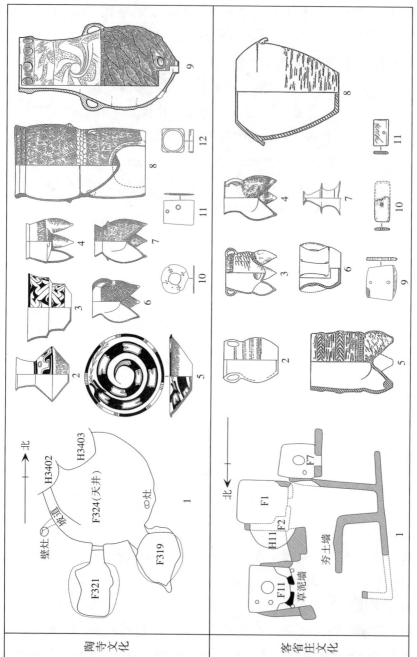

图四四 中原地区龙山时代诸文化(二)

(黄磊选编)

陶寺文化:1.陶寺 F319、F321 平面图 2.彩绘长颈壶 3.彩绘折腹盆 4.陶鬶 5.彩绘龙纹陶盆 6、7.陶盆 8.陶灶 9.陶斝 10.玉璧 11.玉钺 12.玉琮

客省庄文化:1.赵家来 F11、F1、F2、F7 窑洞居住院落平面图 2.双耳陶罐 3、5.陶斝 4.陶鬲 6.三耳陶罐 7.陶器盖纽 8.陶瓮 9.石钺 10、11.石刀

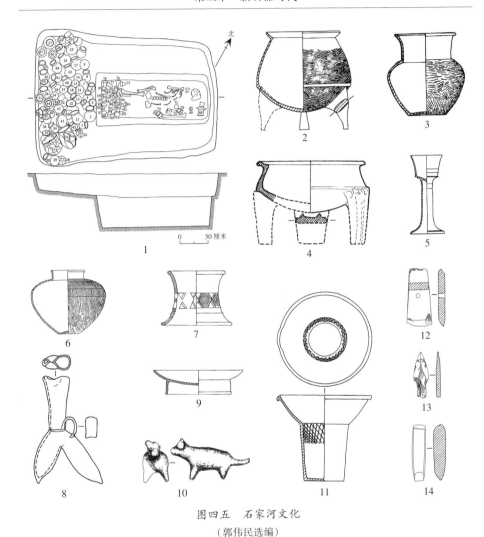

图四五　石家河文化

（郭伟民选编）

1. 肖家屋脊 M7 平、剖面图　2. 陶罐形鼎　3. 小口陶罐　4. 陶盆形鼎　5. 高柄陶杯　6. 小口陶瓮
7. 陶器座　8. 陶鬶　9. 圈足陶盘　10. 陶犬　11. 陶擂钵　12. 石钺　13. 石镞　14. 石凿

东至大海。绝对年代为距今 5100～4200 年①。

———————————

① 良渚文化从新石器时代晚期延续到新石器时代末期，从文化的延续性和整体性考虑，将良渚文化放在这个阶段比较合适，目前学术界对良渚文化的绝对年代还有不同认识。

石器种类很多，制作精细，器类有斧、锛、有段石锛、凿、长方形或半月形石刀、犁铧、破土器、耘田器等。犁铧、破土器和耘田器为特有的水田稻作农具。良渚文化玉器制作发达，雕工精细，品种丰富，为同时代其他考古学文化所莫能及。良渚文化分为早、晚两大期，前期以泥质灰陶为主，黑皮陶、夹砂灰黑陶为辅；后期以泥质黑皮陶为主，有少量泥质灰陶和夹砂灰红陶。

陶器普遍采用快轮制作，特殊器皿采用手制、模制结合的方法。造型规整，显示出很高的工艺水平。还有的将不同黏土原料配制在不同部位，器身主体泥质，器底、器足夹砂，达到美观实用的效果。其中，泥质灰胎黑皮陶最具代表性，烧成温度不是很高，器表所施黑色陶衣易脱落。此类陶器采用还原焰烧成，再经短暂的窑内渗碳。还有少量表里皆黑的陶器，烧成温度较高，有的胎厚仅 1.3～2 毫米，堪比蛋壳陶。随葬陶器普遍质地较粗，器形偏小，应为明器，反映制陶业内部有分工。经检测，良渚文化灰陶的烧成温度为 900℃。

陶器以圈足器、三足器为主。器类有杯、碗、盆、罐、盘、豆、壶、簋、尊、鬶、釜、鼎、盉、大口尖底缸等，典型器有鱼鳍足鼎、T 字足鼎、大圈足盘、竹节高柄豆、双鼻圈足壶、贯耳罐、圈足簋、圈足尊、带流宽柄杯、高裆细颈袋足鬶、带柄罐、卷沿瓮、过滤器、带流罐、椭圆盘形豆等。素面为主，多经打磨，器表光洁。流行弦纹、篮纹、绳纹、划纹、锥刺纹、附加堆纹和彩绘，镂孔发达，形状多样。彩陶不多，或器表施粉红陶衣绘红彩，或施红衣绘黑彩，或施黄衣绘红彩，还有的在黑陶上绘金黄彩，纹样有弦纹、方格纹、纽索纹等。良渚文化流行在黑陶器表刻划精细繁复的云雷纹、重菱纹、龙（蛇）涡纹、飞鸟纹、缠绕的鸟首蛇身纹、针点戳印纹、旋涡勾连纹、曲折纹、双线编织纹等。凡饰有此类纹样的器物均制作考究，器形庄重，胎薄质优，如带盖鼎、带盖双鼻壶、宽柄单把带流杯等，而且多出自大型墓葬，并伴出玉器，应是具有昭示身份、等级、权力的礼仪器具，仅供贵族和宗教领袖享用（图四六）。

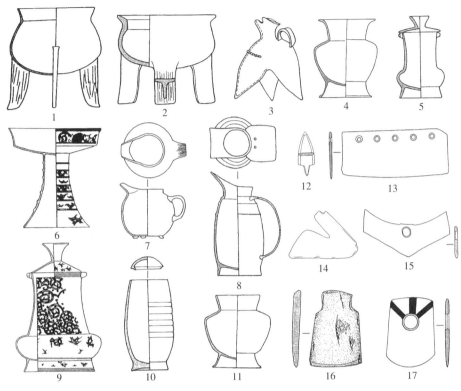

图四六　良渚文化

（孙国平等选编）

1、2. 陶鼎　3. 陶鬶　4、11. 陶尊　5. 双鼻陶壶　6. 刻纹陶豆　7. 宽把三足陶壶　8. 宽把陶杯
9. 刻纹双鼻陶壶　10. 圈足陶杯　12. 石镞　13. 五孔石刀　14. 石刀　15. 石耘田器　16. 双肩
石铲　17. 石钺

　　在浙江余杭县南湖遗址和江苏吴县澄湖遗址发现一件带刻划符号的陶器，结构抽象，4 个符号连在一起，已脱离图画阶段，对探讨汉字的起源有重要价值。

　　良渚文化的房屋建筑有干栏式和土坯垒建的，其结构和形状还不是很清楚。良渚文化的贵族墓与平民墓是分开的，贵族大墓集中建在人工堆筑的大型土台（坟山）上，这些土台很可能是废弃的祭坛。在良渚镇发现有超大规模的遗址群，应为良渚文明的经济和文化的核心区域。

5. 黄河上游地区

地理范围包括甘肃陇山以西的洮河流域、河湟地区、宁夏南部及河西走廊这一广阔区域。

（1）半山文化。得名于甘肃广河县半山遗址，曾经作为马家窑文化的一个类型，前身为马家窑文化。主要分布在河湟地区，其年代为距今4650～4300年。陶器均手制，以泥质红陶和夹砂灰褐陶为主，器类有小口壶、瓮、盆、瓶、碗及各类双耳罐和单耳罐。彩陶非常发达，流行在两道黑彩锯齿纹中夹一道红彩的构图，即所谓的"丧纹"（专为死人用的）。花纹母题有旋涡纹、四大圆圈纹、葫芦纹、齿带纹、凸弧纹、网格纹、棋盘格纹、菱格纹等。夹砂陶质地较粗，器表饰泥条附加堆纹。发现少量夹砂白陶，显示出较高的制陶工艺（图四七：上）。在兰州青岗岔遗址发现方形、长方形半地穴房屋。流行方形、近方形竖穴土坑墓，也有个别石棺葬，以单人侧身屈肢葬和二次葬为主。在青海乐都柳湾遗址的半山文化墓内，普遍发现有木质葬具。

（2）马厂文化。得名于青海民和县马厂塬遗址，曾作为马家窑文化的一个类型，其前身为半山文化，二者分布区域大致相同，年代为距今4300～4000年。陶器均手制，以泥质红陶和夹砂灰褐陶为主。器类有小口高领瓮、壶、瓶、钵、盆及各类双耳罐、单耳罐等。彩陶非常发达，早期保留部分黑红复彩，晚期均绘黑彩。花纹母题有四大圆圈纹、旋涡纹、人蛙纹、网格纹、棋盘格纹、菱格纹、万字纹等（图四七：下）。在甘肃永靖县马家湾遗址发现圆形、方形半地穴房屋。墓葬有长方形、近方形竖穴土坑式、凸字形土洞墓，单人葬为主，少量合葬。葬式有仰身直肢葬、二次葬和屈肢葬等。在青海柳湾发现有迄今所见规模最大的马厂墓地，数量多达872座，且普遍有木质葬具，可分为长方形木棺、独木棺、吊头木棺等几种不同的形制。

（3）齐家文化。得名于甘肃广河齐家坪遗址，主要分布在陇西、河湟地区、宁夏南部、河西走廊等地，绝对年代为距今2200～1600年。陶

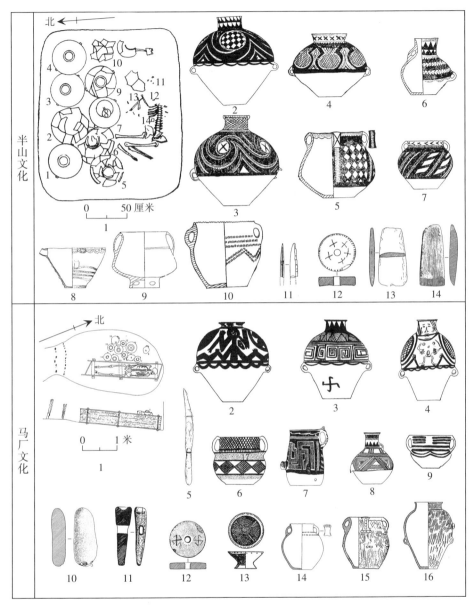

图四七　半山—马厂文化

（任瑞波选编）

半山文化：1. 地巴坪 M45 平面图　2～4. 腹耳彩陶瓮　5、7. 双耳彩陶罐　6. 高低耳彩陶壶　8. 带嘴夹砂陶罐　9. 双耳圈足陶罐　10. 双耳夹砂陶罐　11. 骨梗刀　12. 陶纺轮　13. 石斧　14. 石锛

马厂文化：1. 柳湾 M829 平、剖面图　2～4. 小口彩陶瓮　5. 骨梗刀　6. 双耳彩陶罐　7. 单耳彩陶杯　8. 单耳彩陶壶　9. 双耳彩陶罐　10. 石锤　11. 骨斧　12. 陶纺轮　13. 彩陶豆　14、15. 双耳陶罐　16. 小口陶瓮

器均为手制的泥质红陶、夹砂红褐陶和部分灰陶。典型器有双大耳罐、高领篮纹罐、豆、夹砂罐、钵、尊、瓮及个别的鬲、甗、斝、盉等。器表饰篮纹、绳纹和附加堆纹。洮河以西的齐家文化有少量彩陶，绘红彩或黑彩，纹样简洁，有网格纹、倒三角或对三角纹等。洮河流域还发现有少量通体绘繁缛红彩几何纹的双耳罐。玉器制作发达，有璧、琮、玦、瑗、环等。石器有打制盘状器，磨制石斧、锛、铲、刀、磨盘、磨棒等。还有用动物肩胛骨或下颌骨制作的骨铲。齐家文化出土铜器较多，均为小件工具、兵器或装饰品，有红铜也有青铜（图四八）。

房屋均为半地穴式方形建筑，铺白灰地面，墙壁涂白灰。墓葬有长方形竖穴土坑墓和凸字形土洞墓，葬式有单人仰身直肢葬、俯身葬、侧身葬、合葬和瓮棺葬等。青海东部发现的墓葬普遍有木质葬具。随葬品差异较大，贫富分化严重，富者墓内常随葬猪下颌骨。在武威皇娘娘台、永靖秦魏家等遗址，发现男子仰身直肢、女子侧身屈肢的合葬墓，或者男子居中、两侧女子侧身屈肢面向男子的合葬墓，显示出以男性为本位、一夫多妻、女子被奴役的不平等现象。在青海柳湾、甘肃广河齐家坪还发现个别墓内有殉人。齐家文化还有一种"石圆圈"遗迹，即选用大小相若的砾石摆出直径约 4 米的圆圈，有的留出缺口，或在旁边埋有墓葬，地表散落卜骨、兽骨等，推测这是当时的祭祀遗迹。

三、生产力的发展与手工业的进步

1. 铜器普遍出现

新石器时代晚期，发现天然铜（钝铜）的地点增加，显示出人类对铜的认识不断深入，并开始寻找铜矿，制作铜器。纯铜的熔点为 1084℃，冶炼较困难。而且红铜的硬度不如石器，故早期铜器多用来制作小件工具、兵器或装饰品。以往考古界将这种以石器为主、有意识制作铜器、尚未掌握合金技术的阶段称"红铜时代"或"铜石并用时代"。这是个过渡时代，既有石器时代特点，也开启了青铜时代的先河。随着铜器和城市的

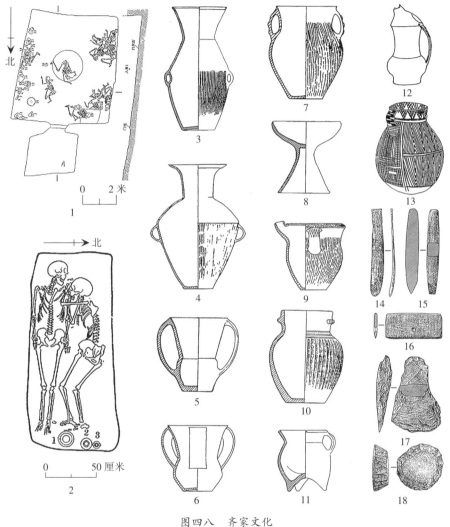

图四八　齐家文化

（任瑞波选编）

1. 喇家 F4 平、剖面图　2. 秦魏家 M105 平面图　3、4. 高领折肩陶罐　5. 双大耳陶罐　6. 三耳陶罐
7. 双耳夹砂陶罐　8. 陶豆　9. 带嘴夹砂陶罐　10. 夹砂陶罐　11. 陶鬲　12. 陶盉　13. 双耳彩陶罐
14. 骨匕　15. 石凿　16. 石刀　17. 石铲　18. 石盘状器

出现，社会复杂化进程加快，人类开始向文明社会和早期国家迈进。

　　在西亚和东南欧，铜石并用时代出现在公元前 4000 年前后，这个时期的铜器有红铜，也有砷铜，有些地点还发现有黄金制品。以往认为中国在公元前3000年进入红铜时代，但国内考古发现的铜器多出现在公元前3千纪末叶，与龙山时代相呼应。

在西安半坡、临潼姜寨曾出土仰韶文化早期的黄铜片，学界对这类发现一直有歧义。1977年，在甘肃东乡林家马家窑文化遗址出土1件青铜刀和部分炼渣，年代应为公元前3千纪前半叶。龙山时代有5处遗址出有铜器或炼渣，在胶县三里河遗址还出有黄铜锥和铜片。对于这个时期能否出现黄铜，学界一直争议不断。否定者认为，黄铜为铜锌合金，出现时代很晚。肯定者认为，黄铜可在较低温度下冶炼，只要有铜锌共生矿，原始冶炼技术也有可能炼出黄铜。胶县附近有此类共生矿，出现黄铜并不奇怪。对这类发现还需要进一步研究。

在中原地区，陶寺墓地随葬有红铜铃、齿轮铜环等，内蒙古朱开沟出有铜手镯，石家河文化发现铜块、孔雀石，齐家文化出有铜刀、锥、匕、指环、斧、镜等。这些铜器多为红铜，少量为砷铜或青铜。可见，龙山时代已普遍出现铜器，但器类主要是小件工具、兵器和装饰品，是否掌握合金技术还不清楚（图四九）。值得注意的是，中国西部地区出土的铜器数量明显多于中原地区，而且年代相对较早，中原地区的早期铜器是否受到西部的影响，这一现象值得研究。

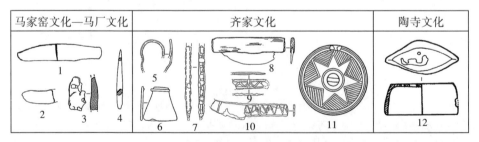

图四九　中国境内发现的早期铜器

1、2、10. 铜刀　3. 铜块　4. 铜锥　5. 铜耳环　6. 小铜斧　7. 铜锥　8. 骨背铜刀　9. 铜刀柄　11. 铜镜　12. 铜铃

2. 石器制作进步

龙山时代的石器以磨制为主，切割、管钻技术普及，器类和形状多样，制作技术和应用范围达到顶峰，地区差别明显。以农具为例，江南的变化较黄河流域更为明显，如良渚文化出现石犁、破土器、耘田器等新型农具，应是在水田耕作需要的基础上发展起来的。石犁为目前所见最早的。破土器又称开沟犁，可能是用来斩断草根利于翻耕的农具，专门用于开荒，也适宜水田作业。犁耕的出现大大提高了翻地的质量，也为畜力的使用提供了可能。黄河流域的农具仍以石铲、石耜为主，适宜黄土地带的耕作。收割工具为石镰。手工业工具有斧、锛、凿等；纺织用具为纺轮，变化不很明显；兵器有石镞、石钺或石矛。此前的箭镞多为骨质，此时普遍为石质，形状改观很大，锋、身、铤区分明显。镞的变化和矛的出现，反映这一时期战争较频繁。

3. 发达的制玉技术

新石器时代的玉为软玉，即矿物学中具有交织纤维显微结构的透闪石—阳起石系列，硬度可达莫氏6度，色彩靓丽，质感温润。

我国在新石器时代中期的兴隆洼文化出现制作精美的玉器。新石器时代晚期，东北地区红山文化的玉器以透闪石中的河磨玉为主料，颜色淡绿泛黄，片切割成材，以起地阳纹工艺。作品有龙、凤、鳖、蚕蛹等动物形玉，也有个别人物造型玉，以及可能为简化龟壳的斜口筒形器，可能作为权杖的勾云形玉。玉璧以外缘方圆、璧面鼓起、边缘薄刃为特征，出现扉牙、出栏等新因素。红山文化"唯玉为葬"，以玉为通神器具，礼器雏形初具，可视为中华五千年文明发展特点的重要标志。红山玉器以东北地区近万年的玉文化史为基础，具有鲜明的区域特色，在同中原、西部草原和长江中下游的频繁交往中非常活跃，并对其他地区玉器的发展有不同程度的影响。

江南的玉器以良渚文化最为发达，采用切割、管钻技术，器表雕刻精美的花纹，尤以神人驾驭神兽的构图最为风行。有些玉雕纹样精细程度达到微雕的效果，令人惊叹。玉器种类有琮、璧、钺、璜、镯、环、管、珠、杖头及各类装饰品等，其中尤以琮、璧最为独特。中国古文献中，琮、璧常常并提。《周礼·大宗伯》记载，"以玉作六器，以礼天地四方。以苍璧礼天，以黄琮礼地"。由此可知，琮、璧为礼器，并搭配使用。不同等级的人使用琮、璧大小有别，这应是周人理想化的礼制，史前时期不会如此严格。良渚玉器多出自大墓，有些贵族大墓出土玉器数以千计，可见只有贵族才有实力用玉。张光直认为，玉琮的意义尤为重大，是巫师借以通天地的法器，并据此认为上古时期有个巫政结合并产生特权阶级的玉琮时代。就良渚文化而言，这一解释值得注意。但良渚文化的玉琮分长短两类，功能显然不同。

龙山时代各地出土玉器数量多，制作工艺进步，包括切割、裁料、成形、钻孔、镂刻、抛光等程序。这些玉器分为三类：一类为礼器、仪仗用具或兵器，主要是钺，次为斧、锛和刀；二是宗教用具，主要是琮、璧；三是装饰品，数量最多，种类也最杂，分为头饰、耳饰、项饰、佩饰、手镯、指环及服饰所用的带钩、扣及各类缀饰等。其他还有大量的造型艺术，如人物、龙、凤、鱼、鸟、龟、蝉等圆雕作品。其中，石家河文化晚期的玉器体现出极高的工艺水准。器类主要有象生类圆雕，如人（神）面像和虎、凤、鹰、蝉，其他还有柄形器、斧、锛、凿、璜、环、笄、管、坠和嵌件等（图五〇）。

4. 陶车与快轮制陶

制陶业的技术进步显示在两方面：一是广泛使用快轮拉坯，二是陶窑结构改善。陶轮是一种圆形工作台，中间有轴，手摇、脚踏可使其转动，又称陶车或陶钧。轮制技术出现在仰韶时代，但那是慢轮。龙山时代的陶车可快速转动拉坯，一件陶器几秒钟即可拉出坯，加上修理也仅需几分钟，生产效率大为提高。快轮制成的陶器胎壁厚薄匀称，器形周正，器表内外留有旋转的同心圆线，利用线切割在器底会留有偏心螺旋纹。快轮制陶在各地表现不一，东部地区最为发达（龙山、良渚）。快轮工艺出现后，

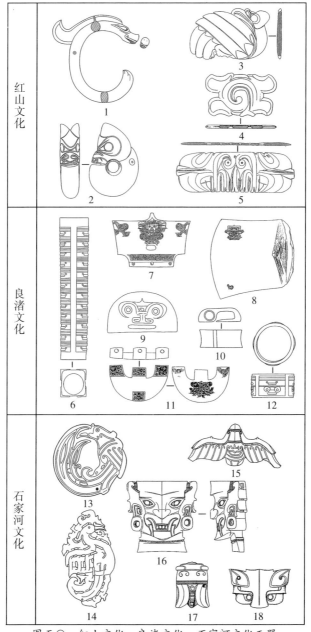

图五〇　红山文化、良渚文化、石家河文化玉器

（郭大顺、孙国平、吴卫红供图）

1、2、13. 玉龙　3、14. 玉凤　4. 勾云玉佩　5. 玉权杖　6、12. 玉琮　7. 玉梳背　8. 玉钺
9. 半圆玉饰　10. 玉带钩　11. 玉三叉形器　15. 玉鹰　16. 玉神（人）面　17. 玉蝉　18. 玉
虎头

素雅的暗色磨光陶流行，器表装饰出现很大变化，常见素雅的凹凸弦纹，或用镂孔、针刻纹样为饰。

代表这个时期制陶业最高水准的是龙山文化的蛋壳陶杯。此器源于大汶口文化的薄胎高柄杯，上部为卵圆腹小杯，宽沿，下接细高柄，底附圈足。有些陶杯的腹部下垂至器柄内，形成内胆、外壳两层器壁，工艺极为精巧，最薄的杯口外缘厚度仅 0.3～0.5 毫米。考虑到承重，杯柄和底座的厚度增至 1～2 毫米。蛋壳杯多为素面，或装饰细密弦纹，器柄制成竹节状或镂孔。蛋壳杯的原料选择非常严格。用细腻纯净的黏土，无任何杂质，胎内不能含硫（否则会烧流），经多次淘洗，粒度至少达 300 目以上。再经一定时间陈腐和反复揉制，经过处理的黏土不会龟裂，可塑性极好。制作蛋壳陶比制作一般陶器要多花出三倍的工力，工艺之精匪夷所思，应是制陶业内部专业分工后的产物。经模拟实验，其制作过程需经历惯性陶轮成型—拉坯成型—拉坯与"车床切削"三个阶段，并分别采用较圆钝的器刃和锋利的薄刃刀具切削。制造蛋壳杯的陶轮转速均匀，每分钟 80～100 转，不能太快，属于"高精度惯性陶轮"，是精密的"手工机械工具"。车好的陶坯还要镂刻花纹，必须极为小心缜密。为避免坯体受燃烧气流冲击移动，也为了避免与火焰直接接触，入窑焙烧时需要装入原始"匣钵"，使蛋壳杯不因温度过高而变形，提高成色。最后还有一道渗碳工序，达到色泽漆黑的效果。出窑后要马上抛光，提高器表光泽度。经测试，蛋壳杯的吸水率平均值为万分之四十三，如此低的吸水率几乎用肉眼察觉不到。如此之薄的陶器基本不渗水，可谓制陶史的奇迹，也显示出龙山文化制陶业的巨大成就。

蛋壳杯的实用性很差，而且多出自高规格大墓，生活居址很少发现，属于高级别礼仪用具，使用者是身份地位特殊的人。杯子外形变化有明显的阶段性。早期工艺水平最高，技术呈上升趋势；晚期胎壁变厚，技术下降，最终走向消亡（图五一）。

中原诸龙山文化和石家河文化的轮制陶器不比东部地区，仅半数用快

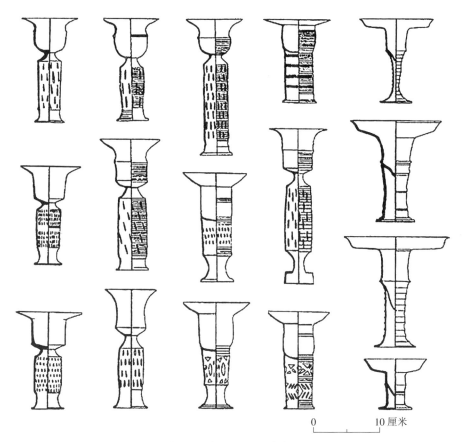

0 ⌐————————————┐ 10 厘米

图五一　龙山文化的蛋壳杯

轮制作，颜色也没有龙山文化的黑，有大量灰陶，石家河文化还有较多的红陶。西北地区的齐家文化及边远地区其他考古学文化的陶器基本还停留在手工制陶阶段。

5. 纺织、髹漆木工与酿酒

龙山时代的纺织业有两个进步，一是麻织品更精细，二是丝织品出现较多。仰韶时代发现的麻布采用平纹织法，一般每平方厘米 6×9 根至 12×15 根。龙山时代仍为平纹织法，但更细密。例如，陶寺包裹铜铃的麻布痕迹为每平方厘米 16×20 根，齐家文化陶器的麻布印痕为每平方厘米 30×30 根，良渚文化最细的麻布为每平方厘米 20×30 根。如此细密的纺织品不但有相应的细扣，还要给麻脱胶，否则纺不出细密均匀的麻纱。

传说黄帝妻子西陵氏嫘祖发明养蚕、缫丝。在浙江吴兴钱山漾遗址出有丝带、丝线和绢片残件，织物密度为每平方厘米 47×47 根，属于很细的丝织品了。

《韩非子·十过篇》记载："尧禅天下，虞舜受之。作为食器，斩山木而财之，削锯修其迹，流漆墨其上，输之于宫，以为食器，诸侯以为益侈，国之不服者十三。舜禅天下而传之于禹，禹作为祭器，墨漆其外而朱画其内。"这个记载与考古发现完全吻合。龙山时代的贵族普遍使用漆木器。在长江下游，良渚文化的漆器均出自高规格大墓，器类有盘、觯、杯和棺木等。特点是黑色为底，绘红彩花纹。有的甚至镶嵌玉粒为饰。北方在山西陶寺大墓发现木制的漆鼓、圈足盘、长方形盘、豆、斗、案、俎、匣、谷仓模型等，木胎已朽，仅存漆皮。其特点是表面髹红漆，再用白、黄、黑、蓝、绿彩绘制精美的花纹。

酿酒的历史不很清楚。一般认为至少在新石器时代晚期就懂得酿酒了。大汶口文化、屈家岭文化的高柄杯就是饮酒器。龙山时代的酒器制作更加考究，如龙山文化的蛋壳杯、良渚文化的黑陶杯、漆杯、漆觯等，从侧面反映出此时酿酒业有了长足的发展。

四、建筑技术与房屋结构变化

龙山时代房屋建筑的进步主要反映在以下三方面。

1. 夯筑技术

夯筑技术出现在仰韶文化晚期，如郑州西山城堡的城墙就采用了方块夯筑法。龙山时代的房基普遍采用夯土，即先夯筑低矮的台基，再构筑墙体、室外护坡及室内地坪。地基分层夯筑，层次分明，质地坚硬，每层都可见不很规则的圆形夯窝，使用不规则的石块夯打。龙山时代城堡数量大增，很多城墙都采用夯筑。城堡的出现既是部落战争频繁的反映，也体现了建筑技术的提高。

2. 土坯建筑

在河南永城、汤阴、安阳、淮阳等地发现有土坯房屋。这个时期的土坯大多没有固定规格，采用错缝叠砌技术，用黄泥作黏合剂。这个时期的土坯建筑有一般村落的单间圆形小屋，也有建在城堡内（平粮台）的连间排房。后者夯筑有台基，每座房屋分为若干小间，或在其四周建回廊，比较讲究。建房的土坯也比较规整，长、宽、厚尺寸较一致，墙的表面抹草拌泥，外形与今天的土坯房没什么区别。在上海和浙江余杭良渚遗址发现有烧制的土坯，火候不高，外红内黑，大小不整，由于是在废弃堆积中发现的，尚难判别是失火造成还是有意为之，若为后者，应是最早的烧砖。

3. 石灰的普及

在河北、河南、陕西、甘肃很多龙山时代的房屋地坪上涂有厚 2 厘米的白灰面，平滑坚硬，色泽洁白。经化验其成分与今天的石灰相同。过去以为仰韶晚期和龙山时代的石灰是用料礓石或蚌壳烧制的，但用料礓石烧制石灰颜色不白，用蚌壳烧制的石灰难以满足大量需求。后来在安阳后岗、永城等地发现龙山时代过滤石灰的坑，坑内残留石灰和灰渣；在邯郸发现有调制好的凝固白灰坑；在后岗发现有未烧透的石灰石及烧石灰的窑，可见当时已能开采石灰矿并烧制石灰。

4. 各地的建筑特征及城乡差异

龙山时代的建筑既有地域风格，也有城乡差别。东部龙山文化的房屋平面多为方形、长方形，单间，面积 15～20 平方米，大者 40 平方米。中原龙山时代的房屋多为圆形，单间，惯用白灰地面和白灰墙。王油坊文化的房屋有方有圆，显示出东西两个地区的特征。关中的客省庄文化房屋有方有圆，还有前方后圆的半地穴套间房屋，地面涂抹白灰。西部齐家文化的房屋为方形半地穴式。

河南安阳、汤阴等地有两个现象。一是建房时用孩童奠基。后岗遗址发现 15 座房屋下面或房屋附近葬有小孩，最多的坑内埋有 4 人，属非正常死亡，应是建房时举行奠基仪式的牺牲。在永城王油坊遗址还发现有用战俘奠基的。上述奠基行为与商文化接近。二是很多房屋内或屋外分布小的窖穴，窖穴底部及四壁涂抹白灰，很讲究，应为与房屋配套的储藏设施，反映出以小房屋为单位的家庭已形成消费上更加独立的单位。

城堡内的住宅仅在淮阳平粮台发现几座，均为长方形分间土坯建筑，与一般村落的圆形单间、垛泥砌墙的建筑有明显差异，是最初城乡差别和社会分化的具体表现。

5. 城堡与水井

史传"鲧作城"（见《世本》），说的是中国最早的城为夏禹父亲鲧发明的，大致相当唐虞时代，即龙山晚期。根据考古发现，最早的城出现在距今 5000 年前后的仰韶晚期和屈家岭时期。这时的城堡数量不多。龙山时代的城堡有 40 余座，集中的区域一是鲁北地区，有章丘城子崖、寿光边线王、邹平丁公、桐林田旺等；二是两湖交界的长江中游地区，有天门石家河、石首走马岭、江陵阴湘城、澧县彭头山和鸡叫城等；三是黄河中游的河南中部和北部，有郑州西山、安阳后岗、登封王城岗、辉县孟庄、淮阳平粮台等；四是陕北和内蒙古中南部，有陕西神木石峁、凉城老虎山、包头阿善等。在长江下游的江浙地区发现有规模巨大、没有城墙的遗址群，如浙江余杭的莫角山等。对上述城堡的了解只限于城墙，对城内布局及相关建筑等还缺乏了解。目前了解较多的仅有淮阳平粮台一处，可视为中国早期城堡的缩影。

平粮台城堡遗址规模不大，正方形，边长 185 米，面积 34000 余平方米，加上城墙及附加部分，总面积也仅 5 万余平方米。城墙建筑坚固，现存墙基宽约 13 米、残高 3 米余，顶宽 8～10 米。若复原，所需土方量不少于 4 万立方米，工程巨大。经发掘有如下一些了解（图五二）。

（1）规划整齐。城平面为正方形，坐北朝南，方向磁北偏东 6 度，几乎与子午线重合。南门较大，为正门，位于南墙正中。北门很小，为后

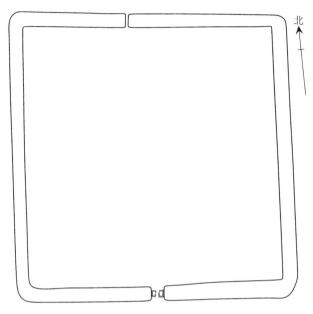

图五二　平粮台城址

（引自河南省文物研究所等，1983 年）

门，位置略偏西。方正对称，显然是精心规划所为。这种建筑构思影响了古代城市建设达几千年，成为中国城市布局的一大特色。

（2）防卫设施严密。城墙是最大的防卫工程，同时也考虑到城门的管理，例如城门设计较小，门房为土坯建筑，东西相对，中间为门道，宽仅 1.7 米，非常有利于守卫。

（3）公共排水设施。一座封闭的城市首先要解决的是给排水。目前在城内尚未发现给水设施，估计有水井。排水设施仅发现一段长 5 米的排水管道，整体走向不很清楚。这段公共排水管道从南城门下通过，埋在地下 0.3 米处。陶质水管相互套接，每节长 35～45 厘米，细端直径 23～26 厘米，粗端直径 27～32 厘米。设计为城内高、城外低，可向城外排水。由于管道直径有限，为达到一定的排水量，同时埋设了 3 根管道，呈"倒品"字状，下面一根，上面两根，既加大了排水量，也解决了管道粗大易破碎的缺陷。

（4）较高级的房屋建筑。目前仅在城内东南角发现十余座房屋，估计还不是城内主体建筑。房屋为土坯建筑，分间，有的带夯土台基，四周建回廊，较一般村落房屋讲究，猜测房屋主人为城内贵族，否则很难解释如何召集众多人力营造如此坚固的城防。

（5）手工业设施。在城内东南、东北、西南发现有陶窑。城东南角的灰坑中出有炼铜渣，表明城内有制陶和炼铜等手工业作坊，可见这座城并非单纯的军事城堡性质。

（6）宗教场所。在城内西南角发现埋有大小两具完整牛骨架的坑，应为杀牲祭奠遗迹。城内还有墓葬，有的也可能与祭奠有关。

上述情况表明，平粮台城堡已具备了早期城市的基本要素，应是一处政治中心。城内建有较高级的建筑，规划整齐的城防和手工业作坊，也可能是经济中心或宗教中心。正因为有这些重要功能，才有可能调集大量人力修建坚固的城堡。这种城堡不同于一般土围子，而是一座雏形城市。

需要指出，平粮台城址规模不是很大，所出遗物也不很讲究，龙山时代还发现有比平粮台规模大得多的城址，有的出土物非常考究，还发现有大型墓葬。如章丘城子崖遗址，平面近方形，城内面积20余万平方米，残存的城墙有的深埋地下2.5～5米处。夯土结构分两种，一种用石块夯，一种用单棍夯，是一座代表龙山时代生产力发展水平的大型城址。假如面积仅相当城子崖1/7的平粮台已具备了不同一般的城市设施，有明显的城乡差别，那么，城子崖将使我们对龙山时代的社会性质有更加深刻的认识。

龙山时代的村落遗址数不胜数，规模都较大，经发掘的有汤阴白营、安阳后岗、永城王油坊、临潼康家等，每座聚落的房屋从数十到数百座不等。一般为单间小屋，排列有序，样式几乎千篇一律，看不出差异和分化，表明随着城市出现，物质财富逐渐向城市集中，城乡分化抑制并逐步取代了乡村聚落的内部分化。

城市需要以乡村为依托，靠乡村供应食粮、原料和人力资源，反之城市会给乡村提供技术、文化和手工业制品，从而建立一种新型的社会关系。由于城市往往被贵族上层控制，这种新型的联系又与城乡对立的形式表现为社会分裂而相伴发展。无论如何，城市的出现是社会的进步，它集中了物质财富，也集中了先进技术和人才，故城市的出现在很大程度上意味着文明的产生，城市发展的程度代表了文明发展的程度，这一切在龙山时代仅初露端倪，是"文明的曙光"。

在城市出现的同时，水井普遍出现。史传"瞽叟使舜穿井"（见《孟子·万章》《史记·五帝本纪》），"伯益作井"（见《吕氏春秋·勿躬篇》《世本》《淮南子·本经训》），时代都在夏代以前。最早的水井在新石器时代中期的后李文化、河姆渡文化都有发现，但普遍出现是在龙山时代。中原诸龙山文化和江南良渚文化的遗址普遍发现水井。汤阴白营的水井深11米，井壁用木棍自下而上层层叠筑，多达46层，木棍交错处有榫，从上向下看，恰似中文"井"字，可见"井"字是模仿早期井的形制创造的。这个时期最多的是土井，井底保留较多汲水落下的陶罐。水井的出现使人类生活发生的最大变化是，居址的选择余地更大了，不再依赖河、湖等天然水源，有效解决了城市用水，是一项非常重要的创造。

五、文明的曙光

1. 墓地的分化

龙山时代墓地的分化现象明显。根据考古发现，良渚文化发现的墓葬最多，中原陶寺遗址发现的墓地规模最大，如果仅就单体墓葬而言，山东朱封大墓和陶寺墓地的大墓规模最大。

（1）朱封大墓位于临朐西朱封村，在此发现 3 座龙山文化的重椁大墓。其中，M203 墓室面积为 23 平方米，东西长 6.3～6.44 米，南北宽 4.1～4.55 米。墓内重椁，呈井字形，外椁面积 12.7 平方米，置于二层台上。外椁之外筑有熟土二层台，内椁之外是生土二层台。棺长 2.6、宽

0.6、高 0.3 米，面积 1.56 平方米。棺底有垫木两根。墓主仰身直肢，头朝东。棺内随葬玉钺 3 件、玉环 1 件、绿松石珠 5 件、绿松石片 95 件；内椁盖板放置石镞和骨镞 18 件；在棺与内椁之间及内外椁之间随葬精美陶器 50 件，有鼎、鬶、罍、罐、盆、豆、盉、盒、杯，其中 32 件器物带盖。在棺与内椁之间的两堆陶器下面有彩绘痕迹，其中一片痕迹为长方形（50×30 厘米），红黑两色；另一片略呈梯形（长宽各约 70 厘米），有红、黑、灰、白多种颜色。内外椁之间的陶器也带有红黑两色，推测这是两件盛放陶器的彩绘木器。类似彩绘痕迹在棺内及内外椁之间也零星出现。M1 与 M203 形制、规模相近，重椁一棺，只发现椁室，推测椁室外还有更大的墓圹。现存小墓圹长 4.4、宽 2.5 米，外椁长 4.1、宽 2 米，内椁长 2.81、宽 1.61 米，内外椁之间设足箱（长 1.42、宽 1.2 米），内椁南面置棺，北面设边箱（长 1.78、宽 0.43 米），棺长 2、宽 0.64 米，棺椁均绘红黄复彩，外椁板内侧钉有两排 12 根短木桩，以防椁板向内挤压。棺和边箱底部有垫木 3 根。墓主为中年女性，仰身直肢，手握獐牙，佩戴绿松石耳坠，胸部佩玉管项饰。随葬品主要放在足箱，有陶鼎、鬶、罍、罐、豆、盆、蛋壳陶杯、单把杯、三足盆等。另有骨匕、蚌器 30 余件。边箱内有 2 件蛋壳陶杯，估计还有衣服（已朽）。椁顶上还有些随葬品（图五三）。M202 为单棺单椁，规模与前两墓相差无几，随葬品除大量陶器，还有玉、石、骨器和大量绿松石。其中 2 件玉笄制作极其精美，一件上部浮雕三具人面，另一件为竹节状，顶部为扇形，透雕抽象的兽面，两面镶嵌绿松石珠，为难得的史前艺术珍品。

　　朱封大墓特别值得重视的是"重椁"。棺椁制度是中国古代表示等级礼制的重要组成部分，这个发现证实，龙山时代不但出现了不同等级的人，也形成了一套反映等级身份差别的礼仪制度。

　　龙山时代的墓葬发现很多，但朱封这等规模的墓并不多见，这与龙山时代城乡差别的情况是一致的。朱封大墓的主人属于某个城市的大贵族，其他地区发现的中小型墓只是一般的乡野村夫。

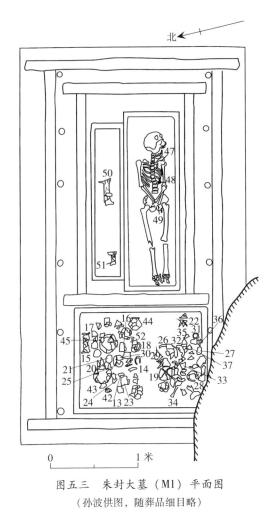

图五三　朱封大墓（M1）平面图

（孙波供图，随葬品细目略）

（2）陶寺墓地的发现进一步印证了朱封的发现。这座墓地的墓葬分为大、中、小三种，比例分别为 1.3%、11.4%、87.3%。大墓长 3 米左右，宽 2~2.75 米，有木棺，棺内撒朱砂，随葬品多达一二百件，有龙纹盘、石磬、木鼓、大量漆木器、陶器、玉器等。中型墓长 2.2~2.5 米，宽 1 米左右，有棺，随葬成组的陶器和少量彩绘木器、玉石器、猪下颚等，还有用较大麻布殓衾的痕迹。例如，M3015 头端宽 2.68、足端宽 2.5、中线长 3.2、深 2.1 米。墓室中部见板灰，头端窄而足端宽，有较厚的朱砂混在板灰上，板灰范围内有被扰动的墓主人骨。足端墓底铺一层白灰面，面积 80×60 厘米，其上有肢解的猪骨。随葬品有陶器、玉石器、漆木器、骨器、石器等，共计 200 余件。其中，鼍鼓的鼓腔为陶寺几座大墓中保存最好的；木俎上有木匣、猪骨和 3 件成套的石厨刀，展现了古礼中俎与房、厨刀配置的具体形象（图五四）。与此形成鲜明对照的是，陶寺墓地有 87% 以上为小墓，绝大多数无葬具，无随葬品，个别有木棺，有的随葬 2～3 件骨笄、陶罐。大、中、小三种墓的差别不仅反映了贫富分化，还有社会身份和地位的差别。大型墓往往随葬玉钺、石钺，是握有军权的象征，石磬、木鼓等礼器是特殊身份的标志。陶寺墓地代表的社会集团显露的阶级分化，同城市的出现和城乡分化的社会状况相一致。

（3）祭坛与贵族坟山。1987 年，在浙江余杭安溪瑶山遗址发掘一处良渚文化祭坛。祭坛位于小山顶部，近方形，边长约 20 米，中心是一个长 7.6、宽 6 米的红土带台子，红土带外围有一圈灰土带，灰土带外围是黄褐土，夹杂散乱的砾石。以上红、灰、黄褐土及砾石是从别处搬运来的，工程量可观。祭坛上未见其他遗迹，应是一处祭司和贵族首领祭天礼地、通达天地、维护统治的重要设施。除瑶山外，在附近的汇观山也有发现，两座祭坛后来被废弃，改为贵族墓地。

瑶山祭坛共葬有 12 座墓，均为南北向，分成两排，排列不很整齐，间距有大有小。南排最大的 M12 被盗，仅回收的玉器就有 344 件。其次是 M7，随葬品 160 件（组），其中玉器有 148 件，包括玉带钩。结合钱山漾遗址发现的丝织品，当时贵族的服饰是非常考究的。瑶山应是一处大贵族的家族墓地（图五五）。

类似墓地在距瑶山不远的反山也发现一处，同样是一座人工堆筑的坟山。高 6.35～7.3 米，东西原长 100 米，南北宽 30 米，体积约 2 万平方米，土方量巨大。从瑶山发现不同的灰土带分析，反山墓地原来也曾用作祭坛，后辟为墓地。该墓地形制、葬制与瑶山大体一致，也建有 12 座墓，

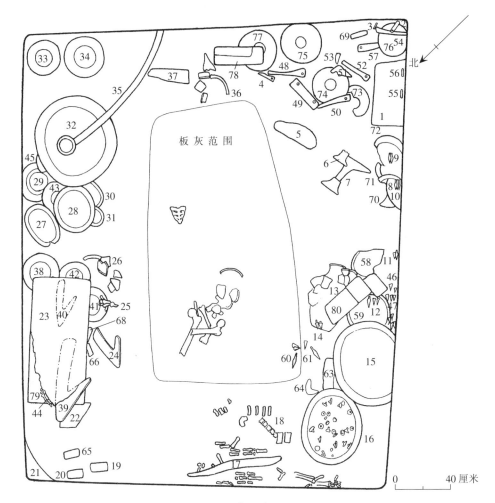

图五四　陶寺大墓（M3015）

（引自中国社会科学院考古研究所等，1983 年，墓内随葬品细目略）

墓上筑有统一的封土，高 1.3～1.4 米。墓内有棺床及棺木痕迹，棺木髹红漆，有的墓似乎有椁室。随葬玉器少者数十件，多者数百件。摆放位置大体相同，头顶有冠状饰，胸腹部有玉琮，右侧有玉钺，腿部有玉璧、石钺，脚下是陶器。还有很多玉管、玉珠等装饰品。其中，M20 最大，长3.95、宽 1.75、高 1.96 米，出土玉器单件达 511 件，随葬品总计 547 件。

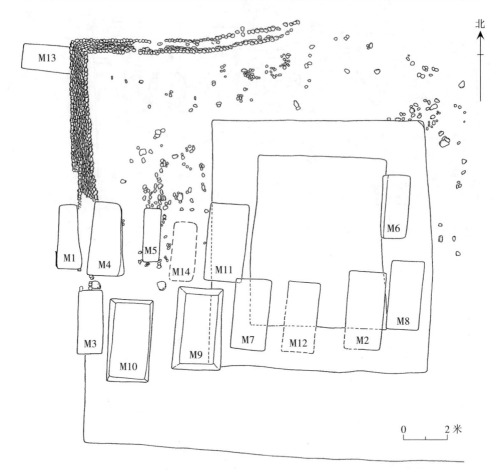

图五五　瑶山祭坛墓地

（引自浙江省文物考古研究所，2021 年）

M18 较小，长 2.95、宽 1.45、高 1.65 米，随葬品 69 件，其中玉器 64 件。同瑶山一样，这种规模上的差别不能简单地视为贫富差别，应与死者生前的身份、地位、声望和能力有关。即便是坟山中较小的墓，随葬品也是普通小墓无法比的。

类似坟山在上海福泉山、江苏武进寺墩、吴县草鞋山、张陵山、赵陵山等地也有发现。这里所谓的山、墩，都是良渚时期人工堆筑的。在福泉山墓地还发现有红烧土坯，是否当时已有墓上建筑，值得关注。坟山上普遍建大墓，出土大批玉器，与一般小墓形成强烈反差。将贵族墓地与平民墓地完全分开，营建大规模贵族坟山墓地的做法，在龙山时代其他考古学文化中此为仅见，表明贫富分化、阶级分化已到了相当尖锐的地步。

（4）其他葬俗反映的社会变化。龙山时代的葬俗有如下一些共同特征。第一，普遍存在公共墓地，规模不如前一阶段大，反映的变化是，一个墓地代表的社会组织与龙山以前不同。以前以胞族、氏族为单位，此时可能已变为以家族为单位。第二，良渚文化将大墓、小墓分开，其他文化往往大墓、小墓共存，差别突出（如陶寺、尹家城、石家河等地），反映出以家族为单位的社会单位存在明显的贫富分化。第三，大墓往往随葬象征军权的石钺、玉钺，象征宗教权力的玉琮、玉璧，表明富人把持了军事、宗教和经济特权，至少有一部分人已脱离了普通民众成为氏族上层的贵族。第四，这个时期的墓一般为单人葬，极少见前一阶段的夫妻合葬。在齐家文化还发现有男左女右或男子居中、两侧女子屈肢、面向男子的大墓，这些女子属于殉葬性质，或为殉葬的妻妾。在陶寺墓地发现男性大墓两旁附有女性墓，其含义尽管不很明确，但与齐家文化的现象类似。第五，除正式墓葬外，各地普遍出现乱葬坑，每坑埋葬数人或十余人，骨架或有伤痕，或身首异处，或作痛苦挣扎状。这些人可能是战争中的牺牲品，或者是被处死的俘虏，或许是奴隶。在河北邯郸涧沟两座龙山时代的半地穴房屋内发现3颗被砍下的人头，上面遗留剥头皮的痕迹。用人的头盖骨作饮器（杯、碗）的风俗，曾在欧亚大陆及北方草原民族中盛行，以黑海沿岸的斯基泰人为最。商代中原地区流行，战国文献还有此类记载，用人头骨制作器皿饮酒或饮敌人的鲜血，以显示孔武或者庆贺战功。剥头皮的习俗在古代美洲印第安人中流行，但是并不一定用头盖骨作饮器，而是剥下敌人的头皮作为荣誉夸耀。第六，这一时期，许多遗址在房屋下（或墙角下）建奠基坑，坑内埋有小孩或成人，其身份应为奴隶或家童。第七，在江苏新沂花厅大汶口文化晚期、上海福泉山良渚文化、青海柳湾马厂文化、广河齐家坪等墓地均发现有殉葬现象，反映出这一时期阶级分化的残酷，这与城堡和村落遗址发现的情况非常一致。

2. 宗教占卜

龙山时代各地普遍出现卜骨。卜骨是用较大的动物肩胛骨（牛、鹿、猪、羊）制作，一般不加修整，占卜时用炭火灼烧卜骨，会出现直径约半厘米的灼痕（灼号），在卜骨另一面会呈现颜色略浅的灼点。已发现卜骨少的有5、6个灼点，最多达50余个。若灼烧太过会出现裂纹（即兆象），但这个时期大多还没有。龙山时代人们普遍相信，占卜是沟通人与天神关系的一种手段，世界上很多地方都有用肩胛骨占卜的习俗，占卜用具和方式也很一致，说明当时已形成了某种类似的宗教信仰。占卜的普遍存在表明，当时已出现了专门从事占卜的职业巫师阶层。

卜骨多发现在北方黄河流域，长江流域及华南地区主要用龟甲或玉琮作为祭祀、占卜的法器，沟通人神。这或许说明，两地的宗教活动表现形式不同。这两种占卜形式后来都被继承下来。

3. 文字萌芽

龙山时代以前，不少考古学文化都发现有刻划符号或"图画文字"。龙山时代也时常发现刻划符号或与大汶口文化类似的"图画文字"，但大都很零散，不系统。

良渚文化陶器上的刻划符号发现较多。在吴县澄湖遗址出土一件双耳壶，圈足上有5个连在一起的刻划符号。有学者认为，这些符号已具有表意性质。

在山东邹县丁公龙山文化城堡遗址出土一块陶片，似为陶盆近底部的一块残片，上面刻有11个"符号"，这个发现曾轰动一时（图五六：1）。大多数学者肯定它的时代性，有学者认为可能是一种失传的文字，如古老的彝文。也有个别学者认为，它可能是混入龙山文化地层的晚期遗物。类似的刻在陶片上的"符号"，在江苏高邮县的龙虬庄遗址也有发现（图五六：2）。

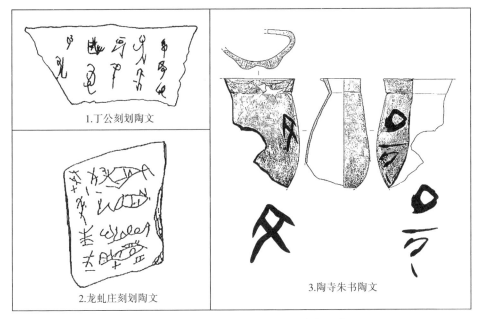

1.丁公刻划陶文

2.龙虬庄刻划陶文

3.陶寺朱书陶文

图五六　龙山时代的刻划陶文和朱书文字

　　龙山文化的刻划"符号"分布面较广，有些与仰韶文化的刻符类似，有些与夏代陶器的刻符接近，说明这些"符号"为多人使用，并能在一定范围内记录或传达信息。目前所见"符号"的种类不多，假如能传达信息的话也非常有限。这类"符号"绝大部分为单体，还不能记录语言。而文字的主要功能就是记录语言，故这类"符号"还不太可能是真正的文字。

　　龙山时代还发现有"图画文字"。在客省庄文化一件陶鬲袋足内模上印有"蝎子"形象，与甲骨文的"万"字一样。湖北房县也出有不少陶器刻划符号或"图画文字"，良渚文化石器上也发现有这类"图画文字"。

　　1984年，在陶寺遗址一座晚期灰坑（H3403）内发现一件器表有朱书文字的扁壶（残）。此壶灰色，器表滚压细密竖篮纹，残存口、颈和腹部大半，残高27.6厘米，沿破损断茬处涂朱。腹部鼓凸一面朱书一"文"字，颜料为朱砂，色泽鲜红，书写工具系毛笔。平腹一面也有朱书字符

（图五六：3）。对于朱书的"文"字，学者没有不同意见。对另外一字的隶定则意见不同：（1）释"邑"。"文邑"二字合文即夏邑，陶寺遗址即夏代都城，陶寺文化为夏文化。2）释"易"。"文易"意谓记述尧的功绩，帮助记忆，传诸后世。（3）释"尧"。"文尧"有唐尧后人追述尧的丰功伟绩之意。无论这个字是什么，学界认为这已经是较成熟的文字了。

以往研究文字起源的学者也有不同看法。其中刘大白的意见值得注意。他认为最早的文字有两个源头，一是图画，一是符号，后者时代更早。这两个来源所造出的字即象形字和指示字。考古发现证实，用刻划或彩绘符号记事的行为最早出现在距今7000年前的老官台文化和裴李岗文化，图画文字最早出现在距今5000年的大汶口文化，的确是符号出现早，图画文字出现晚。尽管这还不是文字，但距离真正文字产生的时间应该不会太远了。

4. 考古学文化与民族文化区的萌芽

（1）两昊集团。龙山文化分布在黄河下游，据古史传说，东方的远古部落有太昊和少昊，统称两昊集团。据文献记载，少昊氏可能是个很大的族系，包含诸多氏族、胞族和部落，这些部落以鸟为图腾。少昊族系的活动范围可能遍及山东全境。太昊之墟在陈，一般认为是河南淮阳，之所以称太昊，显然与少昊有关。总之，从大汶口文化到龙山文化均有一些地方类型，这些类型可能反映了少昊族系的分支。夏代习惯称东方黄河下游的人为夷，而夷分九种。龙山文化可能是少昊或两昊文化，即东夷文化。

（2）炎黄集团。据古史传说，中原地区是黄帝、炎帝活动的地方，也称炎黄集团。《国语·晋语四》记载："昔少典娶于有蟜氏，生黄帝、炎帝。黄帝以姬水成，炎帝以姜水成，成而异德，故黄帝为姬，炎帝为姜。"据徐旭生考证，炎帝起源于陕西渭水中游，黄帝起源于陕西北部，后来都向东发展。两个族系关系密切，姬姜世为婚姻也是史实。炎黄后来大战于阪泉之野，他们还曾联手大战蚩尤于涿鹿之野，上述地点都在今河北省境内。《史记》记载，黄帝征伐天下，这在当时似乎不大可能。但如果把黄帝理解为一个族系，活动地区以中原为中心，渐渐向四外发展，这与今天的考古发现也基本相符，即在中原龙山文化的基础上发展出了夏、商、周文明。中原人自称华夏、诸夏，炎帝、黄帝也因此被尊为华夏之先祖。

（3）三苗集团。《战国策·魏策一》引吴起言："三苗之居，左彭蠡之波，右有洞庭之水，文山在其南，而衡山在其北。"这里正是石家河文化的分布区，它很可能是古代三苗文化的代表。历史上，三苗与华夏关系密切，舜、禹和三苗曾有过战争，石家河文化确实有不少与中原龙山文化类似的文化因素，这不是巧合所能解释的。

（4）百越集团。良渚文化居于古扬州，是越人聚集之地。越是地名，也是族名，后推而广之，将东南沿海非华夏族系的统称越人，并细分为闽越、瓯越、南越、骆越、扬越等。良渚文化位于河湖水网密布的江南，物产丰饶，这里是产生发达稻作农业为基础的史前文化的基础，而良渚文化正处在这一发展阶段的顶峰。

（5）氐羌集团。《后汉书·西羌传》记载："河关之西南羌地是也。滨于赐支，至乎河首，绵地千里。"据马长寿研究，氐羌源于西方，活动于我国西部和西南部，地域广大。至先秦时期，羌族分布在河西走廊之南，洮岷二州之西，其中心在青海东部之"河曲"及以西、以北各地。半山—马厂文化和齐家文化就分布在这个地区，历史上这里是氐羌和戎人活动的区域，这几支文化应为上古时期氐羌或戎人先祖的遗留。

5. 小结

近年来，随着一系列的重大考古发现，有关文明起源成为学界讨论的热点。探索文明起源的主要对象是新石器时代末期或铜石并用时代出现的各种文明要素，如青铜冶铸、文字、城市等。

大量考古发现表明，龙山时代已临近文明起源的门槛。古代文明的许多要素和特征产生在新石器末期，夏、商、周三代有进一步发展。如陶器中的鼎、鬲、斝、甗、盉、豆等器形，玉器中的璧、琮、璜，卜骨、丝绸和漆器，建筑中的夯筑技术，左右对称、前堂后室的空间布局，埋葬制度的棺椁制度等，莫不如此。可见中国文明产生的根基可上溯到遥远的史前时期。仰韶文化后期已孕育出某些文明要素，龙山时代已露出文明的曙光。

第八节　周边地区的考古学文化

一、西南地区

1. 哨棚嘴文化

得名于重庆忠县哨棚嘴遗址，主要分布在嘉陵江流域和长江三峡地区。绝对年代为距今 5000～3750 年。

陶器采用泥条盘筑和慢轮修整技术。以夹砂陶为主，器表饰交错绳纹、附加堆纹。有少量泥质灰陶或泥质黑皮陶，素面为主，有的饰瓦棱纹。夹砂陶主要为灰褐色，器表饰散乱的绳纹或划纹。器类有筒形深腹罐、盘口罐、钵、盆、盘等。在忠县中坝遗址出土大量夹粗砂花边口尖底缸。经研究证实，这是一处非常重要的制盐遗址，大口尖底缸为专门煮盐的器具。这个发现对研究三峡地区哨棚嘴文化晚期的生业经济、特殊资源的开发和社会复杂化进程意义重大，同时也大大丰富了对陶器功能的认识（图五七：上）。

哨棚嘴文化的形成与嘉陵江流域关系密切。在三峡境内的哨棚嘴文化遗址还发现有个别屈家岭文化的陶器，在奉节老关庙、忠县哨棚嘴发现有石家河文化的陶缸，显示出三峡地区与长江中游地区也存在一定的交往，同时与成都平原也有一定的交往互动。有关这个文化的聚落和墓葬资料发现不多。

2. 宝墩文化

1995 年在四川成都新津县龙马古城发现宝墩遗址。经发掘证实这是

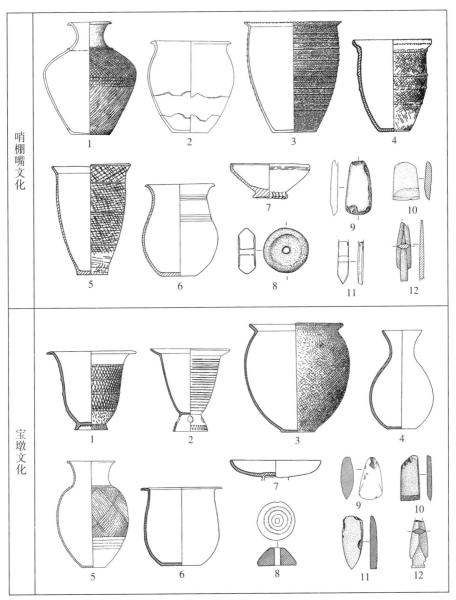

图五七　哨棚嘴文化与宝墩文化

（刘翔宇选编）

哨棚嘴文化：1. 小口高领陶瓮　2. 圆腹陶罐　3. 折沿花边口陶罐　4. 盘口陶罐　5. 陶缸　6. 陶壶
7. 圈足陶碗　8. 陶纺轮　9. 石斧　10. 石锛　11. 石凿　12. 石矛

宝墩文化：1. 敞口陶尊　2. 盘口陶尊　3. 花边口陶罐　4. 陶壶　5. 高领陶罐　6. 陶尊形器　7. 陶
豆（盘）　8. 陶纺轮　9. 石斧　10. 石锛　11. 石凿　12. 石矛

一座龙山时代的古城，遂命名为"宝墩文化"。该文化主要分布在成都平原及周边地区，绝对年代为距今4500～3700年。

宝墩文化的陶器采用泥条盘筑加慢轮修整技术，夹砂陶以灰色、褐色为主，或内壁灰色、外表褐色，普遍装饰绳纹。泥质陶以灰黄、灰白色为主，部分黑皮陶，素面居多，流行饰水波划纹、凹弦纹、细线纹、篦纹及附加堆纹等。器类有圈足尊、壶、喇叭口罐、盆、浅盘豆、镂孔圈足杯等（图五七：下）。

继宝墩古城以后，陆续在成都平原发现了温江鱼凫古城、郫县古城、都江堰芒城、崇州双河古城、紫竹古城、大邑盐店古城、高山古城。这八座古城出土遗物有早晚之别，整体面貌相同，这一系列重大发现迅速填补了成都平原史前考古的长期空白。宝墩文化早期聚落主要见于各个古城内，城堡之外很少发现，且面积很小。晚期在城堡以外出现了面积较大的中、小型聚落。房屋多为平地起建的竹骨泥墙建筑，长方形，面积几十到几百平米不等，保存不佳。墓葬多为十至二十余座的小型墓地，流行竖穴土坑葬，无葬具，早期很少有随葬品，晚期有随葬品的墓增多，但数量很少，所见有象牙饰品、玉器、石器和陶器等。

3. 大墩子文化

因云南元谋大墩子遗址而得名。主要分布在云南东部金沙江支流的龙川江东岸，绝对年代为距今3210±90年。

石器以磨制为主，器类有梯形斧、锛、半月形穿孔石刀、镞、纺轮、镯、杵、环等；骨角器有镞、锥、凿、针、蚌刀和装饰品。陶器均为手制，泥条盘筑，火候低，早期多为夹砂橙黄陶，饰刻划篦齿纹、粗绳纹。晚期红褐陶、灰色夹砂陶居多，饰篮纹、附加堆纹、压印点线纹。器类有钵、盆、壶、罐、大瓮、瓶、杯等。房屋为长方形地面建筑，或先挖基槽，再挖柱洞；或不挖基槽，直接挖柱洞。用树枝编织篱笆木骨泥墙，室内有浅圆坑式火塘，屋外有窖穴，发现有粳稻一类的粮食朽灰。出土的兽骨除了猪、牛、羊、狗、鸡为家畜外，还有鹿、熊、麝、豪猪、野兔、猕猴、鼠、竹鼠、松鼠、鱼等野生动物。显示出稻作农业与狩猎－采集和畜养兼营的生业。墓葬为长方形竖穴土坑结构，发现有屈肢葬、断下肢葬、同性合葬、母子合葬及幼儿瓮棺葬。还发现有墓主被大石所压或者面部、腰部插入箭镞的墓例，可见当时的部族冲突常有发生（图五八：上）。

4. 白羊村文化

得名于云南宾川白羊村遗址。主要分布在金沙江流域与滇西洱海之间，绝对年代为距今4000年前后。

石器以磨制为主，器类有长条石斧、梯形锛、柳叶形镞和新月形弧刃穿孔石刀；骨角器有锥、凿、针、镞等。早期陶器为泥条盘筑或捏塑法，均为厚胎夹砂陶，火候低，褐陶为主，灰陶次之，有少量红陶。晚期出现慢轮修整技术，胎体减薄，火候提高。器类主要为圜底、平底器，如罐、钵、匜、杯、缸、带嘴釜等。器表用刻划、戳印、剔刺、滚压和贴塑等手法，装饰绳纹、篦点、弦纹、菱形、人字、三角、方格、曲折线、附加堆纹和乳钉等。特点是几种纹样集于一身（图五八：下）。

白羊村文化的房屋均为长方形，平地起建，先挖基槽、立柱，筑墙基，或直接在地面垫石础、立柱，筑篱笆草拌泥墙。墓葬为竖穴土坑形制，有成人葬和儿童（及个别成人）瓮棺葬，流行单人一次葬，也有多人合葬。另有少量无头葬，其中合葬墓墓主头向相反，一侧墓主的下肢叠压在另一侧墓主胸腹部。推测当地有猎头习俗，或者有类似非洲某些部族的祖先头颅崇拜习俗。有的窖穴内发现有稻谷朽灰，可知该文化已有稻作农业，家畜主要有猪、狗等。

二、福建、台湾与广东

1. 福建沿海地区

福建沿海最早的遗存是在平潭岛发现的壳丘头文化，类似遗存也见于金门岛的富国墩遗址，年代为距今6500～4500年。石器以打制为主，有砍砸器、刮削器、石斧、石刀及大量的石球；骨、角、贝壳工具很多。陶

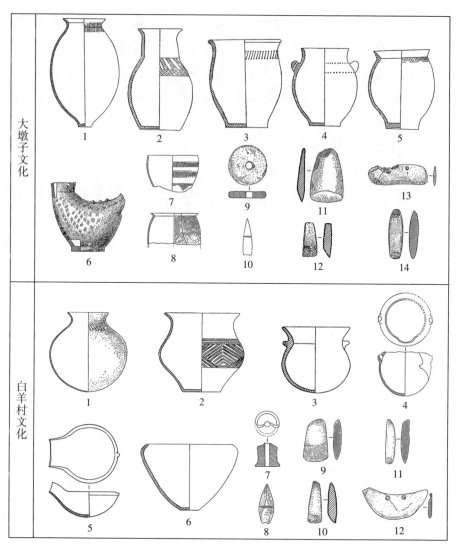

大墩子文化

白羊村文化

图五八 大墩子文化和白羊村文化

（刘翔宇选编）

大墩子文化：1. 陶瓮 2. 陶壶 3. 卷沿陶罐 4. 小口双耳陶罐 5. 折沿陶罐 6. 鸭形陶壶 7. 敛口陶钵 8. 折沿陶罐 9. 陶纺轮 10. 石镞 11. 石斧 12. 石锛 13. 石刀 14. 石凿

白羊村文化：1. 小口圜底陶罐 2. 鼓腹平底陶罐 3. 陶釜 4. 带流陶罐 5. 带流陶钵 6. 敛口陶钵 7. 陶纺轮 8. 石镞 9. 石斧 10. 石锛 11. 石凿 12. 石刀

器多为圜底器和圈足器，胎内夹粗砂或蚌壳粉末，器类有釜、罐、圈足盘、碗、豆和支脚等，器表流行用贝壳边缘压印几何纹或拍印绳纹。

龙山时代的文化以福建闽侯昙石山遗址为代表。昙石山文化分布在闽江下游地区，遗址堆积分为三层，中层和下层属新石器时代，年代为距今4500～4000年或略晚。

石器以磨制为主，器类有锛、斧、凿、铲、刀、钺、镞等。其中石锛数量最多，特点是平面呈长方形，断面呈三角形，有段石锛罕见。石钺形制较特殊。骨、角、贝壳制作的工具较多。用牡蛎壳制作的穿孔铲形器很有特点。陶器采用手制与轮制相结合的方法。圜底器为手制；圈足器和三足器的主体部位轮制，再与附件对接成型。早期陶器多为手制夹砂陶，红陶为主，少量灰陶，有细泥陶、夹细砂陶和夹粗砂陶几种。晚期出现轮修和轮制陶器，灰陶为主，黑陶次之。器类有圜底釜、鼎、圜底罐、盆、圈足簋、壶、杯、豆、碗、钵等。器表多饰绳纹、篮纹、方格纹、压印曲折纹、贝齿印纹。有少量彩陶，绘红彩宽带、卵点、横竖线纹。晚期出现部分几何印纹陶，器表拍印斜方格纹、叶脉纹、麻点和双圈纹。陶工具有纺轮、陶拍和网坠（图五九）。

在昙石山遗址较平缓的山坡上发现7座陶窑，有斜坡火道，火膛位于窑室前部，窑口为袋状，平底拱顶。火膛与窑室之间封堵石块。窑室直径70～80、深50～60厘米，放置有若干截成锥状的支垫，可起到窑箅的作用。经检测，昙石山遗址下层灰陶的烧成温度为900℃～1000℃，夹细砂灰陶为950℃～1100℃。后者火候很高，属于印纹硬陶，年代也较晚。该遗址出土大量兽骨，经鉴定，哺乳动物有印度象、叶猴、棕熊、虎、狗、猪、牛、鹿等，水生动物有鱼、蚬、蛤、牡蛎、螺、鳖等。兼营农业和畜养业，狩猎、渔捞和采集经济也占较大比重。

2. 台湾岛的史前文化

台湾岛的面积有35000余平方公里，地理环境复杂，有高山、火山、丘陵、台地、盆地、平原、珊瑚礁、火山岛，沿海沙丘等。全岛100米以

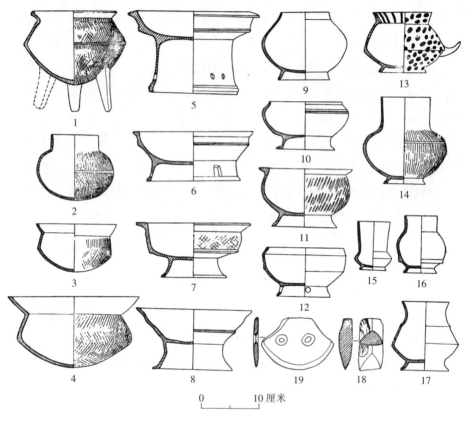

0　　　　10厘米

图五九　昙石山文化
（引自《新中国的考古发现和研究》，1984 年）

1. 陶鼎　2. 陶罐　3、4. 陶釜　5、6、8、12. 陶豆　7、10、11. 陶簋　9、14、16、17. 陶壶
13. 角把彩陶壶　15. 陶杯　18. 石锄　19. 石钺

上的山地占了 2/3，3000 米以上的山峰有 48 座。岛上气候包括寒带、温带、亚热带和热带，与此相应的植被有苔原、针叶林、阔叶林和热带雨林。20 世纪 70 年代，在台南发现"左镇人"头骨化石残片和牙齿，这是岛上发现的最早的人类遗物，距今 2～3 万年。1968 年，在台东长滨乡八仙洞（包括潮音洞、海雷洞和乾元洞三个洞穴）下层发现打制石器、石料、骨针、骨凿、骨鱼钩、尖形骨器等，后命名为"长滨文化"。碳十四检测超过 15000 年，估计年代跨度在 50000～5000 年之间，从旧石器延续

到新石器时代，为台湾岛最古老的遗存，出土石器与华南旧石器时代晚期的特征相似。

1964～1965年，张光直发掘了台北八里乡大坌坑、高雄林园凤鼻头两处遗址，确认了"大坌坑文化"（也称"绳纹陶文化"）。其分布区域包括北部海岸、台北、西南海岸、东海岸、澎湖列岛等，以西南海岸分布最密，年代距今6000～5000年。石器有打制石斧、石刀、砍砸器，磨制石器有斧、锛、镞和网坠等。陶器制作技术原始，火候低，以夹砂陶为主。有圜底器和少量圈足器。器类有釜、罐、钵、碗等，器表饰粗绳纹、划纹，或在口沿涂红衣，有少量彩陶（图六〇）。

该文化的遗址多为在海岸台地、山坡或沙丘上形成的贝丘，有半定居性质的村落和原始农业，适应海岸、河口及河湖环境，种植块茎类作物，狩猎、渔捞和采集经济较发达。"大坌坑文化"与长滨文化的年代部分重

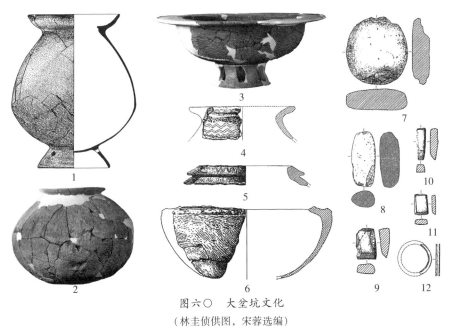

图六〇　大坌坑文化

（林圭侦供图，宋蓉选编）

1. 圈足陶罐　2. 圜底陶釜　3. 陶豆　4、5. 陶器口沿　6. 陶钵　7. 石砍砸器　8. 石锤

9、11. 石锛　10. 有段石锛　12. 玉环

叠，但文化内涵看不出任何关联。有学者认为，大坌坑文化与福建、广东沿海以绳纹为特征的文化类似，年代接近，应为外来文化。

距今 4000 ~ 3000 年以降，台湾岛出现多种地域文化，按时代分为两段。较早的距今 4000 ~ 3500 年，有圆山文化、芝山岩文化和细绳纹陶文化；较晚的距今 3500 ~ 2000 年，有植物园文化、营埔文化、大湖文化、卑南文化和麒麟文化。其中卑南文化出土文物较多。陶器为手制加轮修，以夹砂红陶为主，灰黑色胎，羼和料较粗，火候低，也有少量泥质陶。器类有罐、壶、瓶、盆、盘、勺、豆、杯、盂、器盖及纺轮、陶锤等，罐类器占 2/3。有些器表装饰刺点纹、指甲纹、席纹或划纹。

3. 广东北部地区的石峡文化

得名于广东曲江石峡遗址，主要分布在粤北的北江、东江流域，粤东和粤西也有少量发现，绝对年代为距今 5000 ~ 4000 年。

石器多通体磨光，采用切割、管钻技术，棱角分明，线条刚直，器身较薄，器类有镢、斧、锛、凿、钺、镞等。其中一种两头带刃的弓背石镢，形似丁字镐，系极富地方特色的攫土工具。锛分为有段、有肩两种，钺与商代铜钺形制接近。陶器有手制、轮制、模制几种，多采用轮制、模制结合的方法。灰陶为主。器类多为三足器和圈足器，流行子母口，显得棱角分明。典型器有鼎、釜、盘、豆、壶、罐、器盖和纺轮等。鼎、盘、豆造型很有特色。约 70% 为素面，其余饰绳纹、附加堆纹、凸棱纹、划纹、弦纹、锥刺压印纹或镂孔（图六一）。墓葬为长方形竖穴土坑形制，墓底和四壁抹草拌泥，再经火烧，无葬具。有一次葬和二次葬。后者墓中有两套随葬品，一套为初次下葬时放置的，多残破；另一套为迁葬时新放入的，器形完好。

从地理位置看，粤北与赣南属同一文化圈。在石峡文化中发现不少来自长江中游、赣江和长江下游的文化因素，还出有良渚文化的玉琮和陶器，显示长江流域与岭南存在远距离的交流。石峡文化与赣江流域的拾年山文化有不少相似成分，有学者认为这是南下粤北的一支外来文化。

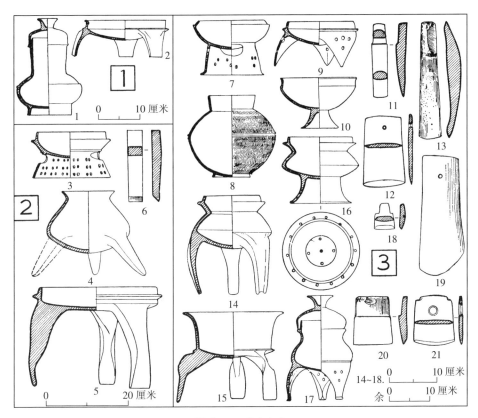

图六一 石峡文化

(引自《新中国的考古发现和研究》，1984 年)

一期墓：1. 陶壶 2. 三足陶盘 二期墓：3. 圈足陶盘 4、5. 陶鼎 6. 石凿 三期墓：7. 圈足陶盘 8. 陶罐 9. 三足陶盘 10. 陶豆 11. 有段石凿 12. 石铲 13. 石镬 14、15、17. 陶鼎 16. 陶甑 18. 有肩石锛 19. 石钺 20. 有段石锛 21. 有肩石钺

三、东北地区

1. 新开流文化

新开流遗址位于黑龙江密山县兴凯湖岸边，分布区域不是很清楚，在松花江下游有类似发现，年代为距今 6000 年左右。

生产工具以细石器为主，器类有镞、尖状器、刮削器、石核、石叶等。镞形制多样，数量多，以三角形圆底和柳叶形最具特点。石器多经粗磨，保留有打坯痕迹，器类有斧、凿、网坠、镞等；骨角器较多，有鱼镖、鱼叉、鱼钩、投枪、镞、刀柄、针、锥、匕首等。陶器以手制夹砂褐陶为主，器类仅有筒形罐和钵。流行组合装饰纹样，如鱼鳞纹、菱形纹、篦纹、网状堆纹等。

墓葬有一次葬和二次葬，前者为长方形竖穴土坑形制，无葬具，墓主仰身直肢，少量屈肢，随葬少量生产工具。后者为圆角方形墓，有单人葬，也有四人合葬，仅随葬石镞、陶罐，或无随葬品。特点是二次葬均系一次葬的附葬。经鉴定，一次葬墓主为男性，二次葬有男有女。一次葬的随葬品多于二次葬。发现有层层堆积鱼骨的圆形、椭圆形窖穴，系储藏设施。随葬品以渔猎工具为主，无农具，也无家畜骨骼，显示出以渔猎为主的生业方式（图六二：上）。

2. 昂昂溪文化

1928~1930 年梁思永在东北调查时发现，并清理了两座墓。后经调查得知，此类遗存主要分布在以齐齐哈尔为中心的嫩江流域和吉林省的西部。年代为距今 4500~4000 年。出土遗物以加工精细的石镞、石叶为特征，还发现有磨制的穿孔石器。骨器有投枪、鱼镖、骨梗刀、锥等，多为渔猎工具。陶器仅发现罐、带流钵，做工较粗，器表装饰刻划纹、附加堆纹（图六二：下）。

四、西藏高原

1. 卡若文化

得名于西藏昌都加卡区的卡若遗址，该遗址位于澜沧江西岸二、三级阶地上，海拔 3100 米，距今 5000~4000 年。

生产工具分为大型打制石器、细石器和磨制石器三种。打制石器占86%，有铲、斧、锄、钻、刮削器、砍砸器、矛、镞等；细石器占 8%，有镞、雕刻器等；余为磨制石器，出现切割和管钻技术，器类有斧、锛、

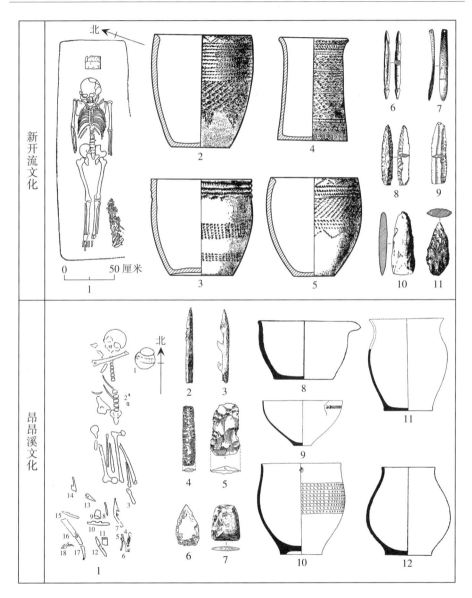

图六二　新开流文化和昂昂溪文化

（任瑞波选编）

新开流文化：1. 新开流 M6 平面图　2～5. 筒形陶罐　6. 骨鱼镖　7. 骨匕　8、11. 石投枪头　9. 石叶　10. 石斧

昂昂溪文化：1. 昂昂溪第三沙岗墓　2. 骨鱼镖　3. 骨投枪头　4. 长石片　5. 石投枪头　6. 石镞　7. 石锛　8. 带流陶盆　9. 陶钵　10～12. 陶罐

镞、研磨器等。骨器有锥、针、刀柄等。陶器均为夹砂陶，泥条盘筑或手工捏塑，做工较粗，部分经打磨，火候低，有黄陶、灰陶、红陶、黑陶四种。器类主要是平底器类的罐、钵、盆、碗等，器表刻划或压印曲折纹、连弧纹、篦点纹，也有附加堆纹、绳纹和篮纹。个别陶器绘黑褐彩折线纹。对西藏林芝云星遗址所出的夹砂红陶进行检测，烧成温度仅600℃。卡若文化陶器的烧成温度相似或略高一些。卡若文化种植粟、黍类旱地作物，家畜有猪。遗址中出有大量骨制的狩猎工具，显示其采集 – 狩猎经济仍占有相当比重（图六三：上）。

房屋建筑分为半地穴、平地起建两类，前者分为圜底、平底、石墙建筑三种。圜底房屋的平面分为圆形、方形，面积10～25平方米，居住面或稍作修整，或铺10厘米厚的灰黑土，或在圜底地面铺一层圆木，再涂抹5～10厘米厚的草泥至房基周缘。居住面中央凹陷处有三块立石，构成炉灶。门向背山面坡，有的铺设砾石台阶。平底房屋有方形、长方形两种，面积5～25平方米。居住面或为生土，或用黄土、红烧土掺细沙、石子铺垫；有的还抹层草泥。石墙房屋也分为方形、长方形两类。石墙砌在半地穴的四壁，穴深1米左右，穴内立8～10根粗木柱，面积25～32平方米。这种房屋可能有两层，上层住人，下层养畜或储藏用。地面建筑分为方形、长方形，面积20～30平方米，最大的双室房屋面积70平方米。居住面一般涂草泥，再经火烤，或在草泥下铺垫一至两层圆木、小石子、土和烧土，室内中央设灶，门外有踏石。

2. 曲贡文化

遗址位于西藏拉萨河谷内，海拔3685米，是目前所知国内海拔最高的新石器时代遗址，年代距今3750～3500年。

石器以打制为主，有砍砸器、刮削器及少量的铲、网坠等。磨制石器有斧、锛、刀、梳形器。骨器有针、匕、镞等。出土较多大型石磨盘，有些石器表面涂朱，似有某种宗教含义。陶器出现轮修技术，器表打磨，有灰、褐、黑三种，黑皮磨光陶制作较精致。器类有圜底器和少量圈足器，

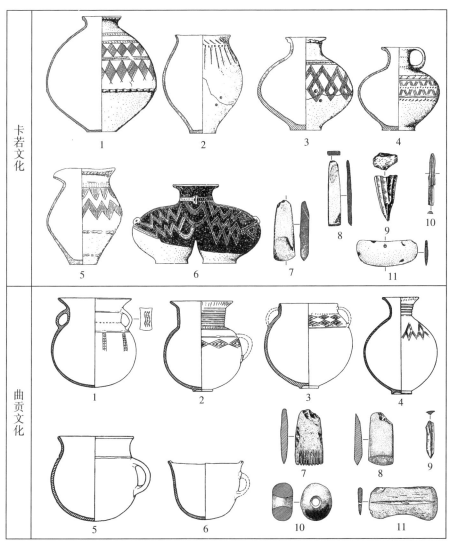

图六三　卡若文化和曲贡文化

（刘翔宇选编）

卡若文化：1. 陶瓮　2. 侈口陶罐　3. 陶壶　4. 单耳陶壶　5. 带流陶罐　6. 双腹陶罐　7. 石斧　8. 石锛　9. 石核　10. 石叶　11. 石刀

曲贡文化：1. 双耳陶罐　2. 单耳陶罐　3. 双耳圈足陶罐　4. 陶壶　5. 陶釜　6. 单耳陶杯　7. 石梳形器　8. 玉锛　9. 石叶　10. 石杖头　11. 石刀

无平底器。典型器有罐、豆、钵、壶等，器表多素面磨光，或饰压划几何纹及少量锥刺纹、锯齿纹、镂孔和附加堆纹（图六三：下）。

卡若、曲贡两处遗址差别较大，卡若有细石器，曲贡没有；卡若不见曲贡的网坠和石铲、泥质陶和磨光黑陶。曲贡文化的进步有其经济原因，即农业较发达。也有时间差别，因为曲贡遗址的年代较晚。

五、内蒙古至新疆

1. 内蒙古地区

（1）河套东部。从呼和浩特以南到河北张家口，史前文化分前后两段，前段属仰韶时代，后段为龙山时代。后者遗址以准格尔旗大口、伊金霍洛旗朱开沟、神木石峁和蔚县筛子绫罗等为代表。以灰陶为主，器类有小口罐、篮纹高领罐、蛋形瓮、双耳罐、单耳鬲、斝等，器表饰绳纹、篮纹，地方特色突出，也有部分因素受到客省庄文化的影响。

（2）阴山南北。阴山以北接壤蒙古高原，地势平缓，属低地丘陵和沙丘环境，海拔 1000～1500 米，气候恶劣，不宜农业。当地发现少量史前遗址，多暴露在沙丘地表，面积小。多细石器，少磨制石器，无农具。陶器质地差，种类简单，属于狩猎－采集经济。阴山以南气候较温和，适宜农业。可以包头的转龙藏遗址为代表，细石器较发达。

（3）河套西部。在这里做的工作不多，史前遗址集中在黄河及支流河谷。早期大体相当于仰韶晚期，晚期进入龙山时代，细石器发达。

（4）呼伦贝尔。20 世纪在呼伦贝尔草原发现 3 件"扎赉诺尔人"头骨及一批遗物。70 年代后陆续出土 6 件头骨，经测定，年代距今 1 万年左右。这批头骨与遗物的埋藏关系混乱，一直有不同解释。这里细石器发达，陶器罕见，整体情况不明。

2. 河西走廊至新疆

河西走廊为马家窑文化—齐家文化分布区，绿洲地带有农业。越往西细石器比例越高，畜牧经济比重增加，家畜有猪、羊、牛等。新疆较早的遗址有哈密七角井、吐鲁番辛格尔和英都尔库什、雅尔湖、阿斯塔那等，细石器为主，无磨制石器和陶器。此类遗存的性质和年代还不清楚。最近在哈密天山北路墓地发现少量马厂类型晚期的彩陶，证实河西走廊的史前文化已西进至新疆东部，具体还有待材料的公布。

参考书目：

1. 杨鸿勋：《仰韶文化居住建筑发展问题的探讨》，《考古学报》1975年第1期。

2. 浙江省文物管理委员会：《河姆渡遗址第一次发掘报告》，《考古学报》1978年第1期。

3. 山东省博物馆：《谈谈大汶口文化》，《文物》1978年第4期。

4. 李绍连：《关于磁山—裴李岗文化的几个问题》，《文物》1980年第5期。

5. 苏秉琦、殷玮璋：《关于考古学文化的区系类型问题》，《文物》1981年第5期。

6. 严文明：《龙山文化与龙山时代》，《文物》1981年第6期。

7. 巩启明、严文明：《从姜寨早期村落布局探讨其居民的社会组织结构》，《考古与文物》1981年第1期。

8. 何介钧：《长江中游原始文化初论》，《湖南考古辑刊》第1集，岳麓书社，1982年。

9. 严文明：《仰韶文化研究》，文物出版社，1989年。

10. 苏秉琦主编：《中国通史》第二卷《远古时代》，上海人民出版社1994年，第45～346页。

第四章　夏商考古

第一节　概　说

一、青铜与青铜时代

青铜是红铜与铅、锡的合金，因铜锈呈绿色，故名。青铜比红铜有明显的优点。首先是它的熔点降低。红铜的熔点是1083.4℃，若加锡15%，熔点会降至960℃。若加锡25%，熔点下降到800℃。这样的温度，在古代不难办到。其次是青铜的硬度提高。红铜的硬度为布林氏（Brinell）硬度计的35度，若加锡5%，硬度增至65度；加锡10%，硬度增至165度，相当于红铜的4.7倍。如此便可根据不同器类需要，增减锡的比例，铸造不同硬度的器具。最后，熔化的青铜在冷凝时体积略有膨胀，填充性能好，减少气孔，不易出砂眼，铸造性良好。正因为有上述优点，青铜很快取代了红铜。尽管还不能完全取代石器，但对社会生产力的提高起到了巨大的推动作用。

人类认识青铜有个时间过程，最初人们发现的是自然铜（红铜），并用来制作一些简单器具。后来在冶炼共生铜矿时偶然得到合金铜，经过长期的摸索和实践，逐渐了解合金的原理和工艺制作流程，开始有意识地按照一定配比冶炼合金铜。从制造工艺的历史考察，人类制造铜器经历了冷锻—热锻—范铸（单范—双范—多范）—失蜡法等几个不同的历史阶段。

冶金学者乌尔泰姆（T. A. Wertime）认为，在公元前四千纪到三千纪，人类曾有过一段"合金试验期"（era of experimental alloying）。这个时期人类了解到，如果将锑（Sb）、砷（As）和铋（Bi）加入自然铜的铸件或冶炼矿石中，可让铸造或冶炼变得更加容易①。砷是一种非金属化学元素，可归入半金属，其性质介于金属与非金属之间。几乎在世界上的所有地区，砷作为一种合金原料较锡要早。砷应该是在锡、铅应用之前常用的合金成分。作为合金，砷含量从 0.25% 以下到 3% ~ 4%，有时甚至高达 10% ~ 12%。可是到了用锡、铅比较广泛地制作合金铜时，砷逐渐从铜合金中消失了。这一现象暗示，人类是有意用锡取代了砷。最初，锡青铜的出现是零星的，后来逐渐取代了砷，成为主要的合金成分。

苏联学者塞里姆汉诺夫（I. R. Selimkhanov）在阿塞拜疆巴库（Baku）的库尔泰普（Kultepe）遗址进行考古发掘时，从地层 1 到地层 2 至 3，出土的自然铜演进为砷铜，地层 3 和 4 出土的是锡青铜，证实了锡青铜取代砷铜的层位早晚关系和演进过程②。这一发现证实，近东地区确实存在一个"合金试验期"，试验的合金即为砷铜。砷铜具有固熔强化、加工硬化作用，还有脱氧性能，可作为铜的脱氧剂，比纯铜具有更好的机械性能，锡青铜的性能比砷青铜更优越。

还有一种说法，从矿物学角度分析，人类使用砷铜这一历史阶段是由铜矿床的性质决定的。最初，人们使用的是地表常与自然铜伴生的孔雀石、蓝铜矿等，用这种矿石冶炼出的是较纯的自然铜。接着是开采氧化矿层中的矿石，冶炼的铜往往含较多砷或锑等杂质。砷铜经冷锻后会很快硬化，其性能优于红铜。可是，一旦人们采用硫化矿石，焙烧阶段会有大量的砷流失，炼出的铜又是较纯的铜，硬度低于砷铜。在这种情况下，人们

①　Theodore A. Wertime, The Beginning of Metallurgy: A New Look, *Science*, 1973, Vol. 182, p. 881.

②　I. R. Selimkhanov, Estratto dagli Atti del VI Congresso, *Internazionale dele Scienze Prestoriche e Protostoriche* (Rome), 1965, Vol. 2, pp. 368 – 370. 转引自 Theodore A. Wertime 1973, p. 880（附注：文中地层关系表述似有颠倒，原文如此，特此说明）。

需要寻找一种新的物质来提高铜的硬度，铜锡合金遂成为生产"硬铜"的基本工艺，于是锡青铜时代到来。可见，铜器的起源、发展所经历的红铜、砷铜、青铜的先后序列，是由铜矿床的结构和性质决定的①。

青铜时代是人类物质文化发展的一个历史阶段。青铜时代从铜石并用时代发展而来，延续至铁器时代为止。这个阶段人类开始制造青铜工具、武器和其他生活用具。由于世界各地的文化发展不平衡，青铜时代出现的时间也不一致。公元前3000～前2000年，世界上先后出现了几个重要的青铜冶铸中心，它们也因此成为古代文明最发达的地区。但也有些地区铜器出现很晚，如非洲出现在公元前1000年，中美洲迟至公元11世纪才出现金属。

以世界上的几个古代文明为例，两河文明在公元前4000年前后进入铜石并用时代，公元前2500年前后进入青铜时代，并出现一系列城邦国家。古埃及在公元前4000年初进入铜石并用时代，公元前3050年上、下埃及统一，进入古王国时代。到了中王国（约公元前2040年）才进入青铜时代。印度河文明在公元前2500年进入哈拉帕文化，公元前2000年进入青铜时代。爱琴海的克里特文明在公元前2000年出现小型城邦国家，同时进入青铜时代。

二、文明的起源

中国在龙山时代进入万国林立的古国时期。公元前21世纪夏王朝建立，进入青铜时代，并一直延续到公元前5世纪，这个历史阶段大致相当于文献记载的夏、商、周王朝。

青铜时代是人类进入文明社会的重要标志，也指一个社会的形态由氏族进入到国家阶段。西文"文明"（civilization）一词指人类社会的一种进步程度，与"野蛮"相对应。文明的重要标志有三，即城市、文字和金

---

① 武汉地质学院矿床教研室：《矿床学》，地质出版社，1979年。

属。三者中以文字的出现最为重要。在中文中，"文明"一词最早出自《易经·文言》："见龙在田，天下文明。"孔颖达疏："有文章而光明也。"故在中国古代文献中，文明一般解释为"文采光明"。

在现代人文科学中，"文明"专指城市、阶级、国家产生后的社会发展阶段。但世界上也有不少例外，有些文明社会不具备或者缺少上述文明标志中的某一项。例如秘鲁的玛雅文化长期使用结绳记事；南美印加文明没有书面文字，却有着高度发达的文化艺术和组织严密的国家机构；古代中国北方的匈奴建立了强大的游牧帝国，却一直没有文字。也正因为如此，有关文明标准的讨论一直是学术界争议的一个话题。

世界公认的古代文明有六个：两河文明、尼罗河文明、爱琴文明、印度河文明、黄河文明和中美洲文明。其中前四个文明相互存在影响关系，新大陆文明是独立起源的，时间也较晚。只有黄河文明一直有争议，焦点在于它是独立起源的还是受外来影响出现的。

有关中国文明起源的争论始于20世纪30年代。安阳殷墟的考古发掘证明商代是文明高度发达的国家，假如把殷墟看作中国文明的起点，这未免有点像神话传说中的老子，一生下来就长了白胡子。至于中国文明是西方传来的说法，是最想当然的主观臆测。作为商代晚期都城的殷墟，属于高度文明的国家，有成熟的甲骨文和发达的青铜冶炼技术，文明三要素齐备。此外，中国文明还有着其他一些文明缺少的特点，比如玉器、陶瓷（印纹硬陶和原始瓷）等。因此，中国文明应产生在时代更早的夏王朝甚至龙山时代晚期。

中国文明的另一个特点是"礼制"非常发达。就礼制而言，周礼是在商礼的基础上有所损益而成，商礼是在夏礼的基础上有所损益而成。尽管夏、商、周三代礼制内容有所不同，但"三代之达礼"是长存的。文明的产生有个过程，不是一朝一夕能完成的。据文献记载，公元前21世纪建立的夏代是中国历史上第一个中央集权国家。此前的龙山时代是文明的孕育阶段，即文明的曙光期。

三、夏商考古分期

根据夏、商时期的考古资料和对典型遗址的分期研究，可将这个阶段分为如下三个时期。

第一期：相当于夏代（约公元前 21 世纪至前 16 世纪）

本阶段是指原始氏族社会发展到早期国家，相当于历史文献记载的夏代。关于夏文化，学术界主要有三种不同意见：一种认为，中原龙山文化（王湾三期）晚期和二里头文化早期为夏文化；另一种认为，二里头文化 1～4 期是夏文化；还有一种认为，二里头文化 1～3 期为夏文化，4 期为商文化。从年代看，二里头文化恰好处在历史上的夏代纪年范围。故本阶段可以举二里头文化为代表，以河南偃师二里头为典型遗址。

本阶段开始使用青铜工具，出现青铜兵器和青铜礼器。农业与手工业出现分工，阶层分化进一步加剧，存在商品生产，出现了作为货币的贝币。二里头文化晚期出现大面积的夯土建筑——宫殿和城墙，标志着国家政权业已形成，杀人祭祀现象进一步加剧，占卜之风盛行，礼制产生。一些陶器上的刻划符号已经非常接近文字，很有可能就是文字。

第二期：商代早期（约公元前 16 世纪至前 13 世纪）

本阶段是早期国家初步发展时期。可以河南郑州商代早中期、湖北黄陂盘龙城商代早期、河北藁城台西村以及"殷墟文化第一期"等遗址为代表，郑州二里岗上、下层为典型遗址。

早商文化经历了很长的发展过程。据郑州、邯郸等地发现的层位关系，结合陶器的变化，可以郑州二里岗上、下层为标准，将早商文化分为早晚两期，即二里岗上层和二里岗下层。二里岗下层还包括郑州南关外中层、邯郸涧沟下层等遗址。二里岗上层包括藁城台西遗址、济南大辛庄商代早期地层及殷墟文化第一期。

商代早期的青铜器有进一步发展，后期开始出现并使用陨铁、青铜合制的复合兵器，农业和手工业分工扩大，手工业内部也有分工，手工业作坊有一定布局，商品生产发展，货币大量出现。

成套的青铜礼器和多种青铜兵器的存在，表明礼制有进一步的发展，武装部队有所扩充，人殉现象较普遍，阶级矛盾有所加深。早期城市出现，大规模夯土城墙的修筑标志国家机器的加强。与甲骨文属同一系统的陶文出现，说明已经出现了正式文字。

第三期：商代晚期（公元前 13 世纪至前 11 世纪）

本期是早期国家发展的鼎盛时期。以殷墟文化第二至四期和殷墟遗址为代表。

本阶段的青铜器制作达到高峰，铁器制作没有明显进步。生产经济空前发展。在井田制基础上出现大规模的农业生产。手工业内部分工协作达到新的阶段。商品生产规模扩大，商业交换有进一步发展，贝币普遍使用。

大型宫殿成批兴建，大型陵墓接连营建，人殉、人祭现象普遍。各类兵器形态不断改进，战争规模扩大。刑罚残酷，种类繁多。宗法等级关系日趋形成，国家机器日臻完善。各种原料制作的新型礼器相继出现，礼制得到全面发展，雕塑艺术取得较高成就，甲骨文、金文大量发现。

第二节　二里头文化与夏文化的探索

一、二里头文化的发现与命名

20 世纪 50 年代，在河南登封、郑州、洛阳等地发现一批二里头文化的遗址，随后对一些遗址进行了发掘，由于认识不一，曾先后使用了"洛达庙类型文化""东干沟文化""早商文化""夏文化""先商文化"等不同的命名。

1959 年，在偃师县翟镇镇的二里头村、圪当头村、四角楼村和北许村之间沿古伊洛河北岸发现一处遗址，呈西北—东南向分布，东西长约 2500 米，南北宽约 1900 米，面积约 300 万平方米。通过发掘出土大批遗物，发现的遗迹有道路、宫殿基址、宫城城垣、手工业作坊、墓葬等。考虑到在同类遗址中，二里头遗址规模最大，堆积深厚，出土遗迹遗物也最丰富，具有典型性和代表性，遂命名为"二里头文化"。该文化主要分布在河南中西部的伊、汝、洛、颖四条河流沿岸。在山西南部的汾河下游、豫东和陕西东部也有分布。

通过对多处二里头文化遗址进行挖掘，地层关系证明，二里头文化叠压在龙山文化之上，又被相当于早商的二里岗文化叠压，结合三者的文化内涵进行比较，可以确定，二里头文化的相对年代晚于中原龙山文化（王湾三期），早于商代早期的二里岗文化，恰好处在夏代的年代范围内。后来的碳十四检测结果显示，二里头文化的绝对年代为公元前 1900～前 1500 年。

二、文化分期与类型

1. 分期

20 世纪 60 年代以来，通过对二里头遗址的多次发掘及初步研究，将该文化分为四期。为了更清楚地概括该文化的特征，可将其归并为两期。早期包括原第一、二期，晚期包括原第三、四期。两期的共同特征是，陶器中鼎、鬲相对较少，炊具主要为夹砂深腹罐。常见器类有瓦足簋、平底盆、绳切纹小罐、研磨器，酒器有盉、爵、盉等。生产工具主要有石铲、石镰，也有一些小件青铜工具，卜骨大都有灼无钻。

早期：二里头文化由中原龙山文化（王湾三期）发展而来，早期仍保留浓厚的龙山时代特征，有些罐、盆造型与龙山时代同类器很难区分。陶器以深褐色为主，有少量磨光黑陶。器类以平底器为主，少量圜底器。器表除饰绳纹外，篮纹较常见，还有部分方格纹。

晚期：二里头文化晚期特征与郑州的早商文化非常接近，大口尊、盆等器形与早商文化的同类器很难区分。陶器以灰色为主，磨光黑陶少见。
器类盛行圜底器，器表主要饰绳纹，器内壁多拍印麻点（图六四）。

二里头文化早晚两期的特征将中原龙山文化（王湾三期）和郑州的
早商文化连接起来。以往认为，郑州早商文化和中原龙山文化（王湾三

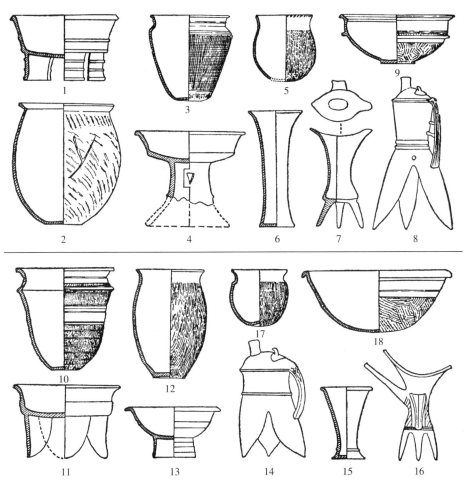

图六四　偃师二里头遗址陶器分期

（引自北京大学《商周考古》，1979 年）

1、11. 瓦足簋　2、12. 夹砂罐　3、10. 大口尊　4、13. 豆　5、17. 小罐　6、15. 觚　7、16. 爵
8、14. 盉　9、18. 盆

期）之间存在距离，二里头文化正好填补了这个空白。这不仅为研究我国新石器时代如何过渡到青铜时代找到了实证，也为解决夏文化提供了可追寻的线索。

2. 类型

二里头文化可分为豫西和晋南两个类型。豫西类型以河南偃师二里头遗址为代表，晋南类型以山西夏县东下冯遗址为代表。后者主要分布在山西南部汾河下游的浍河、涑河流域。这里的二里头文化面貌与豫西地区大体一致，差异主要表现在东下冯类型有窑洞式房屋建筑，陶器中鬲的数量较多，鼎较少，不见瓦足簋、陶甗，蛋形瓮为其特有，豫西地区不见。总体看，二里头类型以罐、鼎为炊器，东下冯以鬲、甗、斝为炊器。东下冯遗址的出土遗物可分为四期。经对比研究，东下冯类型第一期比二里头文化第一期的年代稍晚，其余三期分别与二里头文化的二至四期对应。这表明，东下冯类型很可能是二里头类型向晋南扩张的产物，并接受了来自晋中太原一带土著文化的影响。

三、房屋与宫殿建筑

二里头遗址可分为中心区和一般居住活动区两大部分。中心区位于遗址东南部地势微高的区域，包括宫殿区和宫城（晚期）、祭祀区、围垣作坊区和若干贵族居住与埋葬区等；西部地势略低，为一般居住活动区，文化堆积不甚丰厚。发现有小型房屋基址及随葬陶器为主的小型墓葬。

二里头文化的房屋地基、隔墙均采用夯筑技术，房屋附近分布储物窖穴、灰坑、水井和手工业作坊等。其中，普通居民的房屋分为半地穴式、平地起建和窑洞式（仅见于晋南）三种。平面又分为圆形和长方形两种。房屋规格分为三种。第一种为半地穴小型房屋，结构非常简陋，圆形房屋的直径仅3米左右。第二种是平地起建的中型房屋，面积50平方米左右，较宽敞，发现有柱洞、柱础石，地面坚硬，铺垫料礓石，室内有瓢形灶。第三种是建在夯土台基之上的大型宫殿建筑。宫殿由堂、庑、门、庭等单体建筑构成，布局严谨，主次分明，规格很高，基本具备了后世宫殿建筑的特点。

目前在二里头遗址发掘出两座宫殿建筑。其中，1 号宫殿东西长 107米，南北宽约 99 米，面积约 1 万平方米。这是一座建在大型夯土台基上的复合建筑，坐北朝南，台基平面略呈正方形。建筑过程是先挖地基槽，再填土层层夯实，形成高出当时地面约 0.8 米的台基，面积 36×25 米，表面平整，边缘为缓坡状，坡面铺垫料礓石。宫殿建在夯土台基的中部，面积 30.4×25 米。基座下铺垫三层卵石加固，周围分布一圈大柱洞，内填柱础石，系承重墙柱。大柱洞的外围还有一圈小柱洞，应为挑檐柱，洞内垫有大小不一、不很规则的础石。从柱洞的排列可知，宫殿为面阔 8间、进深 3 间的双开间建筑，有双层四面坡屋顶，周围有檐廊，其结构类似《周礼·考工记》所记的"四阿重屋"建筑式样。在宫殿的四周建有廊庑，东西两侧外侧起墙，内侧立柱，为一面坡顶的廊庑。南北两侧中间起墙，内外立柱，为两面坡屋顶的廊庑。大门位于庭院南部正中间，可复原为面阔八间的牌坊式建筑，结构接近甲骨文的"門"字。

1 号宫殿的使用时间为二里头文化晚期。这座建筑由主体殿堂、四围廊庑、围墙、宽阔的庭院以及正门门塾等建筑单元组成，规模宏大，结构复杂，布局谨严，主次分明，应是一座供统治者进行祭祀、发布政令的礼仪性建筑（图六五）。

2 号宫殿的规模略小，其结构、形状与 1 号宫殿相近，也是一座大型复合式建筑。宫殿基址依托宫城东墙建造，平面为纵长方形，南北长约73 米、东西宽约 58 米，面积逾 4000 平方米。整座基址由主体殿堂、廊庑、围墙、庭院及门塾组成。其规模虽较 1 号基址小，但布局方正规整，注重对称。

以上两组宫殿建筑是按照一定规划设计营建的，其布局表明，当时的宫室制度完全不同于原始社会首领举行议事活动的大房子。宫殿周围没有其他建筑，远离一般民众，高高在上，宫殿的主人应为当时社会高层的统治者。

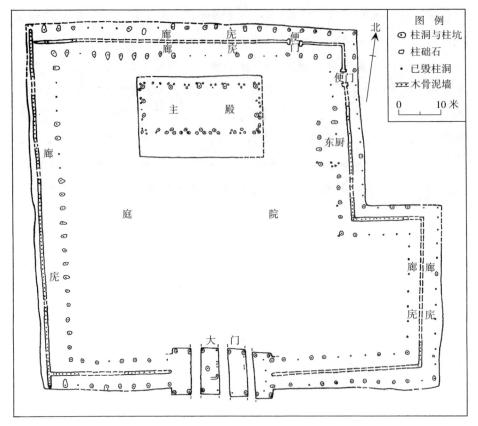

图六五　二里头文化 1 号宫殿建筑基址
(引自《中国考古学·夏商卷》，2003 年)

　　在二里头 1 号宫殿基址庭院中央发现有埋人骨的灰坑，死者或弓身屈肢，或俯身埋葬，甚至和动物葬在一起，没有任何随葬品，应是用于祭祀的牺牲，有祭祖性质。古时的"且"（即牌位）是祭祀祖先的标志，用木、石制作，置于宗庙之内。二里头宫殿很可能是用于祭祀祖先的宗庙建筑。古时宗庙所在即都邑所在，也就是国王的驻地。"国之大事，在祀于戎"，可见二里头遗址不是一般的都邑，有人推测是夏代晚期桀的都城。二里头遗址是当时中国乃至东亚地区最大的都邑遗址，规模宏大，布局严整，是迄今为止可确认的中国最早王朝的都城，开中国古代都邑制度之先河。

四、埋葬制度

二里头文化的墓葬分为较大型、中型和小型三种。

较大型的墓均发现在二里头遗址，长方形竖穴土坑墓，最大面积有20余平方米（长5.2～5.35米，宽4.25米），墓底设二层台。墓主仰身直肢，墓中随葬品大多被盗，仅存少量漆皮、朱砂、蚌饰、殉狗或骨制品等。估计被盗之前随葬品非常丰富。此类墓规模较大，墓主应属贵族特权阶层，但还不是高等大贵族。

二里头遗址还发现一些墓室面积仅4平方米上下的墓葬，墓内棺椁一应俱全，随葬实用陶器（少者数件，多者20件上下）、铜器、玉器、镶嵌绿松石铜牌等贵重器物。此类墓与一般的中小型墓区别明显，墓主身份要低于前一类，但仍属贵族阶层。目前发现的贵族墓一般都有木质葬具，铺撒朱砂，随葬铜器、玉器、绿松石、漆器、陶礼器及其他奢侈品，在小范围内成组成排分布。

一般的中小型墓发现较多，墓室面积仅相当于较大型墓的1/3到1/5，形制为长方形竖穴土坑，墓主多为仰身直肢葬，个别蹲坐式葬。随葬品多寡不等，主要是陶器，有的随葬玉器或贝币等。此类墓主应属自由民，拥有私人财产，贫富不等。

小型墓数量最多，多散见于遗址灰层或灰坑中，个别甚至和动物葬在一处。无一定墓圹，也没有随葬品。有的身首异处，有的仅存零星骨架，属乱葬性质。这种乱葬出现在龙山时代，二里头时期更加普遍。墓主属于非正常死亡，有些可能是被处死的。这些人生前一无所有，没有人身自由，可能是战争中的俘虏或奴隶。

五、农业和手工业

二里头文化的社会分工进一步细化，农业和手工业已经分离，手工业内部也存在专业分工，包括制陶、冶铜、铸造、琢玉、酿酒、石器、骨角器制作等。

1. 农业

二里头文化大量生产工具的存在表明，农业在经济中占据重要地位。这些工具主要有铲、斧、刀、镰等，石器为主，骨蚌器次之，根据发掘中的一些遗迹现象，当时还有大量木器，如木耒和木耜等。青铜器尚未用于农业，毕竟这个时期的青铜工业还不十分发达。此时生产工具中的扁平石铲、凹刃石镰及穿孔石刀等和龙山时代的差异不大，但数量远远超过龙山时期。显示当时的农业生产较龙山文化有进一步的发展。陶器中出现大量酒器，而且一般平民的墓中都随葬酒器，可见当时饮酒之风很盛，从另一侧面反映了农业生产的水平和剩余产品的增多。如果没有剩余的粮食，大量酿酒是难以想象的。

二里头文化的渔猎和畜牧经济也占有比较重要的地位。牛、羊、猪的动物遗骸普遍存在，表明畜养业有一定程度的发展。在遗址中时常出土铜、骨、石、角、蚌制作的鱼叉、鱼钩、网坠、镞、矛等工具和兵器，可证实渔猎采集经济也占有一定的比重。

2. 陶器

制陶业为二里头文化重要的手工业部门，延续新石器以来的工艺传统，仍有手工制陶，快轮技术普及，袋足器采用模制与手制结合的方法。质地分细泥与夹砂两类，以褐陶和灰陶为主。按功能分为炊器、酒水器、饮食器、盛储器、乐器、随葬明器、建筑用陶等。其中炊具有深腹罐、鼎、鬲、甗、甑、花边口罐，酒水器有爵、斝、盉、壶，饮食器有豆、瓦足簋、盘、钵、碗，盛储器有大口尊、盆、瓮、尊形器、三足瓮等，乐器有埙、铃，建筑用陶有下水管道。在二里头宫殿基址下埋有相互套接的泥质黑灰陶水管，分为细长、短粗两型，火候高，质地坚硬。在郑州发现并穴、竖穴两种陶窑，外观呈馒头状，结构分窑室、火膛、窑箅、支柱、火门五个部分。在河南淅川下王岗遗址出土一片二里头文化早期的印纹硬陶，同类遗物在偃师二里头、山西夏县东下冯等遗址也有发现。这种江南地区生产的印纹硬陶现身于中原，反映出南北文化交流的密切。

值得注意的是，在二里头文化的一些陶器（如大口尊等）的器口内发现有刻划符号，总计 20 余种。有些符号结构接近甲骨文，与新石器时代的符号有所区别，应属文字范畴。根据早商二里岗文化曾发现两片刻有成熟文字的甲骨来看，二里头时期应该出现文字了。

3. 早期青铜工艺的发展

二里头文化出土铜器一百余件，包括容器、兵器、工具和礼乐器等。其中容器有爵、斝、鼎、盉，这是我国目前所见年代最早的青铜容器。经过对一件铜爵进行电子探针定量分析，含铜 92%，含锡 7%，为合金比例适中的青铜器。青铜工具均为小件器物，种类有刀、钻、锥、凿、锛、鱼钩等，造型简单，几乎都是石器、骨角器的仿制品。兵器有戈、鏚（钺）、镞等。铜戈分为曲内、直内两种类型；镞有几种形态，其中带铤双翼镞形态非常进步。此外，还发现几件表面镶嵌绿松石兽面花纹的青铜牌饰和镶嵌绿松石的透雕圆盘，用途不明。二里头遗址出土的乐器有陶埙、石磬和铜铃，表明当时已存在一定的礼乐制度（图六六）。

上述铜器大多出土于二里头文化晚期。根据青铜容器和某些兵器的形态分析，这些铜器已经脱离初始阶段，特别是铜容器，需要使用合范铸造，工艺水平较高，需要有较长时间的摸索和经验的积累。再如，兵器中的镞为远射程兵器，使用之后很难收回，应是铸铜业发展到一定程度后才广泛使用的。换个角度分析，二里头文化出土青铜器数量不多，形态也较原始，可知此时距离冶炼金属、掌握合金技术的时间还不是太久。在二里头遗址晚期地层曾发现冶炼铜器的陶范和陶模，显示这些铜器是在当地制作的。

4. 骨器、角器、蚌器和玉器

二里头文化的骨、角、蚌器制作也很发达，在遗址中经常出有割锯过的成品或半成品。成品主要是生产工具，如铲、锥、镞、针之类，还有束发用的骨笄等。二里头文化的卜骨发现很多，一般用猪、牛肩胛骨，有灼无钻。

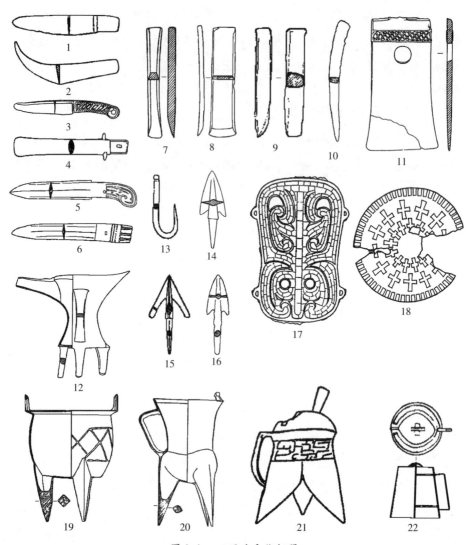

图六六　二里头文化铜器

1、2. 直柄刀　3. 环首刀　4. 戚　5、6. 戈　7. 凿　8、9. 锛　10. 锥　11. 钺　12. 爵　13. 鱼钩
14～16. 镞　17. 嵌绿松石兽面铜牌饰　18. "十"字镂孔圆牌　19. 鼎　20. 斝　21. 盉　22. 铃
（均出土于偃师二里头遗址）

二里头文化的玉器琢磨精细，制作水平相当高，已发现的器类有戈、钺、刀、琮、筒、玦、柄形饰等。

这个时期海贝出土也很普遍，还发现有骨贝、石贝，可见，贝在当时已作为货币在使用。

六、二里头文化与夏文化

1. 什么是夏文化

夏文化有广义、狭义之分。广义的夏文化指夏纪年范围内所有的考古学文化，狭义的夏文化专指"夏人"创造的物质文化。夏文化可以是民族的，也可以是国家的、王朝的，还可以是地域的，或专指文化意义上的。考古学意义的夏文化包括其发生、发展、变迁的全过程，其含义与民族的、地域的、王朝的均不相同。夏文化的探索面不能太宽，涉及时空范围要具体，最好是从狭义角度来理解夏文化。也就是说，夏文化专指夏禹至夏桀这一特定历史阶段的文化，即文献记载的14世17王、历时约400年的夏王朝。地域上的夏文化是指夏人活动的空间范围。从理论上讲，夏王朝一旦建立，夏文化便出现了。但夏文化不会随着夏王朝的灭亡而消失，夏人还在，夏人所创造的文化仍存在并继续发展。

学术界历来对夏文化有不同认识。徐中舒最早主张仰韶文化为夏文化，范文澜认为龙山文化是夏文化。时至今日，大多数学者认为二里头文化与夏文化关系最为密切，但在一些细节问题上还有不同认识，不同观点主要有：（1）中原龙山文化（王湾三期）晚期和二里头文化一至四期为夏文化；（2）中原龙山文化（王湾三期）晚期与二里头文化一、二期为夏文化，三、四期为商文化；（3）二里头文化一至四期为夏文化；（4）二里头文化一至三期为夏文化，四期为商文化。

2. 二里头文化与夏文化

据《史记·夏本纪》《竹书纪年》等文献所记，夏自禹至桀，立国共400余年，历14世17王。传说夏人主要活动在河南西部和山西南部，这与今天的考古发现大致吻和。豫西、晋南发现的二里头文化很可能就是历史上夏人创造的。首先，二里头文化不同于以二里岗文化为代表的早商文化。其次，二里头文化所处的年代与夏代纪年相符。再次，二里头文化的分布空间与文献记载的夏人活动地域一致。如《国语·周语》记载，"昔夏之兴也，融降于崇山"（"崇"等于"嵩"，即河南登封），"伊、洛竭而夏亡"。《逸周书·度邑解》："自伊、内延于洛内；居易无固，昔有夏之居。"最后，从社会发展阶段看，二里头文化正处在国家、阶级产生的时期，文献记载也是从夏代开始进入阶级社会。

第三节　商代都城和方国

一、郑州商城及早商文化分期

1. 郑州商城

1955 年发现，经多年调查、钻探和发掘，大体摸清了商城的走向、布局及城外手工业作坊的布局。商城的平面呈长方形，大致为正南北方向。3000 余年来，由于自然和人为破坏，仅有小段城墙在地面还有保留（高 1～3 米），大都压在地下 1～2 米处。经钻探可知，商城周长 6960 米，东墙和南墙长约 1700 米，西墙长 1870 米，北墙长 1690 米。城墙四周有缺口 11 个，可能与城门有关。

近年来，在商城以南 600～1100 米处，发现一条从东向西长达 5000 余米的外郭城墙。东起商城东南角的凤凰台，向西经二里岗、南关外转向西北，延伸到商城西南角，再折向商城的西墙外，目前尚未找到外城墙的尽头。外城墙建筑结构与内城墙相同，内外城墙之间分布很多遗址和墓葬，外城墙以外就很少有遗址发现。外城墙的发现大大拓展了郑州商城的范围。

郑州商城的城墙夯土上叠压着二里岗上层文化堆积，夯层下压二里岗下文化层、南关外文化层、二里头文化和龙山文化。在城墙夯土包含物中未见晚于二里岗下层的遗物，由此确定商城的年代在二里岗上、下层之间，属商代早期。碳十四检测年代为距今 3570±135 年（BC1620 年）。压在商城城墙之上的二里岗上层堆积的碳十四年代为距今 3545±135 年（BC1595 年）。商城的绝对年代与商汤所处时代相当。

郑州商城的城墙用版筑法逐段夯筑、连接而成，每段长 3.8 米，夯层一般厚 3～10 或 20 厘米，夯窝圆形，圜底。墙体横断面呈梯形，上窄下宽，平均底宽 20 米，顶宽 5 米，高约 10 米。整个墙体的夯层薄密、坚实。城墙建造采用两种方法。"主城墙"采用层层平夯，内壁近乎平直，留有版筑痕迹，估计每块木板长约 3 米，宽 0.15～0.3 米。南墙下曾发现上宽下窄的墙基槽，口宽 2.5 米，底宽 2.3 米，深 0.55 米。走向与城墙一致，槽内填土夯实，应是主墙体基槽。主城墙两侧为"护城坡墙"，采用斜坡夯筑法建造，截面为梯形，对主城墙起加固和保护作用。从营建技术看，当时似乎还没有掌握后世采用绳系悬空木柱和木板不断垂直加高的夯筑墙体技术，只能采用以两侧"斜坡墙"支撑主城墙的方法，显示出一定的原始性。即便如此，经计算，建造郑州商城城墙所需土方量约 87 万立方米。按当时的技术条件，若以起土、运土、夯筑 1 立方米的土方量需 15 个劳动日计算，如此巨大的工程，总计需 1300 万个劳动日。即使每天使用上万名奴隶筑城，也要干 4～5 年。这反映出商代早期的奴隶制已有相当程度的发展。

商城大部分被压在今天的郑州地下，考古工作很难进行。通过大量钻探可知，城区内的文化遗迹非常普遍，有小型半地穴房屋、平地起建房屋、窖穴和墓葬等，当时城内民居是比较密集的。考古学家推断，城内居民主要为农业生产者、城市自由民和小奴隶主。在城内东北约 6 万平方米范围内，发现几处大型夯土台基和房屋基址。最长的有 60 米，用料礓石、坚硬的白灰面和细泥涂抹地坪，还发现排列规整的柱洞，洞内垫柱础，保留有夯土墙基。在这些大型基址附近出有玉簪、铜簪、玉器等贵重物，应为高等贵族居住区（图六七）。

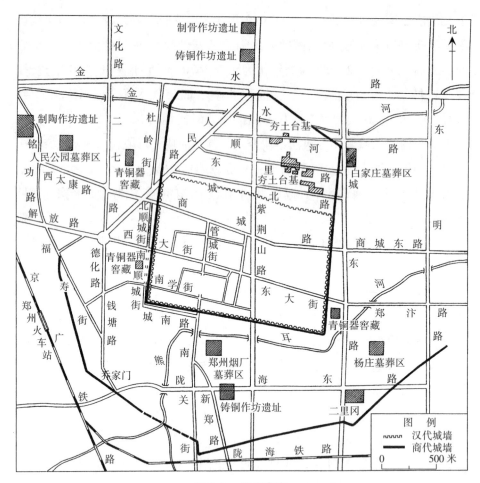

图六七　郑州商城

（引自《中国考古学·夏商卷》2003 年）

2. 城外手工业作坊

郑州商城外围分布一批手工业作坊遗址，布局十分清楚。

铸铜作坊发现两处。一处位于南关外，一处位于城北的紫荆山。两地出土遗迹、遗物有作坊基址、铸铜坩埚、碎陶范、铜渣、木炭以及刀、镞、锥、镢等小件铜器。陶范为双合范，有子母榫套合。铜容器需使用多块复合范铸造。镞范5~7枚相连，可以连铸，大大提高了工效。坩埚内遗有冶炼留下的铜渣。坩埚形态分两类，一种用草拌泥制作，破碎严重，形制不明；另一种为陶大口尊，外敷草泥，高 30、口径 25 厘米。用此器熔铜，一次可熔 2.5 公斤。

制陶作坊区位于城外西北部的铭功路。在 1250 平方米范围内发现排列整齐的陶窑 14 座、房基 10 座，以及陶坯和制陶用的陶拍、陶印模等。陶窑均为圆形，直径 1.2 米，窑膛内有支柱，柱上架箅子。

制骨作坊位于城北紫荆山的北部，发现堆积大量骨料、骨制品、砺石的窖穴。骨料上还保留着锯、割痕迹，出有镞、簪及大量半成品。位于窖穴旁的房屋应为骨器作坊。值得注意的是，在上述出土骨料中，除动物骨外，约一半为人骨。

手工业作坊已普遍出现行业内分工。如有的制铜作坊专门铸造铜礼器，有的制作生产工具。南关外的作坊以制作铜镢为主，紫荆山的作坊主要制作铜刀、铜镞。铭功路的制陶作坊仅生产泥制陶盆、陶甑，夹砂陶则在其他作坊生产。一个作坊只生产少数几种产品，反映了手工业内部分工的细化。大型铜礼器的制作由国家统一掌管，以满足社会上层的需要。以往在郑州发现不少大型铜礼器，应是当地铸造的。从商城及周边遗迹分布看，当时的手工业作坊基本安排在内外城之间，有一定的布局，这些手工业是脱离了农业的独立生产部门，产品带有明显的商品性质。

商代早期的王陵至今未发现。在商城西北的杜岭街曾出土 2 件大型铜方鼎，时代为二里岗上层。1982 年，在商城东南角发现一座窖穴，藏有 13 件铜器。其中的提梁卣、扁足鼎系首次发现的早商铜礼器，为寻找商代早期王陵提供了线索。中型墓在铭功路和城外东部的白家庄一带有发现，墓长 2.7～2.9 米，墓底有腰坑、殉狗，个别有殉人，随葬品较丰富，墓主应为商代早期的贵族。

郑州商城的特征显示在如下几方面：（1）规模宏大，总面积达 25 平方公里以上，城墙底宽 20 米，顶宽 5 米，高 10 米，有内外城墙。（2）城市建造按一定规划布局，城东北部为宫殿区，内外城之间为手工业作坊和墓葬区。（3）出土大批高规格文物，包括大型铜礼器、白陶、原始瓷、玉器、象牙器、蚌珠等。

3. 早商文化分期及特征

商代早期整体以郑州二里冈遗址为代表。这个阶段的遗存可分为早晚两期。前期以二里岗下层、郑州南关外中层、邯郸涧沟下层为代表。主要特征是陶器器壁较薄，绳纹较细。鬲、甗的实足根瘦长，裆较高。鬲的器高大于体宽。鬲、甗、盆的器口多作卷沿圆唇。大口尊较粗短，口径约与肩径相等。斝多为敞口。真腹豆较多。铜容器少见。卜骨或有灼无钻，或有钻有灼，骨簪皆作圆锥式（图六八：上）。

后期以二里岗上层、藁城早商遗址、济南大辛庄早商地层和殷墟一期为代表。主要特征是陶器器壁较厚，绳纹略粗。鬲、甗的实足根较粗短，裆亦较高，鬲的器高大于体宽，或两者相等。鬲、甗、盆的器口多作翻沿方唇。大口尊较瘦高，口径大于肩径。斝口收敛。假腹豆较多。本期偏晚阶段出现一种新的陶器种类——刻纹白陶。成套青铜礼器较常见。卜骨多有钻有灼，有灼无钻者较少。骨簪多作圆锥式，出现干字形骨笄。个别陶器、骨器或骨片刻有文字（图六八：下）。

早商时期（二里岗时期）的铜器铸造工艺比二里头文化进步，器壁较薄。以铜礼器为例，炊食器中的鼎、鬲、甗、簋，酒器中的觚、爵、斝、盉、罍、瓿、方肩尊、卣以及水器中的盘等，几乎都是直接模仿陶器。如鬲、鼎、甗的器足均为圆锥形；爵、斝多作平底，爵柱设在流上，或在口上紧靠流折处；斝为分裆袋足。器表花纹结构简单，线条略显粗笨，且多为单层，鲜有双层。常见饕餮纹、云雷纹、夔纹、龙纹、虎纹等，也有用人体为花纹的。其中，双夔合成的饕餮纹尾部多半上卷，下卷者极少。早商时期，戈的援部呈长条状。已知出土的早商铜器中未见有铭文者，传世品仅1件有铭（图六九）。

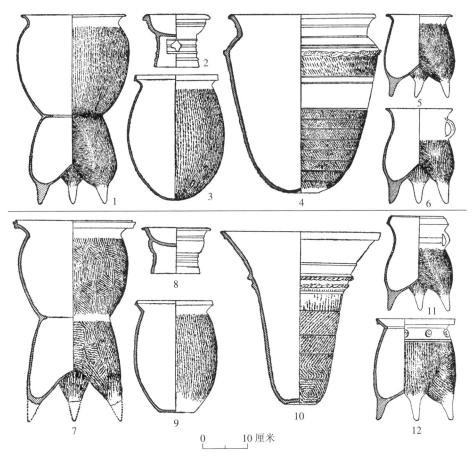

图六八　商代二里岗文化陶器分期

（引自北京大学《商周考古》，1979 年）

1、7. 甗　2、8. 豆　3、9. 夹砂罐　4、10. 大口尊　5、12. 鬲　6、11. 斝

	鼎	簋	瓿	爵	斝	戈
商代前期						

图六九　早商铜器及花纹装饰

（引自北京大学《商周考古》，1979 年）

二、偃师商城及城内宫殿

偃师商城位于河南偃师县尸乡沟，1983 年发现。此城北依邙山，南临洛河，地处交通要冲，地理位置十分重要。由此城向东经巩县出虎牢关可去郑州，向西经洛阳出函谷关可通西安，向南越轩辕关可达登封，向北过邙山即为黄河。偃师商城以西保留有历史传说中的"伊尹墓""田横冢"。著名的二里头遗址便坐落在偃师商城以西约 5～6 里处。

考古发掘表明，偃师商城存有三重城垣（图七〇）。内城平面呈长方形，南北长约 1100 米，东西宽约 740 米，南墙、西墙与外城的南墙、西墙重合，东墙南段与外城的东墙南段重合。北墙中部内收，东墙南段外扩。内城墙宽 6～7 米，层层夯实，墙体两侧有缓坡状附属堆积，北城墙外侧有一平行的小壕沟。从地层关系可知，内城的营建时间早于外城。这一发现表明，偃师商城是先建造宫城和内城，再扩建外城。宫城恰好位于内城的中轴线上，宫城内的宫殿布局左右对称。偃师商城曾经屡次扩建、改建，外城城垣并不代表此城的始建年代。

偃师商城的外城为长方形，城墙基本保存完好，方向 7 度（以西墙为准）。西墙长 1710 米，北墙长 1240 米，东墙合计长 1640 米（在 955 米处内折向西南），总面积 190 万平方米。城墙下有宽大的排水沟，南墙临近河边。墙基宽 20～25 米，最宽 40 米，现存夯土总厚度 2.5 米。1983 年经发掘钻探查明，共有 7 个城门，东西各 3 个，北面有一个。城内发现道路 11 条。从后来的考古发现看，外城的南面还有一座城门（图七〇）。

在偃师商城内发现三处大型夯土建筑，均分布在城南。其中一号台基（Ⅰ宫城）为四面筑有夯土围墙的大型建筑群，城墙平面近正方形。二号台基（Ⅱ府库）位于城墙西南角，为两组南北向长方形建筑。三号台基（Ⅲ府库）位于宫城东墙以外，是一座边长 140 米的正方形建筑。

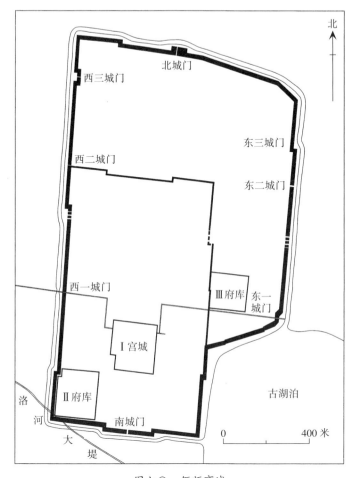

图七〇　偃师商城
（引自中国社会科学院考古研究所《偃师商城》第一卷，2013年）

宫城曾经有扩建，总面积近5万平方米（232×221米），城内布局自北向南分别为池苑区、祭祀区和宫殿区。南面的宫殿建筑群规模宏大，结构复杂。二号宫殿主殿长90米，西厢分布粗大密集的柱子，为迄今所知商代早期最大的单体宫室建筑。有些宫殿曾经改扩建，相互之间存在着叠压打破关系，至少属于三个时期。

偃师商城的特点是：（1）规模宏大，墙体夯筑而成，宽 17～18 米，城垣周长 5330 米。（2）分内外三重城垣，宫城与外城相合配套，城南宫城内有大小宫殿和附属建筑，布局规整。（3）城内建有工程浩大的排水系统。在东二城城门土路下发现构思巧妙的石木结构排水沟，通往宫城，长 800 米，在宫城内还建有小规模的排水设施。（4）在城内路面发现车辙印痕，说明当时已有车子使用。

考古发现的地层关系表明，偃师商城的建造年代为商代早期，早于二里岗下层，晚于二里头文化第三期。学术界对偃师商城的性质一直存有争论，有学者认为此城的营建早于郑州商城。发掘者认为，此城应为商代前期诸亳之一，考虑到它的地理位置，可称"西亳"（因其位于郑州之西），或许就是商汤所都之西亳。但也有学者认为，它是早商时期的一座离宫，年代晚于郑州商城。

三、安阳小屯及晚商文化分期

商代晚期，商王盘庚迁都至殷（河南安阳），直至商亡。殷墟遗址总面积 24 平方公里，其规模与郑州商城相仿。至今在殷墟未发现城墙，估计当时可能以洹水作为天然屏障，再以大壕沟（小屯西侧）作为王宫范围的防卫设施（图七一）。

1. 宫殿建筑基址

殷墟是按照事先规划营建的。宫殿区位于洹河南岸的小屯村，为王都中心。宫殿区的建设是一项浩大工程。从考古发现看，宫殿区面积仅 5 万平方米，还不如郑州商城早商时期的宫殿区范围大，估计殷墟宫殿区的范围还要向外延伸。已发掘出的宫殿基址有 56 座，分为甲、乙、丙三组。这批宫殿不是同时期修建的，各组之间有早有晚，同组间也有早晚。宫殿形制多样，平面有正方形、长方形、长条形、凹形、凸形和圆形等多种。其中最大的是乙八基址，面积 1232.5 平方米（南北长 85、东西宽 14.5 米）；中等的有甲十一基址，面积 499.69 平方米（南北长 46.7、东西宽

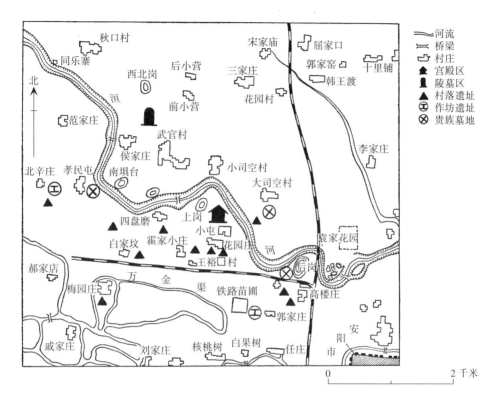

图七一　安阳小屯遗址

（引自北京大学《商周考古》，1979 年）

10. 7 米）；最小的是丙十五基址，面积仅 4. 255 平方米（长 2. 3、宽 1. 85米）。单体建筑面积的大小应与用途有关，如在乙七、乙八的南侧发现有大片排葬坑，很可能是当时商王用来杀殉人祭的宗庙建筑（图七二）。

殷墟的宫殿使用两种建筑方法。一种是填基法，即在较低洼的地面或废弃的窖穴上填土夯筑台基；另一种为挖基法，即事先挖出一个 1. 5 米深的竖穴，再在坑内填入纯净的黄土，夯筑构成台基，最后在台基上修建宫殿。第二步为置础，柱础多使用河卵石，也发现有特制的圆形铜柱础，呈器盖状或无固定形状。由于破坏严重，宫殿地面部分都已不存。墙体为版筑。目前还没有发现商代的瓦，估计当时的房顶铺设茅草。据考古发现，

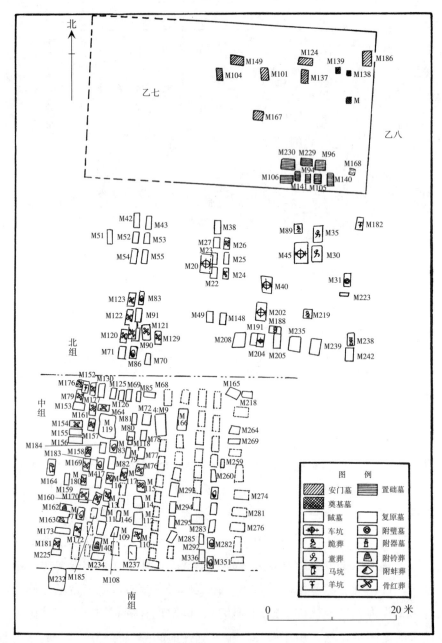

图七二 殷墟乙七、乙八宫殿建筑基址及排葬坑

（引自石璋如《小屯》第一本《遗址的发现与发掘·丙编》之北组墓葬，1976年）

有些大理石雕像基座用在建筑上，可见宫殿外观还是很华丽的。殷墟宫殿建筑以东西向排列为多，与后代的南北向布局不同，也有不少建筑为正磁北方向。基址底部呈水平状，说明当时的测量定位技术相当进步，可能已有水平仪一类的测量仪器。

夯土台基建成后要举行奠基仪式，并用人或动物"奠基"。一般会在台基上挖个竖穴，将草席卷起的"牺牲"放入坑内，填土夯实。接下来的各个建筑过程的每道程序都有杀牲祭祀仪式，种类繁多。除了"奠基"以外，还有"置础""安门"等仪式。一般而言，"奠基""安门"用人（手持武器下跪的士兵或小孩）和犬，"置础"用人、犬、牛、羊。有些大型建筑使用的祭祀牺牲数量惊人，极为残忍。

2. 晚商文化分期及文化特征

根据殷墟遗址的文化堆积和甲骨文、金文的断代研究，可以把晚商文化分为早、中、晚三个时期，也可将其归纳为前后两大段。

晚商早期以"殷墟文化第二期"为代表。相当于甲骨文的第一、二期，绝对年代为武丁、祖庚、祖甲时代。主要特征是陶器以灰陶为主，红陶较少，刻纹白陶流行。陶胎较厚，粗细绳纹并存。鬲的外形呈正方形（高宽相等），足根较粗肥，裆较高，盛行环络纹饰。簋腹较深，口沿剖面呈倒钩状，圈足较矮。真腹豆与假腹豆并存，圈足较粗。大口尊瘦长，口径大于肩径。爵、觚一类酒器流行。

晚商中期以"殷墟文化第三期"为代表，相当于甲骨文的第三、四期，绝对年代为廪辛、康丁、武乙、文丁时代。晚商晚期以"殷墟文化第四期"为代表，相当于甲骨文的第五期，绝对年代为帝乙、帝辛时代。中晚期的文化特征为，泥质红陶显著增加，刻纹白陶盛行，陶胎厚重，绳纹粗放，盛行三角和网状划纹。鬲变为扁方形（宽大于高），裆部降低，足根短矮，晚期口沿加宽，鬲、甗的裆越来越低，实足根矮小，有的实足根已趋于消失。簋多作浅腹高圈足，流行刻划三角纹。真腹豆增多，假腹豆少见，圈足变细。大口尊中期已极少见，晚期基本不见。墓中常随葬陶瓿、陶爵，中期器形已开始变小，晚期更小，无实用性，成为象征性明器（图七三）。

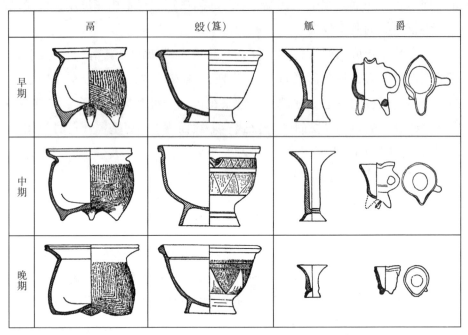

	鬲	毁（簋）	瓿	爵
早期				
中期				
晚期				

图七三　商代晚期陶器分期

（引自北京大学《商周考古》，1979 年）

晚商早期铜器的整体风格趋于凝重，器壁加厚。礼器除继承早商的以外，新出现一些器种，如饮食器的罐鼎、鬲鼎、瓮鼎、盂形簋，酒器中的方彝、鸟兽尊等。形态较早商时期有明显变化，各类器几乎都有方形造型的。有的鼎、甗开始改为柱形足，爵、斝底部呈凸弧状，爵柱后移至近器口流折处，斝足断面为 T 形。武器和工具中变化显著的是戈，"援"部变得短宽。新出现车马器和弓形器。晚商早期的铜器花纹结构较复杂，线条流畅秀丽，双层花纹习见，出现个别三层花纹，即用云雷纹衬地。双夔合成的饕餮纹尾部上卷者减少，下卷者渐多，新出现三角蕉叶纹、蚕纹、蝉纹等。铜器铭文多半是族徽或图形文字，笔道刚劲，一般不作波磔。

晚商中晚期铜器铸造工艺有很大进步，造型厚重新颖，器形变化明显，花纹繁缛，制作精巧。新出现的器类中，饮食器有豆、匕，酒器有觥、枓勺，水器有壶、盂，杂器有俎，乐器有铙。器形特点是鼎、甗腹部变浅，大半作柱形足，晚期出现中间稍细、两端稍粗的兽蹄足。簋腹部变浅，圈足加高，晚期盛行双耳簋。爵腹加深，爵柱再向后移至器口近銎处。觚的器形相对变细，流行扉棱饰。平底斝少见，圜底斝盛行。晚期新出现柱足分裆斝。葫芦形卣极少见，新出现瓿形卣。曲内戈的"内"部多半为镂空雕，常有歧冠装饰。直内戈的"援"加宽，晚期出现短"胡"戈和长"胡"戈，有1～3穿。铜器花纹结构复杂，流行三层花纹，云雷纹衬地。鸟纹、蝉纹盛行，饕餮纹、夔纹变化极多，不拘一格。双夔合成的饕餮纹尾部大多下卷。有铭文的铜器渐多，仍以族徽为主。出现一字或数字铭文，商末出现几十字的长铭纹，笔道多有波磔，内容多为因受赏而为父辈作器一类（图七四）。

四、商代都城的迁徙和若干都城的考定

据文献记载，在商汤以前的"先公"时期，商人在黄河中下游曾八迁其都。分别为：（1）契居蕃；（2）昭明居砥石；（3）昭明又迁商；（4）相土东迁泰山下；（5）相土复归商丘；（6）上甲微又迁殷；（7）上甲微复归商丘；（8）汤迁亳。上述都城所在地理位置众说不一，大致范围应在河南北部、河北西南的漳河与滹沱河一带，后来向南发展，到成汤时跨越黄河伐夏，其过程与考古发现大致相符。

商代历史中争论最大的是"亳"的地望。成汤是商帝国的缔造者，他所建立的都城的确立，对商史研究意义重大，对夏文化的研究也有积极意义。但古文献记载"亳"地甚多，汤居之"亳"主要有五说。

杜亳说。文献记载杜亳在陕西长安。（清）俞正燮主此说（钱大昕反对）。此说是有问题的。首先，陕西至今尚未发现早商时期的遗存。其次，若汤居杜亳，讨伐夏桀的路线必然是从西向东走，这与文献记载的"令

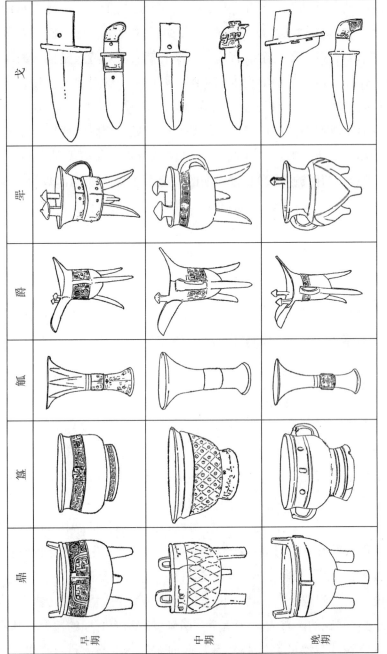

戈	髀	爵	觚	簋	鼎	
						早期
						中期
						晚期

图七四 商代晚期铜器分期
（引自北京大学《商周考古》,1979 年）

师从东方出于国，西以进"（《吕氏春秋·慎大》）的方向完全相悖。

南亳说。西晋皇甫谧首创此说，先秦文献没有记载（王国维否定）。20世纪40年代，李景聃在豫东商丘、永城进行调查，认定商丘为南亳。20世纪70年代，中国社会科学院考古研究所在豫东发现二里头文化和早商文化第三期的遗存。但商代遗存的年代偏晚，与商汤年代不合。

北亳说。即山东曹县，因曹县位于商丘北，故名。近人王国维主此说，证据有三：第一，以春秋宋之亳证之；第二，以汤之邻国证之；第三，汤之经略北方证之。此三说皆建立在第一证之上，而第一证又建立在两个前提之下，一是商之始祖契封于商，即宋之商丘；二是宋乃商人之后，春秋时宋之宗邑即商之宗邑。但考古学上反映的实际情况是，商文化源于豫北地区。曹县说只能证明春秋时宋国有亳，或许为宋之宗邑，但无法证明就是汤亳。近年主此说的还有张光直，其根据是《汉书·地理志》等文献记载，山阳郡薄县条颜注引臣瓒曰"汤所都"。《诗·商颂·玄鸟》疏引《汉书音义》臣瓒案："汤居亳，今济阴薄县是也。"

西亳说。今河南偃师县①。此说自清以来有不少学者反对，理由有三：第一，西亳不以葛为邻；第二，偃师之亳不见于东汉以前的文献；第三，西亳说与"韦—顾—昆吾—夏桀"的征伐顺序不合。如汤居偃师，则讨伐路线颠倒了。近年来，随着偃师商城的发现，西亳说再起，至今尚无定论。

郑亳说。郑州商城即郑地之亳。理由如下：第一，据《左氏春秋经》记载，襄公十一年"秋，七月，己未，（晋、宋、卫、曹、齐……等）同盟于亳城北"。杜注："亳城，郑地。"第二，商城出土陶文证明，东周时期郑州名"亳、亳城、亳丘"。第三，汤都亳的邻国及地望与郑州相合，汤居亳，正合"韦—顾—昆吾—夏桀"的伐夏路线。第四，郑州商城的

---

① 《汉书·地理志》河南郡偃师县尸乡条，班固自注："尸乡，成汤所都。"东汉郑玄说："亳，今河南偃师县，有汤亭。"（《尚书·胤征》孔书引）

年代与汤居亳时间相合。

从汤灭夏到盘庚迁殷为"先王"时代。其间，殷人又五迁其都，最后定都到安阳小屯，直至被周人所灭。(1) 仲丁迁嚣（敖）。嚣地历来说法不一，有郑州说和山东说（后者有可能）。(2) 河亶甲迁相。相有内黄、沛郡相县两说。前者在河南内黄，后者在安徽宿县符离集（当地有相山），但这两地均还有待于研究。(3) 祖乙迁邢。邢有山东定陶、耿，河南武陟，河北邢台四说，后者的可能性较大。(4) 南庚迁奄。文献记载很详细，奄在山东兖州、曲阜一带，据考古发现，以滕县的可能性较大。(5) 盘庚迁殷，即河南安阳。

商人迁都多与战争有关，选择王都要考虑到作战的便利，汤居亳是为了伐夏，盘庚迁殷是为了应付北方和西方的强敌，或躲避水患。

五、盘龙城和垣曲商城

1. 盘龙城

在湖北黄陂县盘龙湖滨有个三面环水的半岛，1954 年在这里发现了一座不大的城址。1974 年进行发掘，证实这是一座商代早期的城址。小城北面有座小山，城垣依起伏的地形修建而成。最初发现时还保留着比较完整的城墙。如今仅存西、南、北三面部分墙基，高 1~3 米。城的平面近方形（290×260 米），面积不到 1 平方公里，相当于郑州商城的 1/25。此城的城墙采用与郑州商城一样的平夯加斜夯的修筑技术。宫殿区位于城东北面的高地，面积约 6000 平方米，相当于郑州商城宫殿区的十分之一。宫殿区周围未发现其他建筑，可能是出于安全考虑。1 号宫殿建在高出周围地表 1 米的夯土台基之上，面积 489.54 平方米（39.8×12.3），四围有一周的檐柱，中间两室的面积略大，前后各有 1 门。两边的两室面积稍小，仅有前门。房屋四壁为木骨泥墙，整体结构与二里头遗址 1 号宫殿接近，可复原为四周有回廊、四阿重屋的高台建筑（图七五）。在 1 号宫殿附近还发现 2 号、3 号建筑。城垣外围分布有手工业作坊、民居、铸铜遗

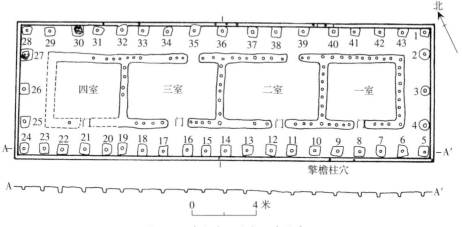

图七五　盘龙城1号宫殿建筑基址

（引自北京大学《商周考古》，1979 年）

址、墓葬等遗迹，可见城内城外的居民身份有所不同。估计城内为贵族居住区，城外为平民区。在城东面一个名叫李家嘴的小岛上发现两座中型殉人墓，随葬成组的铜礼器、兵器，应为城内统治者的墓葬。另外还发现一些小型墓，墓主身份不高，随葬 1～2 件陶器、铜器。盘龙城遗址的整体文化面貌与中原地区基本一致。

　　盘龙城遗址分为上下两层堆积。上层为二里岗时期，下层为二里头时期。城的布局与郑州商城几乎没有差别，就是一个缩小了的郑州商城，此城的发现对研究商王朝的南土有重要价值。

　　2. 垣曲商城

　　位于山西垣曲县的南关。平面呈梯形，周长约 1470 米，总面积 13.3万平方米。城内东部偏西处发现有夯土台基，可能是宫殿区。此城的特殊之处在于，西墙南段和南墙西段为筑有双重城垣的夹墙，这种夹墙在商代前期城址中不见，以后的城址也很少见到。在外墙以外还挖有宽 8～9、深 7 米的壕沟，可大大增强防护能力。垣曲商城距离商王朝的中心不是很远，规模也较小，建筑形式显示出较浓郁的军事色彩，有可能是商代另一种性质的城市。发掘者推测可能有两种性质：一是踞守黄河的军事重镇，二是商代前期某个方国的国都。垣曲商城兴建于二里岗下层，延续到二里岗上层，与郑州商城、偃师商城的年代相当。这座城址的发现为研究商代方国提供了新资料。

六、商代诸方国的考古学遗存

殷商时期，在商王朝的势力范围之外还有一些小的方国，有的方国与商王朝保持友好关系，有的为敌对关系，对这些方国的研究有助于全面了解商文化。

1. 东方

这里是东夷人的势力范围。在商代早期的二里岗上层，鲁西地区已被商人占据。晚商时期，商人的势力继续向东扩展，其表现形式主要是影响当地的土著文化，并非单纯的文化取代。商文化的分布范围主要在鲁西、鲁北和鲁南，其影响力主要集中在内陆地区，对胶东半岛及沿海地带的影响相对薄弱，那里依旧是东夷人传统文化集中的地区。目前在山东发现的商代遗址主要有济南大辛庄、青州苏埠屯、滕县前掌大等。从出土文物看，这几处遗址与典型的商文化没有太大区别，年代多为商代晚期。

根据文献记载，在山东及苏北一带，商代的方国有薄姑和奄。另外在济南、长清、邹县、滕县一带也多次出土商代青铜器（礼器、酒器、兵器、工具），在平阴朱家桥遗址还发现有商代的平民建筑。

（1）薄姑。1965～1966年，在山东益都县（现青州市）苏埠屯发现了商代墓葬。其中大型墓2座、中型墓2座、车马坑1座。这处墓地使用时间不太长，估计埋葬了两代君王。1号大墓是带4个墓道的大型墓，墓长15、宽10.7、深8米多，仅墓室面积就有57平方米。南墓道长26米。墓内为亚字形木椁，墓底有腰坑，墓内殉葬48人。这些殉葬人可分为3个等级，最低一等为人牲，与狗葬在一处。还有大批杀殉的无头人骨架。如此规格的大型墓，以往仅在安阳殷墟王陵区才有发现。此墓出土两件透雕人面大铜钺，上面铸有族徽。根据出土陶器判断，此墓建于商代晚期。

墓葬所在地理位置与文献记载的"薄姑"接近，推测有可能是薄姑国的王陵（图七六）。

（2）奄。在山东滕县前掌大遗址发现一批商代的贵族墓。其中最大的是大型甲字墓，面积30余平方米，墓底带二层台、腰坑，出土物有镶嵌蚌饰的兽面纹漆牌、釉陶器、印纹硬陶器、牛头铜面罩等重器。这批铜器和陶器与殷墟出土同类器没有区别，而且规格较高。年代从二里岗上层一直延续到殷墟时期，应为商代方国的贵族墓，不少研究者认为，这些墓是奄国的遗存。

（3）己。1983年，在山东寿光出土一批商代晚期的铜器。大部分为礼器和兵器，上面带有"己"（纪）字铭纹，可能是晚商末期纪国的遗留。这是目前在山东所见出土年代较早、数量较多、学术价值较高的商代方国铜器。

2. 北方

北方地区可分为东北和西北两大块。

（1）东北地区。这里的商代方国主要有肃慎和燕亳。20世纪70年代，在北京平谷刘家河发现一批商代墓葬，出土铜器接近商代二里岗时期至殷墟早期的特征，伴出遗物还有一批金器（耳环、钏、笄），带有明显的北方草原文化色彩。另在辽宁喀左、绥中等地曾出土商末周初的铜器，既有中原地区的作风，又带有一定的北方草原文化色彩，被认为可能属于燕亳的遗物。

（2）西北地区。在山西晋中、晋北太行山两侧和陕北黄河两岸，经常出土商代晚期铜器，包括礼器、兵器、工具、乐器及金、玉装饰品等。

有些铜器上还铸有殷人的族徽，多数铜礼器与商代晚期风格接近。此外，还出土了一批土著色彩强烈的铜器，如带铃瓢、带铃豆、弓形饰、蛇首匕、羊首匕、马头刀、金耳环等，系北方草原文化遗物。根据甲骨卜辞记载，这个地区属于鬼方的势力范围。

20世纪80年代中期，在山西灵石旌介发现两座商代晚期墓葬。出土

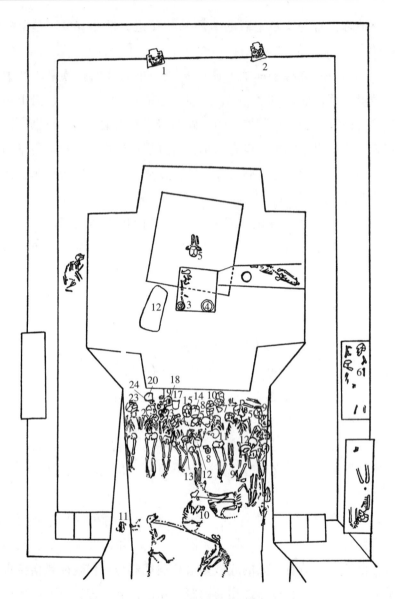

图七六　苏埠屯 1 号大墓平面图

（引自北京大学《商周考古》，1979 年）

1、2. 铜钺　3. 陶罐　4. 陶尊　5. 骨簪　6. 绿松石饰　7. 残铜矛　8. 陶瓿　9. 铜瓡

10. 铜铃　11. 彩绘图案痕

铜器包含两种文化因素：一种是以"丙"字铭文铜器为代表的友好方国遗存，另一种与山西石楼、陕西绥德一带出土的青铜器形态类似。灵石一带属于"土方、工方"为代表的商代敌对方国的势力范围。据研究，以"丙"字铭文为代表的铜器是商人向西北发展时与当地土著结合形成的地方文化，为商文化的分支，与商人有着比较稳定的臣属关系。后者则是与商文化并行、互有影响、长期处于敌对状态的鬼方文化遗存。在灵石旌介的商墓出有"亚羌"爵，据陈梦家先生考证，"亚"为武职官名，任此职者往往是方国一级的诸侯，地位高于一般诸侯。"羌"即羌方，灵石旌介恰好处在羌人活动范围的毗邻区域，也是商文化与北方少数民族文化交错之地。以灵石为界，北部分布的是具有草原文化因素的石楼—绥德类型，南部为商文化的势力范围。

3. 长江中游

（1）两湖地区。在湖南宁乡、黄材等地曾多次出土商代铜器，有些是洪水冲出来的，有的铜器内还装有玉器或铜斧，似属窖藏性质。其中，著名的有象纹大铜铙、虎纹大铜铙、"大禾"（"年"）铭人面铜方鼎、象尊、猪尊、铜鼓（出自湖北崇阳）等。这些铜器的形态、花纹相当于殷墟时期。学术界对这批铜器一直有不同认识。一种认为是商代贵族祭祀山川的遗留；另一种认为是奴隶主贵族从北方带到南方的遗物；还有人认为，这是与当地印纹陶文化关系密切的土著遗存。

从铜器的出土位置看，从中原经南阳盆地—随枣走廊南下，可直通古云梦泽、长江，从商代早期甚至更早的二里头文化时期，中原文化便沿着这条通道南下长江流域。在云梦泽以西是带有印纹陶文化因素的青铜文化区，也有来自长江三峡的土著文化因素，它们汇聚到长江以南的洞庭湖—鄱阳湖一线，形成了以几何印纹陶、大型铜铙、铜鼓、兽形尊、卣为特征的青铜文化。后来这支文化与西周接触，最终形成了楚文化。据《战国策·魏策》记载，这个地理区域正是古代三苗——荆楚苗蛮集团的活动区域。

（2）鄱阳湖与赣江流域。20 世纪 80 年代，在江西新干县大洋洲发现一座商代大墓，出土 400 余件铜器，包括礼器、兵器、工具、玉器、陶器等。其中，陶器的质地和形态与赣江流域的吴城文化相仿，铜器中有较多虎的造型或图案，包括虎耳鼎等，非常有特点。墓里还出土了一大批青铜农具，这是以往商代墓葬所未见的。有学者认为这是一座墓葬，也有人认为这是一座祭祀窖藏坑。新干的地理位置属于荆楚的势力范围，这批铜器的发现意义重大，它表明商代时期，鄱阳湖一带有一支相当发达的青铜文明。

1988 年，在江西瑞昌铜岭发现一处面积达 1 平方公里的古铜矿遗址，其采空区面积约有 20 万立方米，出土遗物中有大量竹木器，如木辘轳、铲、锹、水槽、瓢、竹筐、篮、签子，还有铜斧、凿、锛和陶器等。这座铜矿从商代中期开始开采，延续到战国时期，是目前我国发现的年代最早的古铜矿遗址。有学者推测，商周时期，中原地区的铜料很可能源于长江以南的江西、安徽一带，这里的一些方国与商王朝有密切的臣属关系。

（3）江淮地区。在安徽省嘉山、阜南、泗西、含山等地多次出土商代二里岗至殷墟时期的青铜礼器。其中，含山大城墩遗址发现丰富的商文化堆积，表明商文化的势力范围已扩展到这个地区。当地居民的族属为淮夷系统，受商文化影响强烈。

4. 陕西

（1）关中。20 世纪 80 年代前后这个地区有一系列考古发现，证明商文化的西界已达关中平原西部的扶风、岐山一带，时间从早商到殷墟武丁时期，为探索商王朝和西周的关系提供了线索，也在某种程度上弥补了当地从客省庄文化到西周之间的文化空白。1985 年，在西安市灞桥的老牛坡遗址发现一座商代大型夯土建筑基址和一批商代的墓葬、车马坑等。墓葬分为单人墓、小型殉人墓、中型殉人墓三种，其中约有一半墓葬的腰坑和角坑殉人（1~10 人不等），总计 90 余人。这些墓内大都有棺椁、二层台和腰坑，个别有头龛、足龛，较大的墓在四角挖角坑，或用木板隔出边箱。随葬陶器为鬲、罐组合，与商文化有一定差异，年代为殷墟一期、二期。发掘者认为，老牛坡遗址很有可能是商代的崇国或西土三亳之一。

（2）汉中。位于秦岭以南的汉水上游，气候条件和自然景观与关中平原差异很大，文化面貌独具特色。20世纪50年代以来，在汉中城固县的湑水河流域陆续出土一批商代晚期铜器，总数达400余件，包括礼器、兵器、工具和面具等。其中铜礼器的造型、花纹与殷墟所出相同，年代大体相当。铜人面具、铜兽面具等特色突出，十分罕见。汉中地区出土陶器以尖底造型居多，显示出与川西平原的古蜀文化有密切关系。

5. 四川

20世纪80年代以前，四川仅发现有零星的商代遗存。80年代初开始发掘广汉三星堆遗址，出土一批夏商时期的房屋、窖穴、墓葬、祭祀坑和城墙等遗迹，证实三星堆遗址是一座东西长3公里、南北宽2公里、包括数十处遗址点的遗址群，年代从商代早期一直延续到商代末年，是以古蜀族为主体的地方青铜文化。该文化源于当地的新石器时代晚期文化，绝对年代相当于夏末至西周时期，遂被命名为三星堆文化。

三星堆文化陶器以灰色、褐色为主，分为泥质灰陶、夹砂褐陶、夹砂灰陶及少量的红陶和黑皮陶。素面为主，纹饰简单，有绳纹、拍印纹、弦纹、附加堆纹、刻划纹等，装饰部位较固定。陶器造型以尖底器、小平底器最突出。器类组合有细高柄豆、瘦袋足盉、尖底罐、小平底罐、灯座形器，喇叭形盘、尖底杯、鸟首柄陶勺等。

1986年夏，在三星堆遗址北部发现两座大型器物坑，出土文物千余件，包括一大批造型奇特、极为罕见的青铜人头像、人面像、面具、神树、礼器、兵器、玉器、金器以及大量的象牙。其中，铜人像分为大、中、小型和立式、坐式等不同造型，有的青铜人像面部贴塑金箔，显示出很高的铜器制作水准和独特的艺术想象力（图七七）。

初步研究，三星堆遗址的两座器物坑年代被定在殷墟一期至二期。这一发现证明，广汉月亮湾一带应是古蜀国的早期统治中心。结合文献记载，

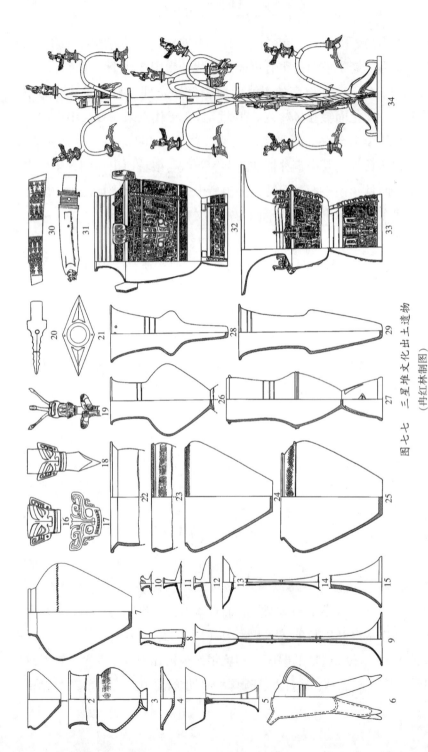

图七七　三星堆文化出土遗物

（冉红林制图）

1.小平底陶罐　2.高领陶罐　3.圈足陶罐　4.小平底陶盆　5.高圈足陶盆　6.陶壶　7.矮领陶瓮　8.陶瓶　9.豆形陶器　10~12.陶豆盘　13.陶器盖　14.陶豆盘　15.陶壶　16.铜面具　17.铜面具　18.铜兽面　19.兽首冠铜人像　20.铜戈　21.铜眼形器　22.敞口陶缸　23.侈口陶缸　24.敛口陶瓮　25.深腹陶罐　26.敞口陶壶　27.子母口陶壶　28.尊形陶壶　29.长颈陶壶　30、31.玉璋　32.铜尊　33.铜罍　34.铜神树

这里很可能是蜀王鱼凫或杜宇的都邑，后来在三星堆遗址还发现有同时期的城墙。大量出土遗物表明，商代晚期，蜀地已出现发达的青铜文明，其影响力可达川东三峡地区及陕西南部的汉中一带。

6. 小结

商代各地的方国文化既有不同地域色彩，又在某些方面表现出与商文化的类似，反映出商文化对各方国的影响。从政治关系看，商代方国与商王朝无论是敌是友，有一点是相同的，即这些方国的物质文化均不同程度地受到了商文明的影响。这也表明，一个以商帝国为中心的文化共同体已然形成，这就为日后以华夏族为轴心的统一的多民族国家的建立奠定了最初的根基。

第四节　商代的墓地和埋葬制度

一、殷墟王陵

商代的王陵区位于安阳洹河北岸的西北岗—武官村—侯家庄一带。1934 年，中央研究院历史语言研究所在进行第九次发掘时发现了王陵，1934～1935 年发掘了 3 次，发掘面积 1.7 万平方米，清理了 11 座王陵及 1200 多座祭祀坑。1950～1976 年又做了三次发掘，在武官村发掘 1 座大墓和 210 余座祭祀坑。1984 年发掘了传说出土司母戊大鼎的大墓。至此，共清理商代王陵 13 座、祭祀坑 1400 余座，这批大墓是当时专门建造的商代帝王陵墓。

根据王陵区的地形和王陵的分布，可将王陵墓地划为东西两区。西区有王陵 8 座（M1500、M1217、M1003、M1004、M1002、M1001、M1550、M1567）。其中 M1567 是一座未竣工的空墓，即"假大墓"。东区有王陵 5 座（M1443、M1400、M1129、武官村大墓 50WGMI、传出司母戊大鼎墓

84M260）。这 13 座王陵有 7 座墓的墓道边角有相互打破现象，但绝无墓室被打破者，可见当时是按一定布局设计建造的。在大墓附近还分布有少量中型墓和大量"排葬坑"，为王陵的陪葬墓和祭祀坑（图七八）。

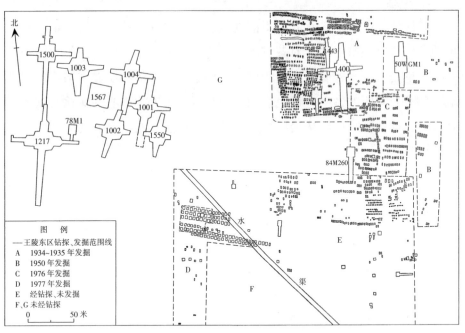

图七八　殷墟（侯家庄、西北岗）王陵与祭祀坑
（引自《中国考古学·夏商卷》，2003）

从打破关系可知，这些王陵不是同时建造的，由于早年全部被盗，给考古分期研究带来很大困难。对上述大墓的年代，除了 M1129、M1443 年代较早、M1567 年代较晚为大家公认外，其余墓葬的早晚关系及对应的晚商王世，各家分歧甚大。但结合少量残存的随葬品，可大致判断 M1400、M1001、M1550 和武官大墓年代略早，M1003、M1500、M1217 年代偏晚，其余墓葬则大体在二者之间。1984 年发掘了传出司母戊鼎的那座大墓，证实司母戊鼎确实出自此墓。这座大墓内殉有人牲 38 具左右，还有大量殉牲（马、牛、羊、猪、狗）。墓室和墓道两侧还有祭祀坑 3 个，时代属

于殷墟二期，墓主可能为武丁或祖甲的配偶妣戊。

商代王陵的外形、结构、规模有所不同，但都建有墓道、墓室和椁室。根据墓道数量的可以分为三类：第一类有 4 个墓道，平面呈亚字形（M1550、M1217、M1003、M1004、M1001、M1002、M1500、M1400）；第二类有两个墓道，平面呈中字形（M1443、M1129、武官村大墓）；第三类有一个墓道，平面呈甲字形（传出司母戊鼎的大墓）。根据墓室形制也可分为三类：第一类平面为亚字形，有 2 座（M1217、M1001）；第二类平面为方形，有 4 座（M1500、M1003、M1567、M1002）；第三类平面为长方形，有 7 座（M1004、M1500、M1400、M1443、M1129、武官村大墓、传出司母戊鼎的大墓）。

以 M1001 为例，此墓平面呈亚字形，南北长 18.9、东西宽 13.75、深 10.5 米。南墓道最长（30.7×7.8 米），西墓道最短（7.4×3.75 米），总面积 712.75 平方米。椁室位于墓室中央，平面呈亚字形，高约 3 米，墓底铺设柏木板，四壁为雕花髹朱漆木板，镶嵌野猪牙作为装饰。墓底地面发现几处方形凹坑，应为支撑墓室顶部的立柱痕迹。墓底还有 9 个坑，墓室四角、椁室四角和椁室中央各有 1 个坑，坑内有殉人，属于奠基性质（图七九）。

这批王陵历史上曾多次被盗，发掘时仅有少量残余（铜礼器、车马器、兵器、工具及玉、石、骨、牙、黄金、蚌、白陶等），在 M1004 的南墓道发现有成层放置的戈、矛、胄等兵器，仅铜矛就多达 731 件。

王陵内的殉人数目惊人。其中，M1001 殉 160 多人，分为如下几类。第一类与墓主同穴，约百人左右，分别放置。（1）墓底 9 个坑内殉壮年男子 9 人，每人手持 1 戈，还有 1 犬，应为墓主的武装侍卫。（2）木椁以外。（3）四阶殉 11 人，身份有别。一种有棺木和随葬品，系商王生前的宠幸或侍从；另一种与随葬的木器、抬架放在一起，属于搬运礼器、掌管仪仗者。（4）墓道夯土内，据不完全统计，总数在 75 人以上。有的有墓穴，还有少量随葬品；多数身首分离，埋在不同深度的夯层内。有的 10 人

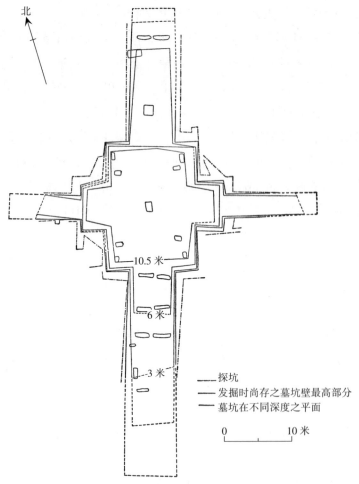

北

10.5 米
6 米
3 米

探坑
发掘时尚存之墓坑壁最高部分
墓坑在不同深度之平面

0　　　　　　10 米

图七九　安阳侯家庄 M1001 平面图
（引自北京大学《商周考古》，1979 年）

一组，有的 3～4 人一组，排列有序。这些被斩首的人大多尚未成年，有
的甚至是幼儿。第二类与墓主异穴。安置在大墓东侧，发现 22 个坑，还
有马坑，不完全统计有 68 人。个别棺椁具备，随葬铜礼器，有的甚至有
殉人，地位较高。有人认为，这些人可能是生前陪伴国王游猎的侍从，
有殉人者则为小首领。

上述殉人分 5 个等级：一等 1 人，即有殉人的领班；二等 2 人，置于墓道内，有各自的墓穴，随葬铜器；三等 6 人，置于四阶上，有棺木和装饰品；四等 82 人，有武士、椁外巡逻人、四阶上的搬运夫、墓外的游猎随从等；五等 75 人，身首分离，这些已不是殉人，而是人牲。

二、贵族墓与平民墓

1. 贵族墓

商代贵族墓在郑州白家庄、殷墟后岗、大司空村、孝民屯、小屯村西北等地都有发现。在殷墟以外的河北藁城台西村、湖北黄陂盘龙城、河南罗山、山东益都、滕县等地也有发现。

贵族墓的面积在 10～30 平方米之间，墓室、椁室均为长方形，按规模、形制及殉人情况分为两类。高等贵族有 1～2 个墓道，平面呈中字形或甲字形，有木制大型井椁，随葬铜礼器（置四阶上），殉 10 人左右，最多 16 人。小贵族的墓没有墓道，有棺椁和腰坑，随葬铜礼器，殉葬 10 人以下。

以 1976 年发掘的小屯 M5 为例，这是一座长方形竖穴土坑墓，东、西壁挖有壁龛，龛内殉人，有熟土二层台，墓底带腰坑，坑内殉 1 人 1 狗，棺木髹漆。此墓规模不是很大（5.6×4×7.5 米），殉葬 16 人，殉狗 6 只。随葬品数量惊人，总量达 1928 件，为殷墟发掘以来所仅见，仅铜礼器就有 200 余件，种类几乎囊括了殷墟历史上所见的所有门类。其中偶方彝、三联甗为罕见的精品，其他还有工具、乐器（铃、铙）、铜镜等生活用具。此墓还随葬有玉器 755 件，制作精美，代表商代制玉的最高水平。另一特点是，该墓所出铜礼器多成双结对，其中 109 件有"妇好"铭文，为迄今唯一能与甲骨文对应的商代王室贵族墓。据卜辞记载，"妇好"曾主持过一些重要祭祀活动，也曾多次率军队征伐羌方、工方、巴方，是武丁时期一位声名显赫的人物。在一次对外征伐的战争中，她统帅了一万三千人的军队，这也是卜辞记载用兵最多的一次。此墓的发现将卜辞与金文中两个同名的人联系到一起，为商文化的分期提供了重要依据。结合出土文物，可将此墓断在殷墟二期。有学者认为，"妇好"就是武丁的妻子，从年代上看有这种可能。

　　2. 平民墓

　　小型墓在各地均有发现。其中，在殷墟就发掘了近3000座，以后岗、大司空村、孝民屯一带分布最为集中。小型墓均为长方形竖穴土坑形制，面积1～4平方米。随葬品以陶器为主，基本组合为觚、爵一类酒具的明器，还有鬲、簋、豆、罐等生活实用器，极少数有铜礼器，部分随葬兵器。随葬品的不同应与墓主身份、职业和财产有关。另一特点是小型墓没有殉人。总之，小墓与大中型墓均有随葬品，有的还有兵器甚至铜礼器，表明这些人在社会中有独立的经济地位，也可以参加一定的军事活动，其身份应为平民。小墓中也发现部分俯身葬，这些人也有葬具和随葬品，对其身份还有不同看法。

三、人殉和人祭制度

　　1. 人殉

　　用活人为死去的王、公、贵族或家长殉葬，目的是让这些人到阴间去继续侍奉死者。人殉的身份有别，一般为亲近的臣属、妻妾、侍卫和宠信等，也有少数仆役类人物，但以前者为主。

　　2. 人祭

　　用活人来祭祀死去的祖先、神祇或自然界中的某些神灵。祭祀时把人像牛、羊等动物一样杀死，再行供奉。人祭的身份非常低，主要是战争中的俘虏或奴隶，他们实际就是人牲。

　　人殉、人祭是一种世界性的普遍现象。最初起源于原始社会末期，是父权家长制的产物。到了奴隶社会，这种极不平等的现象恶性膨胀，人殉、人祭开始盛行。到了封建社会仍有残余，直至近代在世界上有些民族中还有保留。

　　我国从龙山时代开始出现人殉、人祭，商代开始盛行。在商代早期用于人殉、人祭的人数还比较少，晚商（盘庚迁殷后）时期数量达到顶峰。商代末年，人殉、人祭的数量逐渐回落。商代甲骨文中有很多人殉、人祭的记载，最多一次的记录是杀殉了 300 人。除殷墟王都之外，在河南、河北、山东、江苏、湖北等地的商代遗址也发现有人殉、人祭现象。

　　商代盛行人殉、人祭与商人的宗教信仰有关。殷人尚鬼，非常迷信，王、公、贵族在祭祀祖先、神灵、求年问雨、建筑宫室时都要用人牲祭祀，故人殉、人祭现象多见于墓地和宗庙基址。经对卜辞记载的人祭用人数量进行统计，商代祭祀使用人牲的数量多达 1.4 万人。早商时期有记载的殉人仅十来例。商代晚期，仅武丁一代便高达 9000 余人。此后逐渐减少，到了帝乙、帝辛时期，仅用去 100 余人。这一记载也与考古发现的实际情况大致吻合。殷墟前期，大墓中大量使用人牲，中型墓也用人牲。殷墟后期，大墓使用人牲数量明显减少，中型墓已不再使用。1976 年，在殷墟西北岗发掘了近 200 个排葬坑，早期的坑为南北向，用去人牲近千人；晚期的坑为东西向，使用人牲仅百人左右。对人祭数量减少的另一解释是，人牲主要源于战俘，奴隶社会早期，尚不能提供足够的生产剩余，对战俘只能大批处死，用于祭祀。后来逐渐认识到人的价值，开始减少对青壮年俘虏的杀戮，而是将他们转变为生产奴隶，这也是奴隶制走向成熟的标志。考古发现证实，商晚时期使用的人牲多为妇女和儿童，看来上述解释有一定的道理。

　　对商代人牲的身份和性质有两种不同看法：一种认为他们是毫无人身自由的奴隶，由此认定商代是奴隶社会；另一种认为人牲与人殉的身份不同，人牲源于战俘（少数为奴隶），他们与受祭者不是奴隶主与奴隶的关系。人殉的身份比较复杂，主要有近臣、近侍和死者的亲属、家奴等。因此，根据人祭、人殉现象只能了解商代社会的一个侧面，不能据此证明商代的社会性质。

第五节　高度发达的青铜文化

一、各种青铜器及其制造工艺

1. 礼器

礼器的含义甚广，凡可体现礼的器皿都属于礼器的范畴。青铜礼器也称"彝器"，彝意为常，以钟鼎为代表的宗庙常器即为礼器，故"彝器"也作为古代青铜器的总称，青铜器中礼器的数量也最多。研究礼器的重要内容之一是礼器的组合及数量，这关系到使用者的身份和场合。目前对商代青铜礼器的了解尚不充分，除斝、爵可信为原名外，余皆不能定。礼器包括以下几大类（图八〇）。

（1）炊器　鼎、鬲、甗。鼎为烹煮肉食器皿，是祭祀、宴享用具，有"明尊卑，别上下"的特殊功能。鬲为炊煮粥的器皿，实际上是一种空足鼎。甗为蒸食器，分为上下两层。上层为盛放食物的甑，底部有箅孔，透气；下层为鬲，可注水加热，通过水蒸气来蒸煮或加热饭食。

（2）盛食器　簋、豆。簋是盛放熟食的器皿，其形若大碗。本字作"殷"，经籍作"簋"。豆是盛放食物的器皿，上有盘，下有细柄。

（3）酒器　觚、爵、角、斝、盉、罍、觯、瓿、尊、鸟兽尊、卣、觥、方彝等。其中觚为酒器，状若喇叭。爵为饮酒器，杯口前有流，后有尾，流与杯口之间有双柱。角也是饮酒器，形若爵，自宋以降，将无流无柱而具两翼若尾者的爵形器称作"角"。斝是盛酒器或温酒器，大喇叭口，口沿有双柱，下有裆，三足。盉是盛水器，往往与盛酒器配套使用，用水来调酒之浓淡，即所谓盛玄酒，也可与盘组合用作盥洗器。罍为盛酒器，有圆腹、方腹两种，腹下多有一鋬突。觯为饮酒杯。分为两种，一种

鼎　　　鬲　　　甗　　　敦　　　豆

簋　　　簠　　　盘　　　鑑

爵　　　角　　　斝　　　盉　　　尊

觚　　　觯　　　卣　　　觥　　　彝

鸟兽尊　　　壶　　　罍　　　匜　　　盂

图八〇　商周铜礼器

扁体，一种圆体，晚商时出现，形体差异较大。瓿也是盛酒器，形体较大，与罍近似。尊为大型盛酒器，分为有肩大口尊、觚形尊、鸟兽尊等几种。卣为盛酒器，有扁体、椭圆体、筒形、方形几种。商代的卣一般腹部扁圆，形体稍大，有盖、有提梁，也有的为鸟兽造型。觥为盛酒器，王国维称"有盖作牛头者为觥"，此器多作兽形。方彝为较大型的盛酒器。禁为专门盛放酒尊的器座。

（4）水器　盘。盘为水器，商周时期，宴享前后要行沃盥之礼，并与盉搭配使用。有的盘形体巨大，可沐浴，如西周时期的虢季子白盘。

2. 工具

商代已进入青铜时代，但仍继续大量使用石器、骨器制作的工具。目前发现与农业和手工业生产有关的铜工具有锸、铲、斧、锛、斤、镢、凿、锯等。锸是直柄农具，与锹的作用相同。铲为锄头一类农具。斧、斤、锛、凿、锯等均系手工或木工用具。斧与斤的区别主要看銎的形状，"斧椭銎，斤方銎"。

3. 乐器

商代的青铜乐器不多，仅发现有铙、鼓和钟。铙为大小递减的成组乐器。湖南曾出土大型虎纹铙、象纹铙，中原地区不见，应为南方地区的乐器。鼓发现也不多，似为木鼓的仿制品。钟为打击乐器，江西新干大墓出有商代的镈钟，为一镈三铙的组合。

4. 造型艺术

以往在殷墟、陕西汉中和江西新干都曾发现商代的铜面具，但数量很少。1986 年在四川广汉三星堆发现两座器物坑，出土一大批青铜人物塑像，分为立像、坐像、跪像和面具等多种，个体大小、面部造型都有很大差异，有极高的艺术价值，目前对这些青铜人像的性质还有不同认识。

二、农业和手工业

1. 农业

商代是典型的农业社会。商王非常重视农业，甲骨文中有很多记载商王祈求风调雨顺、丰年增产的卜辞。商代的生产者主要是奴隶，采用协作的生产方式，即卜辞所记载的"协田"。商代的农作物有黍、麦、禾、粟、稻等，生产已有剩余，一般平民墓也随葬陶质酒具，暗示商代酿酒业发达。商纣王造肉林酒池，以至于亡国，足见商代饮酒风气之烈。酿酒业发达的前提是农产品必须有相当的剩余。

2. 青铜铸造业

在郑州、安阳等地都发现有冶铸遗址。商代普遍采用合范法铸造铜容器，陶范数量的多少视器型而定。早商时期，铸造一件铜爵需要 5 块陶范，晚商时要 16 块，制作工艺比早商大有进步。早商时期的铸造业相当进步，已能铸造高达 1 米的大型铜方鼎，并使用分铸法铸造附件，再与主体衔接，如提梁、器耳和器足等。晚商时期，铸造工艺的进步可以司母戊大鼎为代表。此器一次浑铸而成，鼎耳部分接铸。按体积计算，铸造这件铜器需要用铜料 1000 公斤以上，还要有大型熔炉冶铜。从工艺角度分析，当时可能采用了地槽流铸法，否则这么大的器皿很难一次铸造成功。商代还发明了铜镶玉的镶嵌铸造工艺。在藁城台西遗址出有早商时期的铁刃铜钺，殷墟妇好墓出有玉援铜戈，都是镶嵌铸造工艺的杰出代表。

3. 印纹硬陶、原始瓷和刻纹白陶

商代的手工业还有印纹硬陶、原始瓷和刻纹白陶等，这类产品的原料均为高岭土。印纹硬陶、原始瓷质地坚硬，胎骨细腻，呈灰白色，无明显的吸水性，原始瓷的表面还施有灰绿色釉。这两类器物的出土量以南方为多，北方较少，而且仅为高层贵族使用。从器形看，这两类器物的造型多为南方风格，反映出商代南北方的贸易往来进一步加强。刻纹白陶出现在商代早期，但数量极少。这是用高岭土在 1000 度高温下烧制的一种造型

图八一　商代刻纹白陶罍
(引自北京大学《商周考古》，1979 年)

秀丽、花纹精细、工艺水平极高的器皿，胎质细腻坚硬，器表装饰与铜器花纹相同，器类也均为铜礼器造型。商代晚期，刻纹白陶集中出土在殷墟王都，数量也不多，应为商代王室贵族使用的珍贵器皿（图八一）。商代以后，这种特殊工艺便消亡了。

三、战车和兵器

1. 车马器

商代的车由车架、舆和轮、轭几部分构成，车上有不少青铜制作的配件。车架为主干，包括车辕与轴，均为木制。商代的车都是单辕（或称辀），辕居中。辕前方有横木，即衡，以便置轭。在辕的后方，居辕之下、轮之中的横木叫作轴。为防止轴头抽脱，在轴的两端置害（或轊）。害是套在车轴末端的筒状器，可保护木质的车轴。害上有销钉孔，插入辖可加固。辕尾端（踵）套有铜饰。舆即车箱，是载重部分，半圆形或簸箕形，可从箱后上下。车箱周围的栏杆叫軨和輢。箱上还应有盖。轮和轭是车的转动和着力部分。每车有两轮，轮上有辐条 18～28 根不等。轭为马具，包有铜饰，一首两脚，首系于衡上，两脚架在马颈部。马身上配有各种马具和辔饰，有马冠、铜泡、节约、镳、衔（又称"勒"）等，衔放在马口内，镳位于马的脸颊两侧，一般为铜制，也有的辔饰为骨制或蚌制（图八二）。

2. 兵器

商代的兵器有戈、矛、斧、钺、刀、镞、胄、盾等。戈为勾兵，主要用于勾杀。商代的戈分直内、曲内和銎内三种。矛为刺兵。斧、钺为斩杀类兵器。刀依用途分为凸刃、凹刃两类，多发现在战车之上，属兵器无疑，但也可作为手工工具。镞为射杀兵器。商代的镞与二里头文化的双翼

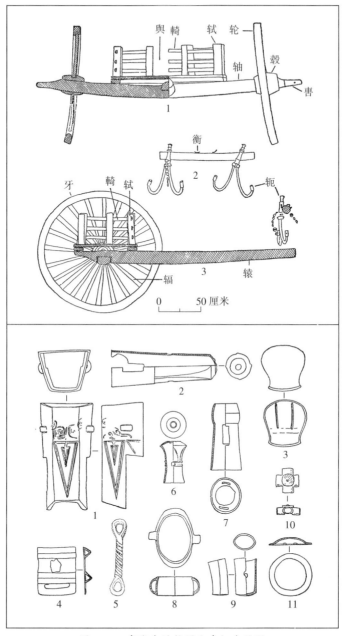

图八二　商代车结构图和青铜车马器

(据北京大学《商周考古》，1979 年，改制)

上：1. 正视（由东向西）　2. 衡的后视（由西向东）　3. 纵剖面（由南向北）

下：1. 轴饰　2. 軎　3. 当卢　4. 镳　5. 衔　6. 轭首饰　7. 轭颈饰　8. 轭脚饰　9. 轭箍
10. 十字节约　11. 大铜泡

倒刺有铤镞形态相同。胄和盾为防御用器具，胄即青铜头盔。商代还有一种弓形器，晚商时期出现在北方草原地区，其用途尚不清楚，有人认为是弓箭上的辅助性配件，也有人认为是装饰用具，还有人认为是放置在驭手腰间悬挂缰绳的挂缰钩。

四、玉石器和象牙雕刻

1. 玉器

玉器制作是商代重要的手工业部门。商代的制玉工艺从二里头文化沿袭而来，但工艺更加成熟，造型也更精美。商代的玉器造型多具象征性和装饰性，种类包括各种动物、人物及个别的容器（玉簋）。动物类有超自然的龙、凤、怪兽、怪鸟等，以及现实生活中的鸟、兽、鱼、虫等，内容庞杂。商代玉器流行通身隐起的双勾雕刻纹样。晚商时期还出现了高难度的俏色工艺，如殷墟妇好墓出有一件玉鳖，以紫褐色玉皮作为鳖的背甲，白色为四肢和腹部，构思极为精巧。总体看，夏商时期的玉器以浅雕、浮雕等平面雕刻居多。晚商时期，圆雕占一定比例，在妇好墓就出有 10 余件玉雕人像。这些玉器是研究商代社会生活、人种、服饰等方面的宝贵资料。

2. 骨、牙雕刻

商代还有骨雕和牙雕的鼎、筒状觚、方彝、杯和埙之类的礼乐器。筒状觚这种骨、牙质容器，早在新石器时代就已出现，但其花纹大多是直线，很少有曲线。郑州白家庄商代前期墓中发现的象牙觚形器，大体承袭了史前时期的工艺。

商代后期，特别是在王室手工业中，雕刻工艺得到了很大发展。当时制作骨、牙器的工匠们，对这些质地坚硬的原料，不仅能进行一般的裁、剖、削、磨等，而且能尽量发挥青铜工具的优点，进行更加细密的加工，雕刻出与铜器、白陶相似的花纹，线条卷曲自如，刻度深浅适宜，成为别具一格的精美艺术品。

五、占卜和文字

1. 占卜

商代的宗教保持了自然崇拜的色彩，上至国家大事，下至私人生活，凡事必卜，范围极广。当时专门设有司占卜的官员，他们可以指导国家大事，乃至国王行动，有很高的政治地位，是统治集团中一个重要的阶层——贞人集团。

商代的占卜有一套复杂程序。先是准备、选择甲骨（龟腹甲、牛肩胛骨），继而是钻（在龟甲或卜骨上钻出方形或圆形的窝坑）、凿（在窝坑旁边凿棱形凹槽），钻、凿排列整齐，间距固定。占卜时，卜官用火灼甲骨，反复贞问，再根据甲骨背面产生的裂纹（兆）判断吉凶，可否行事。若可，还要验证效果是否灵验，并将这一切记录下来（图八三）。

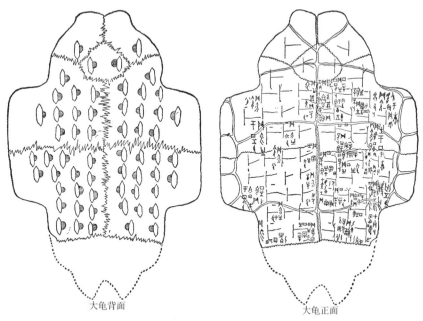

大龟背面　　　　　　大龟正面

图八三　河南安阳殷墟商代后期卜甲与甲骨文
（引自北京大学《商周考古》，1979 年）

2. 文字

商代的文字包括甲骨文、陶文、金文和玉石刻文。以甲骨文为数最多，目前已发现刻字甲骨近 20 万片，计有单字 4600 余个，可识别的仅1600 余字，不能识别或仅能隶定为汉字的 2549 个，另有合文 371 字。甲骨文已能记录史事（帝王臣属名字、战争、祭祀、狩猎、历史事件的时间、地点），从文字结构看，已具备东汉时期归纳的六书原则，包括象形、形声、象意、假借 4 种造字法，甚至还有个别简化字，但最多的还是象形字，故甲骨文属于象形字系统。

第六节　边境地区的青铜文化

在夏商王朝控制的疆域以外，同时并存有其他的考古学文化，例如分布在黄河下游东夷人的岳石文化、盘踞在关中渭河流域的周文化、北方长城沿线夏家店下层文化代表的东胡诸族文化、西北地区羌戎系统的四坝文化、南方长江下游吴越系统的马桥文化、湖熟文化等。

一、辽海地区的夏家店下层文化

20 世纪 30 年代日本人首次在内蒙古赤峰市发现。该文化主要分布在燕山南北（东至医巫闾山，西至张家口，北至西辽河）地带，碳十四检测年代为距今 4100 ~ 3500 年。对该文化的来源还有待研究。

夏家店下层文化的生产工具有石器、细石器、骨器等。陶器组合有筒形鬲、甗、尊、鼎、豆等。一些大型墓内随葬有制作精美的陶鬶、陶爵等礼器（酒具），明显是受到夏、商文化影响的产物。此外，在敖汉旗大甸子墓地出土大批彩绘陶，选用黄、红、白等颜料绘制繁缛的花纹，构图抽象精美，有些纹样构图与商代青铜器的花纹接近。金属器出土不多，发现有少量的金、铜装饰品和小件工具（图八四）。

　　夏家店下层文化的房屋分为半地穴式和用石块、土坯垒建两类。一般在较大聚落的周围用夯土或石块搭建围墙。墓葬分为土坑墓和石棺葬两类。

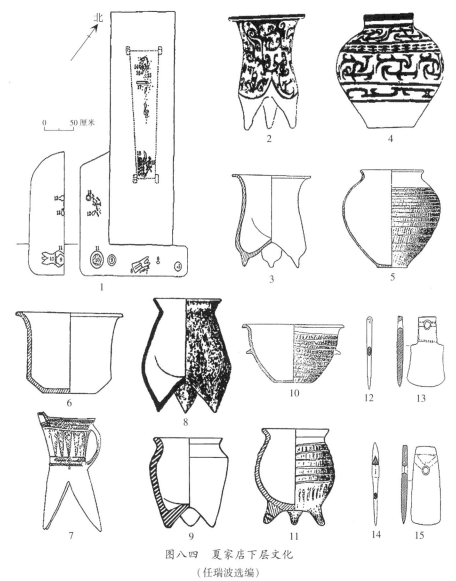

图八四　夏家店下层文化

（任瑞波选编）

1. 大甸子 M672 平、剖面图　2. 彩绘陶鬲　3、8、9. 陶鬲　4. 彩绘陶罐　5. 夹砂陶罐
6. 尊形陶器　7. 陶鬶　10. 陶盆　11. 陶鼎　12. 骨锥　13. 石铲　14. 石镞　15. 石斧

据研究，其族属应为夏代至早商时期活动在北方长城沿线的东胡部族。

二、山东半岛的岳石文化和珍珠门文化

1. 岳石文化

1960 年发现于山东平度县东岳石村，1979 年命名。主要分布在山东省及邻境地区，碳十四检测年代为距今 3900～3500 年。

岳石文化源于黄河下游的龙山文化。生产工具以石器、骨器为主，发现有少量小件铜工具和装饰品。陶器以泥质黑皮灰胎陶、夹砂褐陶为主，流行子母口器和凸棱饰，典型器有尊形器、三足簋、子母口罐、舌足鼎、器盖和裆部带附加堆纹的甗等。岳石文化的房屋均为平地起建，有单间、双间之别。在山东章丘城子崖遗址发现有这个时期的城址，规模宏大。岳石文化是海岱地区东夷人的土著文化（图八五：上）。

2. 珍珠门文化

得名于山东长岛县北长山岛的珍珠门遗址。20 世纪 80 年代初调查发现并进行发掘。这是广泛分布在胶东半岛沿海一带的东夷遗存，年代相当于商代晚期，下限已进入西周早期。

考古发现的遗迹主要是灰坑、窖穴。出土遗物有陶器、石、骨、牙器和个别的青铜器。陶器均手制，泥条盘筑，质地粗，胎厚，有些器形不规整，80% 为红陶或褐色陶。器类简单，有鬲、甗、簋、碗和罐等。器表素面，磨光或经刮抹，个别饰绳纹。陶器整体风格显示出与岳石文化有一定的相似，二者应存在源流关系。后来考古发现的地层关系也得到证实（图八五：下）。

晚商时期，胶东半岛是唯一还保留东夷文化的地区。在珍珠门文化中已显露出某些商文化元素，暗示商文化的前锋已逼近这一地区。

三、江西的吴城文化

因 20 世纪 70 年代对江西清江（今樟树市）吴城遗址的发掘而得名。该文化主要分布在赣江下游至鄱阳湖西北一线，影响力向南可达闽北地

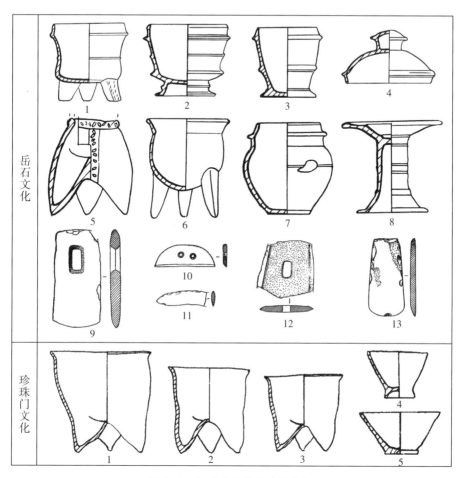

图八五　岳石文化和珍珠门文化

岳石文化：1. 舌足子母口陶鼎　2. 圈足子母口陶尊　3. 子母口陶尊　4. 陶器盖　5. 陶甗（残）
6. 陶鼎　7. 子母口彩绘罐　8. 陶豆　9、12. 长方形孔石镬　10. 石刀　11. 石镰　13. 石铲
珍珠门文化：1~3. 素面陶鬲　4. 圈足陶碗　5. 陶碗

区。年代从早商一直延续至西周初年。吴城文化来源于当地的新石器时代晚期文化，与商文化有密切联系。具研究，其族属有越人、三苗和商文化系统等不同的说法。

　　在吴城遗址发现一批墓葬，经研究分为三期。第一期以夹砂灰陶为主，有比例不多的印纹硬陶和原始瓷，器表饰粗绳纹，年代相当于中原地区的商代二里岗上层。第二、第三期仍以灰陶为主，但硬陶和原始瓷的比例大大增加，器表主要饰细绳纹和当地特有的圆圈连珠纹，绝对年代相当于殷墟早期至商末周初。吴城文化的陶器造型与商文化接近，也有地方特点。随葬陶器基本组合为鬲、盆、豆、罐，与商文化完全一致。比较有特色的是马鞍形陶刀和戳印的圆圈连珠纹（图八六）。

吴城遗址发现有冶炼铜器的铜渣和铸造用的石范。从石范的种类看，有工具、兵器和容器等多种，可见该文化已能够铸造铜器。根据新干大洋洲墓出土的大批青铜器可知，该地区的铜器流行兽形扁足虎耳鼎和虎纹装饰。在吴城文化的陶器、石范上发现一批刻划文字符号，多不可判读，是早于殷墟的重要文字资料。有人将其划入商代的甲骨文系统，但也有学者持不同看法。

四、长江下游的马桥文化和湖熟文化

1. 马桥文化

1959 年首次发现于上海县马桥遗址，后来以该址第四文化层为代表正式命名。马桥文化是分布在太湖及杭州湾以南以及浙西南一带的青铜时代早期文化，其前身与当地的良渚文化有关，同时也有来自福建北部土著文化的影响。绝对年代相当于夏至商代早期。

马桥文化的内涵比较复杂，通过对陶器的分析可看出有四种不同的文化因素。第一类以几何印纹（硬）陶、泥质灰陶、绳纹夹砂黄陶为代表，采用泥条盘筑法，器表多饰绳纹，器类有鼎、甗、釜等炊具。几何印纹陶胎为黄色或紫褐色，器表拍印叶脉纹、云雷纹和篮纹，器类主要为饮食器具。第二类为良渚文化因素，器类有三足盘、豆和尊等。第三类为中原夏商文化因素，器类有觚、觯、盆、簋等仿铜陶器。第四类为岳石文化因素，器类有凸棱尊形器等。以上四类因素以第一类为主，也是马桥文化的主体。

马桥文化的石器有双肩锄、镰、半月形穿孔刀、斜柄刀、犁形器、有段石锛、镞等。还发现有少量铜器，主要为小件工具，器类有刀、凿等，均系铸造而成（图八七）。

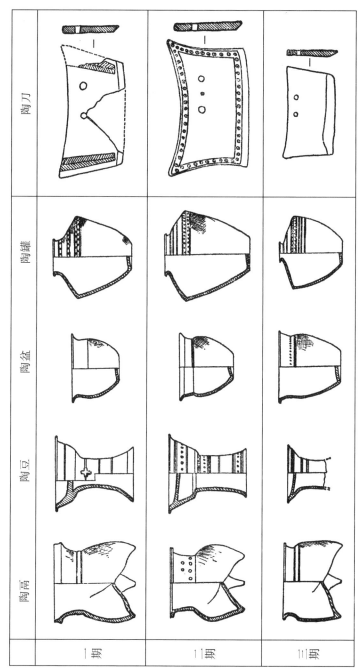

图八六　吴城文化分期
（引自北京大学《商周考古》，1979 年）

	一期	二期	三期
陶刀			
陶罐			
陶盆			
陶豆			
陶鬲			

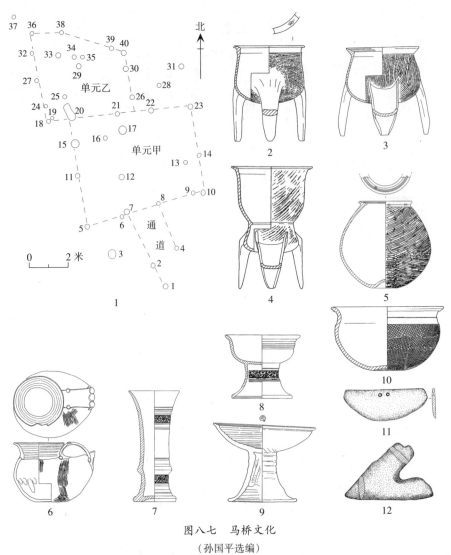

图八七　马桥文化

（孙国平选编）

1. 马桥遗址ⅡDQ201 平面图　2、3. 陶鼎　4. 陶甗　5. 硬陶罐　6. 鸭形陶壶　7. 陶觯　8. 原始瓷豆
9. 陶豆　10. 陶盆　11、12. 石刀

　　在马桥遗址发现有使用贝壳粉末与泥土搅拌在一起铺设地面、再经烧烤的地面式房屋建筑，结构不很清楚。还发现有竖穴土坑墓，单人葬为主，随葬品不多。有研究者指出，长江下游地区商代兴起的土墩墓很有可

能与马桥文化有渊源关系。

2. 湖熟文化

1951 年发现于江苏江宁县的湖熟镇，主要分布在江浙两省和安徽省南部地区，是长江下游宁镇地区青铜文化的代表，绝对年代相当于中原地区的商代。

湖熟文化的来源与马桥文化有一定关系。长江下游地区海拔低，河湖水网密布，古遗址大多建在地势较高的土墩台上，因此有很多的"台形遗址"，湖熟文化就属于这类土墩遗址。

湖熟文化的生产工具主要为石器。陶器以夹砂红陶为主，印纹硬陶和原始瓷较少，纹饰以绳纹和梯格纹为主，器类有素面甗、锥足素面鬲、绳纹鬲、锥足鼎、敛口钵、喇叭口圈足豆、带流刻槽盆等。地方特点突出的陶器有角状把手鬲，以及带有江南地区青铜器风格的罍、瓿等。铜器多为小件工具、兵器，也有个别的铜容器，造型和花纹都很有特色。

在湖熟文化遗址中曾发现铜炼渣和冶炼铜器的陶钵形器，可见该文化已掌握了冶铜技术。从文化因素分析，该文化早期曾受到商文化的强烈影响，晚期来自中原地区的影响减弱，地方特色突出。总体来看，湖熟文化是与商文化并行、并受到商文化影响的土著文化（图八八）。

五、西北地区诸青铜文化

西北地区地域广阔，分布有数支青铜文化。其中，甘青地区的青铜文化的来源均可追溯到齐家文化，这几只文化的族属均与西北地区的羌戎有关。

1. 四坝文化

1948 年发现于甘肃山丹四坝滩。主要分布在甘肃河西走廊西部，属于青铜时代早期文化。其来源为河西地区的马厂文化，也有部分齐家文化因素。年代相当于夏代至商代早期，绝对年代为公元前 1900～前 1500 年。

四坝文化的石器以打制的手斧和盘状器为主，部分磨制石斧、石刀，还有少量细石器。陶器均为手制，质地较粗，以红色、红褐色为主，器类主要为各种造型的带耳罐类器，如双耳罐、单耳罐、四耳带盖罐、筒形带

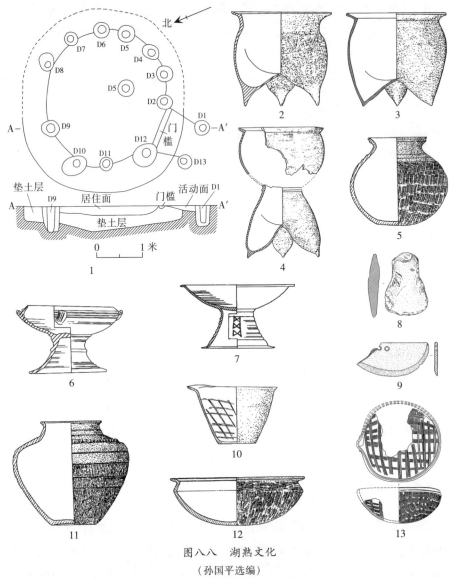

图八八　湖熟文化

（孙国平选编）

1. 塘头遗址 F1 平、剖面图　2、3. 陶鬲　4. 陶甗　5、11. 陶罐　6. 硬陶豆　7. 陶豆　8. 石铲
9. 石刀　10、13. 刻槽陶盆　12. 陶盆

盖罐等，其他还有少量的豆、盘、尊形器、长方形陶盒。彩陶比例很高，在随葬品中占 25%～50%。器表施黄白衣或红衣，绘黑彩几何纹，也有少量动物纹和表现人物的花纹。特点是彩绘涂料浓稠，花纹凸起，易脱落。该文化的铜器在同时期诸考古学文化中非常突出，器类有刀、镞、锥、斧、权杖头、耳环、鼻环等，还有少量金、银耳环。经鉴定，铜器中有部分为砷铜。人类在认识合金青铜之前有一个冶炼砷铜合金的阶段，我国西北地区很可能也经历了类似的工艺发展进程。四坝文化的聚落遗址发现不多，墓葬有土坑墓、偏洞室墓、积石墓几种，葬式分为上肢扰乱葬、仰身直肢葬、乱骨葬等。在火烧沟墓地发现墓中普遍放置羊角或羊骨，显示该文化的畜养业比较发达（图八九）。

2. 辛店文化

1924 年发现于甘肃临洮县辛店村，主要分布在甘肃洮河以西及青海境内的湟水流域和黄河上游地区。绝对年代相当于商代中期至春秋时期（公元前 1500～前 500 年），

辛店文化的生产工具主要为石器和骨器，常用动物肩胛骨制作骨铲。陶器以手制夹砂红褐、橙黄陶为主，胎内掺砂粒或碎陶末，质地较粗，典型器有双大耳罐、腹耳壶、盆、鬲、瓮等。彩陶占一定比例。器表施黄白衣或紫红衣，绘黑色或紫红彩，流行羊角双勾纹为母题，间以犬、太阳纹补白。铜器发现不多，主要为小件工具、兵器。居址发现有半地穴式房屋。墓葬流行长方形竖穴土坑，葬式分仰身直肢葬、侧身屈肢葬和二次葬几种。辛店文化的经济形态以农业为主，兼营畜牧和狩猎。该文化延续时间较长，可分为山家头、姬家川、张家嘴三个类型，分别代表该文化的三个发展阶段（图九〇：上）。

3. 卡约文化

1924 年发现于青海省湟中县云固川的卡约村。主要分布在青海东部的黄河沿岸及湟水流域。年代相当于商代中期至春秋时期或更晚（公元前 1500～前 500 年）。

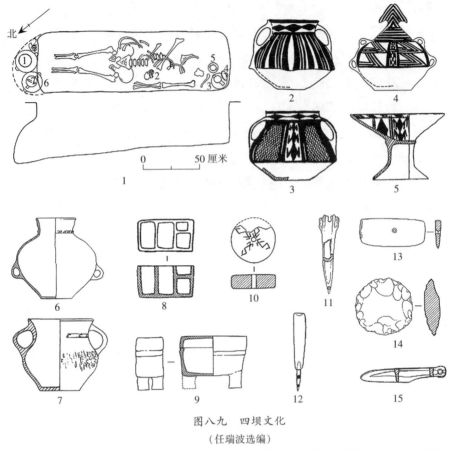

图八九　四坝文化
（任瑞波选编）

1. 东灰山 M24 平、剖面图　2、3. 双耳彩陶罐　4. 四耳带盖彩陶罐　5. 彩陶豆　6. 小口双耳陶壶　7. 双耳夹砂陶罐　8. 陶多子盒　9. 四足长方陶盒　10. 陶纺轮　11. 骨锥　12. 骨柄铜锥　13. 石刀　14. 石盘状器　15. 环首铜刀

　　卡约文化的石器分为磨制、打制和细石器三种。磨制为主，器类有斧、刀、锤、杵、镞、磨盘、杖头等，做工较粗；打制石器有砍砸器；细石器有石叶、刮削器和石核。骨器发达，有铲、锥、凿、牌、匕、针筒、针、纺轮、镞等。陶器以手制夹砂褐陶和黄褐陶为主，器类以各种造型的带耳罐最多，也有个别三足器和圈足器，素面为主，有少量彩陶，器表上半部多施紫红色陶衣，绘黑彩几何纹，少量绘动物纹。铜器数量较多，主要

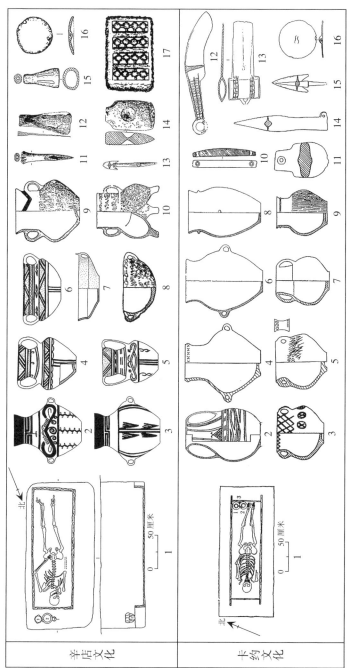

图九〇　辛店文化和卡约文化
（任瑞波选编）

辛店文化:1.小旱地 M4 平、剖面图 2、3.腹耳彩陶壶 4、5.双大耳彩陶罐 6.双耳大耳彩陶盆 7.单耳陶盆 8.双耳圈底陶盆 9.双耳陶罐 10.双耳陶鬲 11.骨锥 12.骨匕 13.骨镞 14.石斧 15.铜镞 16.铜铃 17.铜牌饰

卡约文化:1.半主洼 M113 平面图 2.双大耳彩陶罐 3.双耳彩陶罐 4.腹耳陶壶 5.双耳夹砂陶罐 6.腹耳陶罐 7.双耳陶罐 8.深腹陶罐 9.夹砂陶罐 10.砺石 11.石刀 12.环首铜刀 13.铜斧 14.铜矛 15.铜镞 16.铜镜

为小件工具、兵器和装饰品，其中有一些动物造型的工具和武器，带有浓厚的草原文化色彩。曾在西宁发现一件明显带有早商文化特征的铜鬲。卡约文化的聚落发现不多，墓葬主要为长方形竖穴土坑墓和少量土洞墓，葬式以二次扰乱葬最有代表性。卡约文化的经济形态带有强烈的畜牧业色彩，墓葬中往往随葬牛、羊骨骼。但在河谷地带也有一定的农业经济（图九〇：下）。

参考书目：

1. 北京大学历史系考古专业：《商周考古》第一、二章，文物出版社，1979 年。

2. 邹衡：《夏商周考古学论文集》第一、第二部分，文物出版社，1980 年。

3. 中国社会科学院考古研究所：《新中国的考古发现和研究》第三章，文物出版社，1984 年。

4. 郭宝钧：《中国青铜时代》，生活·读书·新知三联书店，1963 年。

5. 殷玮璋：《二里头文化探讨》，《考古》1978 年第 1 期。

6. 河南省博物馆等：《郑州商代城址试掘简报》，《文物》1977 年第 1 期。

7. 中国社会科学院考古研究所洛阳汉魏故城工作队：《偃师商城的初步勘探和发掘》，《考古》1984 年第 6 期。

8. 杨锡璋：《商代的墓地制度》，《考古》1983 年第 10 期。

第五章　西周与东周

第一节　西周与东周的分期

一、西周至春秋时期

1. 西周早期

绝对年代约当公元前 11 世纪至公元前 10 世纪中叶，相当于西周的武、成、康、昭这几个国君在位时期。以陕西岐山周原、长安沣西早期、沣东早期遗址的大部分、沣西墓葬第 1 期以及其他地区的西周早期遗址、墓葬和西周早期的传世铜器为代表。

西周早期的生产经济在井田制基础上有空前的发展，手工业内部分工和协作发展到新的阶段，商品生产规模扩大，商业交换也有了进一步发展，贝币普遍使用。大型宫殿、大型陵墓接连兴建，人殉、人祭现象普遍存在。兵器不断得到改进，显示战争规模不断扩大，刑罚种类繁多，宗法等级关系形成，国家机器日臻完善，礼制得到了全面发展，甲骨文、金文大量发现，各地出土的卜骨以方凿为特征，也有圆凿的，甲骨文延续商代晚期的结构，字体刻写微小。

2. 西周中期

绝对年代约当公元前 10 世纪中叶至公元前 9 世纪中叶，相当于西周的穆、恭、懿、孝、夷几个国君在位时期。西周昭、穆之后，井田制动摇，私田始现。对外战争往往失利，进而出现"懿王之时，王室衰微"

（《史记·周本纪》）。为缓和阶级矛盾，开始用严格区别身份的礼制来强化宗法等级制。本阶段的遗存可以陕西长安沣西中期、沣东中期遗址的一部分、沣西墓葬第 2 期、宝鸡茹家庄西周墓以及其他地区的西周中期遗址、墓葬和传世铜器作为代表。

3. 西周晚期至春秋初期

绝对年代约当公元前 9 世纪中叶至公元前 7 世纪中叶，相当于西周的厉王、共和执政、宣王、幽王到东周的晋文公称霸之前的阶段。随着周厉王被逐和西周王朝覆灭，一场社会大变革即将到来。本期遗存可以陕西长安沣西晚期、沣东晚期遗址、沣西墓葬第 3、4、5 期、三门峡上村岭虢国墓地、湖北曾国铜器群以及其他地区的西周中期遗址、墓葬和传世铜器作为代表。

本期青铜器的制作呈现衰歇迹象，有少量铁器发现。从周厉王到西周灭亡，社会动荡不定。到了东周初年，各地诸侯国兴起，动荡的局面并未有所改变，这个乱象在社会政治、经济和手工业生产等各个领域都有所体现。

4. 春秋中晚期

绝对年代约当公元前 7 世纪中叶至前 5 世纪上半叶。本阶段东周王室衰微，地方势力兴起，列国经济繁荣，新型城市出现，井田制遭到破坏，私田大力开发，手工业昌盛，商品货币经济有较大的发展，金属铸币产生。由下而上的"僭越"现象层出不穷，社会政治呈现"礼崩乐坏"的局面。东周、秦、晋、楚、燕、齐、鲁、吴、越等国的遗址和墓葬多有发现，地方色彩愈发浓郁。本期遗存可以河南洛阳中州路东周墓第 2、3 期和山西侯马东周遗址早期遗存为代表。

二、战国时期的分期与分区

战国时期，铁器开始广泛应用于农业和手工业，生产力得到迅猛发展。春秋中期以后，这一过程已经开始显现，以适应铁器、牛耕出现后社会生产力发展的需要。土地私有制的发展，最终导致了战国时期出现激烈的社会变革。

1. 战国早期

绝对年代约当公元前 5 世纪上半叶至前 4 世纪中叶。自春秋中叶以后，随着社会生产力的发展，土地私有制出现，井田制遭到破坏。从公元前 594 年鲁国"初税亩"到前 408 年秦国的"初租禾"，是地主阶级兴起后土地私有制确立的标志。为顺应这一经济基础的变化，各国新兴地主阶级纷纷夺取政权。公元前 537 年鲁国的孟孙氏、叔孙氏、季孙氏"三分公室"，公元前 403 年韩、赵、魏"三家分晋"，公元前 378 年"田氏代齐"。新兴地主阶级掌权后相继出现的变法，是一场深刻的政治变革。从魏国的李悝变法（公元前 5～前 4 世纪之际）到楚国的吴起变法（公元前 4 世纪初），最后是秦国的商鞅变法（公元前 4 世纪中叶）。

政治经济领域的改革必然导致思想意识领域的变化，传统礼乐制度遇到挑战。这个时期各国的葬俗表现为，大墓的用鼎数字已冲破了《周礼》规定的"礼不愈节"的约束，"僭越"现象普遍，部分地区时有殉人发生；中型墓以竖穴土坑为主。渭河流域出现洞室墓。铁器的出土资料虽然不是很多，但对社会生产的发展起到了重要作用。

2. 战国中期

绝对年代为公元前 4 世纪中叶至前 3 世纪前半叶。各国变法已经完成，经济和文化有很大发展。从公元前 4 世纪中叶开始，列国之间爆发频繁的兼并战争，直到公元前 3 世纪的上半叶，彼此之间的均势基本平衡。这个阶段，铁器的使用、手工业生产的规模和工艺技术有很大的发展，新的生产关系对生产力发展的促进作用充分显示出来。

出于农耕和作战需要，各国对冶铁业都非常重视，这对冶铁术的发展和技术提高有重要的推动作用，同时也促进了农业、手工业、商业的发展和金属货币的流通。各国的葬俗表现为，三晋地区的大墓使用仿铜陶礼器，殉人仍有残余。中型墓仍以竖穴土坑为主，洛阳一带开始出现洞室墓。

3. 战国晚期

绝对年代约当公元前 3 世纪前半叶到秦统一。秦国由于商鞅变法比较彻底，国力迅速强大。公元前 316 年，秦灭巴蜀。公元前 285～前 284 年，秦合纵败齐。公元前 278 年，秦将白起拔郢，统一趋势渐趋明朗。公元前 246 年秦王嬴政继位，公元前 238 年亲政，着手开始统一战争。公元前 221 年，秦灭齐，统一六国，结束了长期分裂的局面。

手工业生产、商品经济继续发展。由于商业发展后产生的巨大社会需求，使得各地区的文化交流和统一趋势大为增强，维护旧贵族统治地位的礼乐制度的衰落也在加速。各国在葬俗上表现为，礼乐制度进一步衰落，大型墓随葬铜礼器明显减少。燕国的中型墓仍为竖穴土坑墓。三晋地区出现洞室墓，郑州一带出现竖穴空心砖墓，大多仍采取夫妻异穴合葬。在渭河流域，洞室墓继续流行。

4. 列国文化区的形成

战国时期，由于列国历史传统以及社会与自然条件的差异，比较明显地形成了几个不同的地理文化区。

（1）三晋两周地区：大体相当黄河中游地区，北至河北南部，南抵淮河以北，西至渭、黄合流处，东达鲁、豫、皖交界的平原区。这里是当时人口最为稠密的地区，交通也最发达，周文化传统强烈。

（2）齐：胶东半岛至山东西部地区。这一区域本身有着古老的东夷文化传统，经济文化比较发达。

（3）燕：地处华北北部至长城南北，影响可达辽东半岛地区。这里和北方游牧民族接触频繁。整体上看，燕文化相对落后。

（4）楚：主要指长江中游地区，重点在江汉平原到洞庭湖区。这里的自然环境与中原差别很大，有较独立的文化传统，漆器制作工艺非常发达，为其他地区少见。

（5）秦：主要指泾渭流域的关中地区。这里本为西周文化的中心区。周人和秦人历来与西北羌戎部族关系密切。战国时期，社会变革情况与东方六国不尽相同，文化和社会特点都很独特。战国晚期，秦文化对其他地区的影响日益增强，其本身也逐渐接受东方的影响。通过秦统一，这些也成为了日后汉文化的重要因素之一。

第二节　西周大封建与列国都城兴起

一、从周原到丰镐

周原位于陕西关中西部岐山、扶风二县的北部，这里是周人的老家，遗址范围 15 平方公里。据文献记载，周人起源于泾、渭流域，早年与戎氏杂居，至太王（古公亶父）时，为避戎氏之乱，也为姬周自身发展，从豳（今陕西长武）迁至周原，经数代经营，到文王时，已有能力与商人抗衡，后东迁至丰镐，试图向中原地区发展，推翻商人统治。直到西周末年，周原一直是周人重要的政治中心。

"丰"指文王建立的丰邑，地点在西安西南方向的沣河西岸。"镐"为周武王建立的镐京，位于沣河东岸。二地的故址，合称"宗周"，遗址面积超过 10 平方公里。年代从公元前 11 世纪~前771 年，为西周时期重要的政治、经济和文化中心。

二、周初大分封

武王克商以后，为了巩固政权，先后进行过 3 次分封，将姬姓皇族亲属及异姓近臣分封到新占领的地区。此即"封建亲戚，以藩屏周"。目的是为了打击商人残余，巩固周人统治，这一举措与日后春秋战国时期的列国割据格局有密切关系。

周人为了巩固在东方的统治，首先在洛阳营建了洛邑，并陆续开始分封。成王时，将卫（豫北冀南一带）封与康叔，统治中心在淇水。以加强对山东殷人的统治。封吕尚（太公望）于营丘（山东临淄），为齐侯。封周公旦之子伯禽为鲁（曲阜）侯。为防止北方少数民族南侵，成王灭唐以后，封太叔于唐（山西曲沃），燮父时更名为晋。武王灭商后，封召公（奭）于燕（北京房山琉璃河）。在江南长江下游，周人的封国有宜（江苏丹徒）、吴（苏州）。在长江中游，楚人先祖熊绎初封于丹阳（豫西南至鄂西一带）。西南地区有巴、蜀，曾参与周人灭商，但无分封之说。

三、列国都城

1. 东周王城

武王灭商以后，周公东征，在洛阳营建第二座都城——东都王城，建成周，合称洛邑。为东方政治军事中心，目的是为了震慑商殷顽民。公元前771年，犬戎侵入镐京，周人东迁洛邑，史称东周（因洛阳在镐京之东）。迄今为止，在洛阳尚未发现西周王城遗址，但近年在瀍河两岸发现了与西周王城有关的遗址，如庞家沟墓地和北窑铸铜遗址，证实这一带应为东都"洛邑"所在。20世纪50年代初，在洛阳涧河两岸钻探调查，了解到东周王城建在南邻洛水、西跨涧河（古"谷水"）的位置，平面为不规则方形，西南、西北和东南三个城墙角及近3公里城墙保存尚好，在北墙外发现有深5米的城壕。王城的西南角明显外突，很可能是自成体系的一块，加之这里地形较高，曾发现大量建筑遗存（瓦当），估计是当时的宫殿区。古文献有"谷、洛斗，将毁王宫"的记载，说明这里应该是宫城。在王城的周围还发现有粮仓、窑场、作坊、小型民居和大量东周时期的墓葬（图九一：5）。

2. 郑韩故城

位于河南新郑。郑国始封于陕西华县，后随平王东迁至新郑，并建都。公元前375年韩灭郑，将都城从阳翟（禹县）迁至此。郑韩故城是春秋、战国两个时期营建的，平面形状不规则，中间有南北向的隔墙将此城一分为二。西城长方形，面积较小，城北发现密集的大型夯土台基，应为宫城所在。城的西北角现存高7米的"梳妆台"，为西城重要的宫殿区。在宫城内还发现储藏食品的地下冷藏室等建筑遗迹。东城为曲尺状，比西

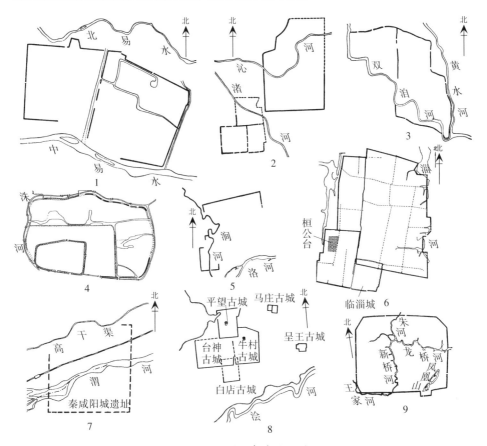

图九一　列国都城平面图

（据《新中国的考古发现和研究》，1984 年，宋蓉选编）

1. 燕下都　2. 赵邯郸故城　3. 郑韩故城　4. 鲁故城　5. 东周王城　6. 齐临淄城

7. 秦咸阳城　8. 侯马晋城　9. 楚纪南城

城面积大一倍，城内发现冶铁、铸铜、制陶、制骨、制玉等手工业遗址。在城内外发现有贵族墓地，平民小墓均在城外（图九一：3）。

3. 赵邯郸故城

邯郸故城位于河北邯郸市的外围，分为宫城、廓城两部分。宫城又称"赵王城"，平面呈品字形，由三座小城组成，每个小城长宽均在 1 公里左右。宫城内分布有大型夯土台基 10 余处，其中西城的"龙台"现存高度 16.3 米，面积 78144（296×264 米）平方米。龙台附近有两座长宽各约百米的台基，台基下堆积大量瓦片和柱础石等建筑遗物，应是赵王城的王宫所在地。宫城共发现 8 座城门，南北遥相呼应，均通向城内的龙台。廓城位于宫城东北，又称"大北城"，其东南角与宫城相距不足百米，面积 14.4（4.8×3 公里）平方公里，城内发现铸铁、制陶、制骨和石器等手工业作坊遗址。赵王城加上大北城，总面积 1887.9 万平方米。宫城西北 1.5 公里为赵国王陵所在地（图九一：2）。

4. 侯马晋城

侯马为晋国晚期（公元前 585～前 416 年）的都城——新田。近年来的考古工作表明，位于汾、浍之交的新田故都至少由三组古城组成。（1）在都城的西部发现早晚两组古城，早期为白店古城，晚期为新田古城。包括牛村、台神、平望、马庄、呈王等城址以及附近的北坞、台神 2 号两个大夫城，故城的南郊分布有铸铜、铸币、制陶、制骨、制石等手工业作坊遗址。（2）故城东部分布有以宗庙建筑群为中心的祭祀遗迹，包括南部、东部几组杀牲祭祀、盟誓、殉人等环绕宗庙建筑的遗址，在 12 万平方米范围内共发现大小建筑 70 余处。（3）在浍河南岸的上马、柳泉等地发现古墓葬 1300 余座，分为两群。其中 90% 为小型墓，年代从西周晚期至春秋末期（图九一：8）。

侯马古城的总体布局与《周礼·考工记》所记"左祖右社，面朝后市"的记载相仿。

5. 燕下都

燕下都在列国都城中面积最大，达 32（8×4 公里）平方公里。一般认为此城营建于燕昭王（公元前 311 年前后）时期。城的平面布局为磬形，由两个形状相近、大小相若的城组成。南北城墙以外有中易水和北易水，东西两城之间有城壕和运粮的河道，上述遗迹的年代均属战国中期，与燕昭王在位时间一致。

城内按照一定的规划布局，东城北面四分之一处有道东西横亘的隔墙，墙两侧和北墙外排列高大的夯土台基，南面是"武阳台"，北面有"老姆台"，两座台基的面积均为 10000 平方米左右，高 11~12 米，四周设防严密，为宫殿区内的大型建筑基址。武阳台西面的河渠内外分布有冶炼及其他手工业遗迹。东城西北角、距宫殿区不远处，是包括燕王在内的高级贵族墓地"虚粮冢"；东城的南部为平民居址及手工业作坊区。西城建造年代较晚，可能是为了应付战争加筑的，有军事防御性质，城圈内十分空旷，仅发现零星墓葬。在燕下都南墙外，自东向西共发现 14 座埋有大量人头骨的葬坑，每座坑葬有人头约 2000 个。一种意见认为这是燕国伐齐时的战利品，另一种意见认为是燕国内乱被镇压的反叛者（图九一：1）。

6. 齐临淄城

临淄齐城由大小两座城组成，两座城的平面均为长方形，大城周长 14 公里，小城周长 7 公里，墙基夯土厚 20 米左右。城的东西两侧分别为淄水和系水，南北城墙外挖筑有城壕。小城为宫城，城中央有"桓公台"，南北长 84、高 14 米，是当时城内的主体宫殿建筑。在台基附近还发现有大片建筑基址和铸钱遗址。大城为廓城，城内居住平民，没有大型建筑，发现有冶铁等手工业作坊遗址和贵族墓地。临淄城共发现 13 座城门，7 条宽 10~20 米的大道；宫城内还有两条宽不足 10 米的道路，城内设有排水的明渠、暗渠。考古发现与文献记载相合。此城建于东周，至秦汉时期仍在使用（图九一：6）。

7. 鲁故城

位于山东曲阜洙河、泗河之间，平面近椭圆形（3.5×2.5 公里）。鲁故城始建于西周末年，是列国都城中营建较早的一座。城垣至今仍在，布局规整。早期城墙建筑与洛阳王城接近，春秋以后加固维修。经勘探发现城门 11 处，城门与城内的大道衔接。城中心为宫殿区，范围约 1 平方公里。在汉代鲁灵光殿基址之下，发现东周时期的宫殿基址和直通"稷门"的一条大道，在宫城南有"两观台"遗址。在宫殿区周围发现有铸铜、冶铁、制陶、制骨等手工业作坊遗址。城的西面发现四五处墓地。有学者认为，此城可能在一定程度上反映了西周时期的建制（图九一：4）。

8. 楚纪南城

西周时期楚都丹阳，但丹阳的具体位置至今无迹可寻。在湖北江陵县纪南城以北约60公里的当阳季家湖发现一座东周城址，城北面发现多处夯土台基，城的周围还发现大批春秋时期的墓葬，有的坟丘封土直径达100米。有人认为这里可能就是丹阳故地，但还有待证实。

根据《史记》记载，公元前689年，楚文王都郢，后除了文王一度迁都之外，楚在此经略时间长达400余年，直至公元前278年白起拔郢。郢都位于湖北江陵县纪南城，始建于春秋末或春秋战国之交。城的平面呈长方形，面积15.75（4.5×3.5公里）平方公里。城垣至今尚有存留，城外有护城壕，已发现5座城门、两座水门。城东南为宫殿区，发现大片夯土台基。宫殿区的东部为大片墓葬区。城东北和西南为手工业区，发现铸铜、制陶等作坊遗址（图九一：9）。

9. 秦都城

秦人先后建有3座都城，春秋秦德公时都"雍城"；战国秦献公时都"栎阳"，秦孝公时都"咸阳"。

雍城位于陕西凤翔县城南雍水的北岸，平面呈不规则方形，面积10.56平方公里。城垣保存尚好，墙基残高1.65～2.05米，宽4.3～15米，城内发现三组宫殿区。（1）姚家岗宫殿区。位于城中偏西部，为春秋时期宫殿区，当地人称"殿台"。曾出土铜建筑构件，发现陶窑、凌阴（冰窖）等遗迹。（2）马家庄宫殿区。位于城中偏南部，为春秋时期宫殿区。其中1号宫殿面积6660平方米，由大门、中庭、朝寝、亭台及东西两厢房组成，四周围墙环绕，发现大批祭祀坑、陶瓦及铜建筑构件、金银器、铁器等，为当时的宗庙建筑。（3）高王寺宫殿区。位于城北部，为战国时期的宫殿区。雍城以南的南指挥一带为秦公陵区，面积21（7×3公里）平方公里。

栎阳城位于今西安市阎良火车站附近，公元前383年献公所都，立都仅33年。

咸阳城地处渭水之滨，从商鞅变法到秦统一，这里一直是秦都城。咸阳为武王灭商以后、周文王第 15 子毕公姬高的封地。公元前 350 年，孝公迁都至此。由于河流常年冲刷，今城垣已不清楚，宫殿区保存尚好，已发掘的 1 号宫殿是一座高台建筑，结构复杂，分为上下两层，有 11 间大小不等的宫室，还有回廊、坡道连接，室内装修也很考究，每间屋子都有壁柱，有些地面经涂朱处理，有的墙上还绘有壁画，或设壁炉、排水池。回廊和踏步铺几何纹、龙凤纹空心砖。宫殿区附近还发现有专为宫室服务的铸铜、制陶、铸铁等手工业作坊遗址。宫殿区以西为民营手工业区，西北一带为墓葬区（图九一：7）。

10. 小结

设防城市的出现是东周时期突出的文化现象，目前已发现东周时期城址多座，集中体现了当时城市的政治经济发展特点，布局有以下共同特征：（1）为解决城市用水，都城一般都选择在两河之间或两河交汇的三角地带建造。（2）城市面积大为扩展，一般都在 10 余平方公里，大者甚至超过 30 平方公里。（3）都城均由王城（宫城）、廓城两部分组成；有的宫城位于廓城之内，有的独立存在。宫城为国家政治经济文化中心，城内有高大的宫殿建筑区和由王室控制的手工业作坊区；廓城的面积大于宫城，城内分布手工业作坊及平民百姓的居址，也有的将贵族墓地安排在廓城之内。

第三节　周代的墓地和埋葬制度

一、两周的埋葬制度

1. 先周墓地

先周是指周武王克商以前的历史阶段，即商代的周人文化。20 世纪

30 年代，徐旭生、苏秉琦在陕西宝鸡斗鸡台遗址发掘出土一批"瓦鬲（高领袋足鬲）墓"，其中部分墓葬的时代可早到先周时期。20 世纪 50 年代末，在陕西长安县沣西马王村遗址发现的地层关系表明，"瓦鬲墓"所代表的遗存早于西周早期。1970 年以来，在西安附近也发现了先周时期的墓葬。20 世纪 80 年代，在陕西扶风县的刘家遗址发掘一批先周时期的墓葬，形制多为竖穴偏洞室墓，随葬高领袋足鬲、双耳罐、砺石等。以"瓦鬲墓"为代表的"高领袋足鬲"应为"姜戎"的文化遗留，同时期的姬周遗存则以武功郑家坡等遗址为代表。

2. 周代墓葬及分类

截至目前，西周时期的王陵尚无迹可寻。根据现有的考古发现，按照墓室面积大小，可将周代墓葬分为四个等级。

大型墓　以河南浚县辛村的卫侯墓为代表。墓室面积 32～95 平方米，平面呈甲字形，有重椁，带墓道，殉车马，有车马坑。墓室结构仿效商代晚期形制，不同的是不设腰坑。随葬品摆放位置较固定，墓主头朝北，礼器放在北阶，车马器在南阶或椁顶，兵器在东西两阶，衣、甲、贝、玉等贴身用具随身放置在棺椁内。此类墓的墓主为诸侯一级的统治者。

中型墓　面积 10～30 平方米，平面多长方形，有棺椁，有的重椁，有的带墓道，一般随葬铜礼器、兵器、车马器，有的殉车马或附车马坑，有的还有殉人。有些地区此类墓底部设腰坑，殉狗，同商人作风一致。墓主应为中等贵族，多数据有兵权，地位仅次于公侯。

中小型墓　面积 5～10 平方米，平面长方形，墓底多数有熟土二层台，有棺椁，没有墓道，少数有棺无椁，有腰坑和殉狗。大多随葬陶器，一般有铜礼器、兵器，有的有车马器。此类墓随葬品数量少于中型墓，殉人有地区差异。墓主身份比较复杂，有些属于末流贵族，有些为富裕平民。

小型墓　面积 2～5 平方米，多有棺无椁，墓室与中小型墓相同。均有随葬品，以陶器为主（1～10件不等），基本组合为鬲、簋、罐等。一般没有铜礼器、车马器，墓主属于城市自由民。

以上四类墓葬代表了四个等级。其中差别最大的是中小型墓与小型墓，即贵族与平民的差异。中小型墓的葬俗与商代晚期相同，由此可证实"周因于殷礼"（《论语·为政》）的记载。

3. 丧葬制度变化与宗法等级制的加强

从西周中期开始，周人葬制改变很大，反映出西周对宗法等级制度的调整和加强。具体在考古上的表现是，铜礼器中的酒器数量减少，食器类大为增加。再就是在礼器使用上形成了一套新的、严格且规范的制度，即所谓的"用鼎制度"。据礼书记载，西周贵族在鼎的使用上有一套严格规定，即必须遵守"鼎俎奇而笾豆偶"（《礼记·郊特牲》）的制度，即鼎、簋配套使用的列鼎列簋制，鼎用奇数，簋用偶数。鼎和簋各自形态相同，大小依次递减，自成系列。使用时按照身份等级数量有别，具体分为五等：

一鼎（一簋）—士　　　　　　　　　（盛豚、小猪）

三鼎（二簋）—士（特定场合）　　　（豚、鱼、腊—士丧礼）

　　　　　　　　　　　　　　　　　（豕、鱼、腊—特牲）

　　　　　　　　　　　　　　　　　（羊、豕、鱼—有司彻）

五鼎（四簋）—大夫　　　　　　　　（羊、豕、鱼、腊、肤—少牢）

七鼎（六簋）—卿大夫　　　　　　　（牛、羊、豕、鱼、腊、肠胃、

　　　　　　　　　　　　　　　　　肤—大牢）

九鼎（八簋）—天子　　　　　　　　（牛、羊、豕、鱼、腊、肠胃、

　　　　　　　　　　　　　　　　　肤、鲜鱼、鲜腊—大牢）

列鼎中的镬为大鼎，煮羊、豕。升鼎煮食、宴客、祭祀。东周时期文献提到的"牢"，即列鼎制度。簋用以盛黍稷，与鼎成偶数相配，其他相配的器类还有壶和盘等，数量也都有相应规定。

经过多年的考古发现，用鼎制度不断得以印证。根据墓主的用鼎数量即

可以判断出墓主身份，西周中期以后，根据用鼎的数量可分出下列几等墓葬。

九鼎墓　西周王陵至今尚无迹寻觅。国君墓的用鼎制度还不十分清楚。在湖北京山苏家垄曾发现一座随葬九鼎七簋的残墓，推测墓主可能是曾国国君。在河南辉县琉璃阁发现有随葬九鼎的卫侯墓（琉璃阁甲墓为 9 鼎 8 簋，但墓主有卫、晋和范氏等不同说法）。九鼎为当时的最高规格，只有国君或诸侯国的国君方可使用。

七鼎墓　河南陕县上村岭发现的虢太子墓（M1052）随葬七鼎六簋、编钟一组，有单独的车马坑（殉车 10 辆、马 20 匹），随葬品近千件。陕西宝鸡茹家庄 M1 乙室随葬八鼎五簋、编钟三。此墓总长近 30 米，有一个墓道，分甲乙二室，殉葬 7 人。研究者认为，乙室为强伯，甲室是强伯之妾。七鼎墓为诸侯国君一级或相当于此级别的高级大贵族。河南陕县上村岭发现的虢国国君墓、山西曲沃天马—北赵发现的晋侯 M113 的规格，均属这一级。

五鼎墓　以上村岭 M1706、M1870 为代表。均为一椁双棺，较虢太子墓刚好小了一半，低一级。随葬五鼎、四鬲、四簋，有车马坑（各殉 5 车10 马）。陕西户县发现东周时期的五鼎墓，有车马坑，坑内殉马无车，另有兵器、殉人、殉狗。

七鼎墓至五鼎墓均有椁室，多数双棺，几乎都有单独的车马坑，礼器组合也大致相若，表明墓主身份相近，均可归入卿大夫一级的高、中级贵族，但二者之间还存在高下之别。

三鼎墓　陕西长安普渡村长甶墓随葬三鼎，有棺椁，有成套的青铜礼器和一套编钟，殉 2 人，有腰坑、殉狗。上村岭虢国墓地发现的三鼎墓规模较大，接近五鼎墓规格，有车马器，无车马坑。此外还发现有随葬陶礼器的三鼎墓。

三鼎、五鼎墓的区别仅表现在鼎、簋用量不同，其身份均属贵族，三鼎墓没有单独的车马坑，有车马器（秦墓除外），多为单棺，表明其身份在中等贵族之下，相当于士一级的低等贵族。

一鼎墓 墓室面积在 10 平方米左右。有棺椁,鼎、簋各一,有较多兵器,无车马坑、车马器,属末流贵族。两鼎墓可视为两个一鼎,与一鼎墓规格相同。

无鼎墓 数量最多,各地情况不一。在陕西宝鸡,西周中期的墓均无椁,无铜容器,随葬鬲、罐组合,约一半出兵器,估计墓主多为士兵。陕西长安张家坡发现的小型墓面积在 5 平方米以下,无椁,随葬组合为陶鬲、簋、豆(西周中期)或鬲、盆、豆、罐(西周晚期),无铜礼器、兵器、车马器,墓主应为平民。

用鼎制度在西周早期已露出端倪,中期才逐渐制度化,是当时强化等级制的表现。从文献记载可知,西周中期以降,社会矛盾加剧,为了维护贵族统治,强化宗法等级制,各尊其位,不得"僭越",丧葬制度上反映最明显的就是用鼎制度。

4. "公墓"与"邦墓"

据《周礼》记载,以血缘关系为纽带、聚族而葬的墓地为"族葬",它有两种表现形式。一种为"公墓",即王室国君、高级贵族的墓地,专门设有官员"冢人"掌管。在建筑上有一定规划,有明确的墓地范围,按宗法等级制排定死者位置、次序,即"昭穆制"。《周礼·春官·冢人》记载:"先王之葬居中,以昭穆为左右。凡诸侯居左右以前,卿、大夫、士居后,各以其族……凡有功者居前。以爵等为丘封之度与其树数。"另一种为"邦墓"。东汉郑玄的解释为"凡邦中之墓地,万民所葬地"。邦墓由墓大夫掌管,"令国民族葬,而掌其禁令"(《周礼·春官·墓大夫》)。这里的"国民""万民"实际上都是指自由民。从考古发现看,西周到春秋初年,确实存在两种不同的族葬制。"公墓"可以河南浚县卫侯墓地和陕县上村岭虢国墓地等为代表,为贵族墓地。"邦墓"以陕西宝鸡斗鸡台、长安张家坡等墓地为代表,为平民墓地。

族葬制实际上是史前时期以血缘关系为纽带的公共墓地的孑遗,到了阶级社会又增加了新内容。西周时期发展成为宗法等级制的组成部分。实行族葬，保持亲族血缘关系，表面看是"生相近，死相邻"，加强亲人之间的团结，本质上则是出于政治需要，以利于国家统治。在贵族内部实行"公墓"，使等级制度更为明确，对死者位次的排定，目的是加强对生者的约束。西周的族葬制从先周发展而来，灭商以后逐渐成为西周宗法等级制的一部分。

5. 西周的人殉

西周早期，高等级贵族几乎不见殉人，但殷遗民贵族殉人现象比较普遍，殉人数量也较多，尽管未发现国君级的墓葬，但与商代同等级的墓葬相比，殉人方面没有太大区别。西周中期，殉人数量衰减。西周晚期，黄河流域的大部地区已很少见到殉人现象，但个别地区（关中秦人）仍保留有这种落后习俗。

二、列国墓葬

（一）三晋、两周与中山

指黄河中游一带的中原地区，包括两周、韩、赵、魏和中山国。

1. 晋国

晋国的墓葬集中发现在山西侯马、太原一带。其中，西周时期的墓葬主要发现在山西曲沃一带，东周时期的墓葬集中发现在侯马、太原和长治等地。

侯墓　在山西曲沃天马—曲村遗址发现有西周末年至春秋初年的晋侯夫妇异穴合葬墓，共有19座。墓的平面分为甲字、中字两种，甲字形墓为主，最高级别为5~7鼎，有车马坑、祭祀坑，殉车马（最大的坑殉马100匹以上），偏晚的墓积石积炭，证实这一带可能是"唐"的始封地，对研究西周和晋国的历史有重要意义（图九二）。

大型墓　在山西侯马浍河南岸的上马墓地，发掘了千余座两周时期的墓葬。其中，M13随葬鼎7、编钟9、编磬10及其他铜礼器、车马器，墓

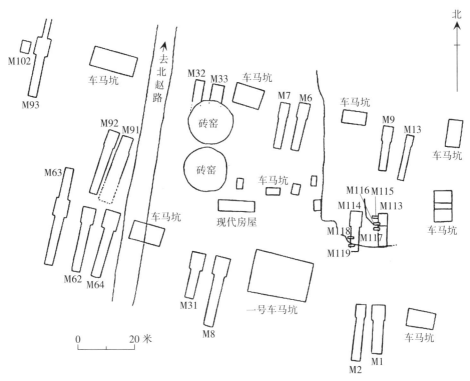

图九二　天马—曲村晋侯墓地平面图

(引自《天马—曲村遗址北赵晋侯墓地第六次发掘》,《文物》2001 年第 8 期)

主不可知。此墓出庚儿鼎一对，铭文记载徐国庚儿的事迹，可证徐与晋关系密切。1987 年，在太原金胜村发掘了千余座春秋战国的墓地，其中 M251 面积达 100 余平方米，墓内积石积炭，三重棺，四阶殉葬 4 人（均有葬具）。铜礼器出土 70 余件，还有大量车马器、工具、兵器，编钟、编磬各两套及 500 余件玉器、金器等。其中一件大镬鼎重 250 公斤，为春秋时期罕见。其他精品还有鸟尊、鸟盖瓠壶、莲盖大方壶等重器。此墓东北有一面积 100 平方米的车马坑，分为车库（有车，车下殉狗）和马厩（马 44 匹）。此墓位于春秋末年晋阳古城 2.5 公里处，系晋国赵氏大贵族的墓地。据研究，晋国礼制为：三鼎墓可用车器，五鼎墓可用编钟、编磬。

中小型墓　在山西侯马浍河南岸、曲村等地发现中、小型墓，时代从西周中期至春秋末期，90% 为小型墓，排列有序，为血缘关系密切的"族葬"，保留了西周以来严格的宗法制度，随葬品组合为陶鬲、豆、罐、壶。

2. 魏国

魏国的墓葬集中发现在河南辉县、陕县、郑州等地。

王侯墓　以辉县固围村 1、2、3 号墓规格最高，为战国魏国王室夫妇异穴合葬墓，墓上建有两米多高并列的方形土台，系墓上建筑，面积较墓室大出一周。居中的 M2 享堂为七开间，两侧的 M1、M3 为五开间。三座墓的南北有长 150、深 15 米的墓道，墓室建筑程序为先挖出墓穴，墓底铺巨石，用木枋垒砌出近方形的椁室，椁室两侧和临近墓道处用巨石砌墙，再填细沙，夯实，椁内外填充木炭。该墓早年被盗，剩余的随葬品有陶鼎 9、陶豆 2 件，在南墓道尽头还发现放置两车马的车马坑。

大型墓　在辉县琉璃阁、汲县山彪镇等地有发现。墓室长 7～8 米，无墓道，除随葬铜礼器外，有车马器、兵器、乐器，墓主身份为低于国君一级的高级贵族。

小型墓　与晋国的情况接近，陶器基本组合为鼎、豆、壶。

3. 赵国

赵国的墓葬集中发现在河北邯郸、永年、邢台等地，共有 5 处。

王陵　在河北邯郸、永年发现赵王陵 5 处，形制与辉县固围村相同。在邯郸西北的陈三陵村、周窑、温窑有 4 个陵区、7 个封土堆、5 个陵台，排列井然有序，布局相同。这批王陵皆背岗面皋，周围有陵寝围墙，十分壮观。陈三陵村的一号王陵建在山上，陵台南北长 288 米，东西宽 194 米，封土直径 57×74 米，周围建围墙，组成陵园。每座王陵都有坐西朝东的陵台（300×200 米），陵台中部有 1～2 个高大的封土堆，长宽 30～50 米，高 10 米，台上建享殿，四周建坊，陵前有"御道"，与战国中山王陵所出的"兆域图"相同。

大型墓　在赵王陵附近发现有大型陪葬墓。已发掘的一座为中字形

（M1），墓室面积 181.25 平方米，两椁一棺。东墓道长 133.5 米，为车马坑；西墓道 28 米，殉人有 1 椁 2 棺，墓主身份为仅次于国君的高级贵族。

中型墓　集中发现在邯郸、邢台等地。墓室面积 5～10 平方米，大者20 平方米。随葬陶鼎 1～3 件，其他还有兵器、车马器、玉器等，大多都有殉人。

小型墓　长仅 2 米。随葬品组合为陶鼎、豆、壶，基本不见铜礼器。

4. 韩国

韩国的墓葬发现在山西长治和河南新郑一带，年代从春秋至战国末年。未发现王侯一级的大墓，较大的墓长 6～9 米，多数无墓道，墓内积石积炭，随葬五鼎及车马器、乐器等。小型墓仅随葬陶器，基本组合为鼎、豆、壶（1～2 套）。

5. 中山国

战国时期的中山国位于河北灵寿县（今平山县）。中山国是春秋时期鲜虞的后裔，为姬姓白狄建立的国家，也有说是商人的后裔。

王陵　在平山县的东、西灵山下，有高大封土、车马坑、陪葬墓等。形制与固围村魏王墓相同，但规模更大。在已发掘的六座墓中，M1 墓室长宽 29 米，南北墓道长 110 米，墓底用巨石垒砌 2 米高的椁室，椁内积炭。M6 稍小，但石椁厚 3 米左右。两座大墓出土大批珍贵文物，具有重要历史价值。其中，M1 出有铁足大鼎、方壶和圆壶三器，器表镌刻史料价值很高的长篇铭文，共计 1099 字，记载了中山国的历史事件和世系王位，填补了史料不足，证实此墓为中山国王䚐的陵墓。中山国的随葬器物与三晋基本相同，也有一些北方少数民族的因素，如山字形铜器、动物造型的错金银圆雕等。此墓最重要的发现是深入了解到战国时期国君级的墓葬规格。䚐墓在地表建有高大的阶梯覆斗状封土，顶部建有享殿，推测为覆盖瓦顶的三层台榭式建筑，周围有回廊。另一重要发现是 M1 出土的铜版"兆域图"，用金银镶嵌出中山王陵的规划图，详细注明了陵园各部位的尺寸，营建王陵的王命等（这是中山国王生前设计好的陵园图纸，但

后来未能完全循此制建造），与考古发现大体一致（图九三）。可知当时
国君一级的陵墓均循此建制，魏国、赵国王陵均是如此，与早期的公墓完
全不同，接近秦始皇陵，说明此制式到战国中晚期已在三晋地区成为
定制。

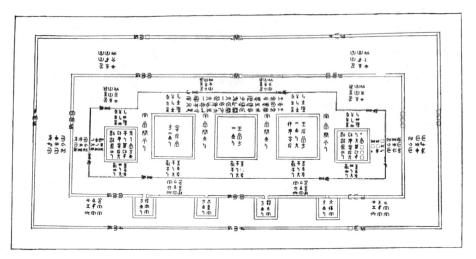

图九三　中山王墓铜版兆域图
（引自《新中国的考古发现和研究》，1984 年）

小型墓　在平山、唐县等地有发现，分为土坑、积石两种。随葬品既
有中原的风格，也有北方地区的特色，如扁方壶、短剑等。

（二）齐鲁与燕

1. 齐国

齐国的墓葬主要发现在山东临淄地区，年代从西周晚期延续到战国
时期。

大型墓　今天在临淄周围地表仍可见到数以百计的高大土冢，这些都
是王侯一级或高等级的贵族墓。但至今还没有发现明确为王侯一级的大
墓。勘探可知规模最大的是中字形墓，有南北墓道，附设规模很大的车马

坑（齐景公的殉马坑殉马超过 500 匹）。已发掘的临淄郎家庄 1 号墓面积 400 平方米，无墓道，墓圹四壁涂白，椁室用天然石块垒砌，高 4.8、厚 2 米。木椁面积 20 平方米，棺椁上铺设卵石、蛤蜊壳，构造相当坚固。环绕椁室殉葬 17 人，可识别年龄、性别者 6 人，经鉴定均为 20 岁上下的年青女性。另在填土中殉有 6 人，也多为年青女性。1984 年，在齐鲁石化工程施工时发现一座春秋时期的大墓，墓室用天然巨石垒砌，用卵石填缝构建椁室，发现有陪葬坑和殉人。看来用巨石构筑椁室，四周环绕拥有棺椁的陪葬人，这一形制可能是齐国高等级贵族的葬制。

中小型墓　在齐鲁石化工程施工时发掘了数百座，年代从西周晚期到战国时期。此类墓内有生土二层台，挖壁龛，陶器组合按时代变化为鬲、豆、罐（西周）—鬲、盆、豆、罐（春秋）—鬲、鼎、豆、壶（战国）。

2. 鲁国

鲁国墓葬集中发现在曲阜、兖州一带，未见大型墓。鲁故城内发现四处墓地，多为西周时期。葬制分为两种。一种为鲁国统治者，约四分之一墓内随葬铜礼器。另一类墓底有腰坑、殉狗，随葬陶器组合为鬲、簋、豆、罐，应为商人在东方的后裔墓。战国时期，鲁国墓葬的随葬品组合为釜、罐、壶、鬶，不见鼎和豆，这是鲁国墓葬的特点。

3. 燕国

在北京房山、天津和河北北部均有发现。

大型墓　以燕下都 M16 为代表。墓顶原来建有长宽各 30 米、高 7 米的封土，墓室面积 80（10.4×7.7）平方米，四壁采用夯筑加火烧烤加固的方法，墓道情况不详。墓中随葬制作精良的仿铜陶礼器，有大鼎 2、列鼎 9、方座和圆座簋各 8 件，以及豆和壶，还有成套的陶乐器、石磬，未见兵器、车马器。

中型墓　主要发现在唐山地区。墓内普遍随葬仿铜陶礼器，每种器类一般用偶数（2 件）。发掘有面积 21 平方米的铜器墓，随葬铜鼎、豆、壶、盘、匜各 1 件，还有兵器、车马器。燕国地处北方地区，铜器造型和花纹带有北方色彩，流行饰结纽的绳索纹、鸟兽纹和狩猎纹。

小型墓　与其他地区的墓葬大体一致，随葬品组合为鼎、豆、壶（或者加上盘、匜）。燕国墓葬常用夹砂红陶筒状鼎和鱼骨盆（陶胎内添加蚌末为掺合料，故名）为葬具。

燕国的中小型墓普遍没有兵器和车马器，表明墓主的身份不高。

（三）秦国

秦公陵　春秋时期的秦公陵位于陕西凤翔县雍城的南指挥，共发现13座陵园。每座陵园葬有不同数目的大型墓及车马坑，大墓分为中字形、甲字形、刀把形几种。每座陵园的周边挖有横剖面呈槽形的兆沟，宽2～7米，深2～6米。兆沟是建在陵园外围的干沟，起防护作用，也是墓地的界标。兆沟也称"隍壕"，意为无水之护城壕。《说文》段注："隍，城池也，有水曰池，无水曰隍。"《周易·泰卦·上六》："城复于隍。"虞注："隍，城下沟，无水称隍，有水称池。"隍用于城壕，兆为陵墓专用。秦公陵的兆沟分为三种。（1）双兆沟墓。用马蹄形内兆环绕中字形墓，再以中兆环绕主墓、陪葬墓以及车马坑。（2）单兆沟墓。主墓无内兆，以中兆环绕主墓、车马坑。（3）组合型墓。几座陵墓共用一个中兆或者陵中套陵，比较特殊。

秦公一号大墓平面呈中字形，墓室长方形，面积约2284（59.4×38.45～38.8）平方米，深24米，东墓道长156.1米，西墓道长84.5米，总面积5334平方米，为已发掘的先秦墓葬中规模最大的。考古发掘历时10年。椁室位于第三台阶中部，深4.2米。主、副椁室平面呈曲尺形。主椁室居墓室中部，长16、宽8米，副椁室位于主椁室西南，长5米余，宽约7米，深2.1米。椁室内各有柏木椁具一套。主椁室用截面边长21厘米的枋木垒成，形如长方形木屋。由于盗扰严重，棺椁及葬式不明。在墓室填土中清理人骨20具、兽骨2具。在墓室三层台以及西墓道与墓室连接处，殉葬166人。秦公一号大墓虽屡经盗掘，仍出土各类文物3500

余件（图九四）。秦公大墓地表无封土，有的大型墓上建有享殿，发现砖和下水管道等建筑构件。有人认为，秦国陵墓葬制与商代墓葬相同，承继关系明显。也有人认为，秦公陵在第一阶段遵循公墓制，第二阶段才出现独立的陵园。秦公陵的平面形制有甲字形、中字形、亚字形、超亚字形几种。即从雍城春秋时期的中字形墓到芷阳的亚字形墓，再到临潼始皇陵的超亚字形（即四边都有墓道，墓道上设有分墓道，已探明墓道多达16条）。这一习俗对汉代及以后的陵寝制度有重大影响。

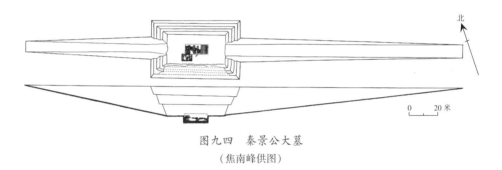

图九四　秦景公大墓
（焦南峰供图）

中小型墓　分为长方形、土洞两种，与中原地区不同的是墓主头朝西，流行屈肢葬。随葬品方面，秦国墓葬最早流行随葬仿铜陶礼器、陶模型明器（仓、俑等）。秦人的方壶和簋的造型很有特点，茧形壶为秦人所特有。秦墓仍保留有人殉习俗。

（四）楚国（含蔡、曾两国）

楚国的墓葬主要集中在江陵、南阳和长沙一带。

大型墓　地表筑有坟丘，由于土质原因，楚国的大墓四壁均呈多层阶梯状，椁室结构分为三种。（1）主室位于椁室正中，周围用隔板分出头箱、足箱和左右边箱。目前所见椁室面积最大的墓为信阳长台关M1，面积63平方米，除主室之外，另外再分出六室。（2）将棺木置于主椁室一隅，用隔板分出头箱和边箱。如湖北江陵望山M1，椁室面积24平方米。

（3）椁室内外没有间隔，形成三面回廊或四面回廊。其中以第一类墓葬规格最高，随葬大量漆器、铜器、陶器、兵器、车马器及乐器，墓主为封君一级。第二、三两类墓的随葬品没有金石乐器，墓主身份相对要低。随葬品以仿铜陶礼器居多，器类有鼎、敦、簠、盘、匜等。鼎的造型与中原地区大不相同，敦和簠为楚国特有的器类（图九五）。

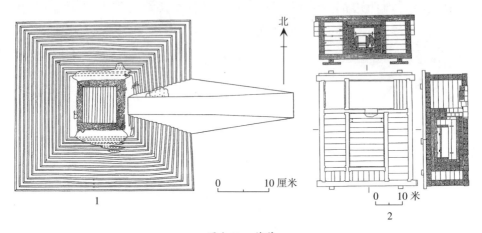

图九五　楚墓

1. 包山 M1（引自《包山楚墓》，1991 年）　2. 天星观 M1（引自《江陵天星观 1 号楚墓》，1982 年）

中小型墓　面积 6～15 平方米，头向基本朝南，视墓主身份高低，有的棺椁具备，有的单棺无椁，随葬品以陶器为主。此类墓发现很多，以江陵雨台山墓地为例，依时间早晚，随葬品组合有如下变化规律。

西周至春秋中期　　　—鬲、钵、罐

春秋晚期至战国早期　—鼎、簠、壶

战国中期　　　　　　—鼎、敦、壶

战国晚期　　　　　　—鼎、敦（盒形）、壶

自战国开始，楚国墓葬中约有半数都随葬镇墓兽和铜剑，少量随葬木俑。镇墓兽的流行反映出楚人"信鬼好祀"的传统。与北方地区不同的是，楚国墓中随葬的乐器以丝竹类居多，流行铜钲。除了高等级贵族以

外，中小型墓用鼎多为偶数。

战国早期的曾侯乙墓出土编钟一套，悬挂在长 10 米的曲尺形铜木支架上，分为上、中、下三层，高 2.73 米。悬挂编钟 65 件，总重量 3500公斤。经测音，用来演奏的五组甬钟的基调属现代 C 大调，音域跨五个八度，较现代钢琴两端各少一个八度。其中心部位 12 个半音齐备，每个钟可发两个音，能演奏各类乐曲。这套编钟的发现极大地丰富了对先秦时期乐律的认识。

蔡国是与楚相邻、关系较密切的姬姓国。1955 年，在安徽寿县发现了蔡昭侯墓，墓圹长 8、宽 7 米，未见墓道和车马坑，棺椁数量不明。随葬铜鼎 19 件、簋 8 件、鬲 8 件、簠 4 件，还有编钟、编镈、豆、敦、方壶、鉴、盥缶、盘、匜等，器类和件数与曾侯乙墓一致，但乐器大为逊色。

（五）吴、越

吴越两国为江南地区的列强。已发现的吴国墓葬分为两类。

王侯墓　在江苏苏州市的大、小真山的山顶上发现了吴王墓。其中，真山 M9 凿山为陵，地表建有庞大的四面坡状封土堆（东西长 70 × 南北宽52 米），残高 20 米。吴王下葬后填土夯实，在墓口每隔 1 米用石块南北向砌有 20 厘米宽的石墙数道，石墙之间填土夯实，以防盗掘。在墓口东西两侧的石墙外用石块筑有护坡，再堆封土，土方量非常可观。墓室面积110.4（13.8 × 8 米）平方米，西部筑有高出墓底 15 厘米的棺床，中部和东部下挖深 20 厘米的排水沟。此墓早年被盗，棺床上遗留 10 层漆皮，遗留兽面纹图案，估计有 2 椁 3 棺。其他残留遗物有漆盒、漆箱、原始青瓷碗、夹砂陶三足器、玉器、细小的串珠、玉片、玉贝、海贝等。其中玉片均钻孔，可能为玉殓葬的遗物。

越王墓在越国都城会稽（今绍兴印山）发现，这座墓的建筑结构非常独特，地表筑有巨大的封土堆，墓室周边构筑柏木，中央用巨大的木材建造了一个类似房屋的人字形构件，构件内放置越王的巨大独木棺。由于早年被盗，随葬品荡然无存，但是这座墓的规模和形制显示出极为特殊的葬制（图九六）。20世纪80年代，在绍兴曾发现一座带阶梯墓道的残墓，随葬品中有著名的青铜裸人伎乐房屋及铜罍、铜鼎等青铜礼器，其中有2件为徐国的铜器，有可能是越灭吴时掳掠的战利品，此墓也可能是越王或越国大贵族的陵墓。

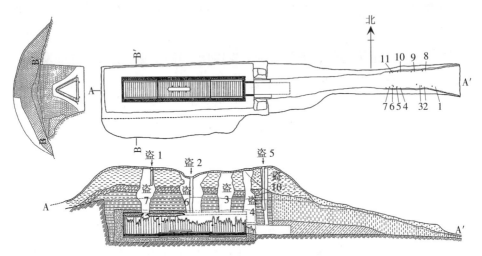

表土层　五花水平向夯筑封土　五花夹碎石斜向夯筑封土　红色夹碎石封土　墓坑青膏
黄色夹石填土　黄色五花填土　墓道青膏泥填土　木炭层　树皮层　生土　泥填土
1~11 为柱洞

0   10 米

图九六　印山越王墓

（引自《印山越王陵》，2002 年）

大中型墓　苏州真山 M1 凿山为陵，地表封土残高 7 米，墓口原长 11.6、宽 9.7 米，墓底原长 6.5、宽 5.45 米。另有长 11 米的斜坡状墓道，这是迄今在苏南地区发现的最大的战国墓。墓内出土铜鼎 4、灯 1、提梁盉 1 件以及剑、戈、镦、弩机、镞、印、玉器、陶冥币"郢爰"等。其中，印玺上的四字为"上相邦玺"，结合"郢爰"的出土，可证这应是楚相之印。史载楚考烈王时，以黄歇为相，封春申君，后请封于江东。黄歇为楚相 20 余年。后楚考烈王卒，黄歇被害于江州，可能归葬到了真山，此墓有可能是春申君之墓。

吴国土坑墓的形制与中原地区相同,有些墓出有编钟,钟铭"句吴×××之子孙",应系吴国贵族。河南固始县侯古堆发掘一座大墓,形制十分特殊。主墓建有坟丘,积沙积石,面积 120 平方米,有墓道,椁内外殉葬 17 人。随葬品单独放在墓旁一个大型器物坑内,坑内放置大型木椁,内藏编钟 9、编镈 9、列鼎 3 种 9 件、车马饰等。器类与中原地区相同,也有楚墓常用的镇墓兽、木雕、印纹硬陶器和原始瓷器、漆木器等。更为罕见的是随葬有大小肩舆三乘。所出铜簠上的铭文记载,此乃宋景公为其妹"吴国夫人"季子所做的陪嫁之器。对于此墓的归属,学术界还有不同意见。

土墩墓　流行于江南地区的一种形制特殊的封土墓,年代从夏商之际延续到战国前期。特征为先在地表挖出浅穴,铺设卵石、木炭,墓主下葬后,逐层填土夯实,堆筑高大的坟丘,一般直径达 20 米。有些土墩墓先后葬有数人,最多的有 10 余人,应属家族墓的性质。从其形制看,可分为土墩墓和土墩石室墓,主要分布在太湖周围、杭州湾和皖南地区(图九七)。

(六)战国时期埋葬制度的变化

第一,几乎全部随葬陶礼器,表明庶人与士这两个阶层之间的严格界限被冲破,旧的礼制进一步遭到破坏。

第二,洞室墓在战国中期以后出现,尽管数量不多,表现出的是对传统棺椁制度的破坏。

第三,南方楚国的墓葬使用一套不同于中原地区的随葬陶器组合,早期为鼎、簠、壶,中期为鼎、敦、壶,晚期为鼎、盒、壶。

第四,西方的秦国保留了更多的旧礼制。屈肢葬和一批自身特征强烈的陶器(铲足鬲、茧形壶、蒜头壶、瓮等)显示出,秦人的历史文化传统与东方六国差异很大,包括使用生活用器随葬,较少使用陶礼器。而且秦人不太重视棺椁制度,洞室墓出现得早,流行也快。

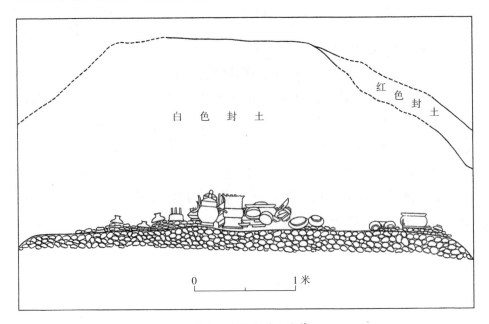

红色封土

白　色　封　土

0　　　　　　　1 米

图九七　安徽屯溪土墩墓
（引自北京大学《商周考古》，1979 年）

第四节　铜矿开采与青铜冶铸

一、矿冶遗址

1. 铜绿山古矿冶遗址

铜绿山位于湖北省大冶县的西北部，1973 年发现。在约两平方公里的范围内发现有古矿井、采矿工具和冶炼遗迹等。经考古发掘出土的地下采矿区有 7 处，井巷近 400 条，冶炼区 3 处，炼铜炉 2 座。该遗址的文化堆积分为早晚两期，早期为春秋时期或更早，晚期为战国—汉代。古矿井内使用方木支架承受井壁压力，使矿工可以下至地下 40～50 米的深处采掘矿石。矿井设计较好地解决了通风、排水、选矿、提升等技术，采掘水平较高。

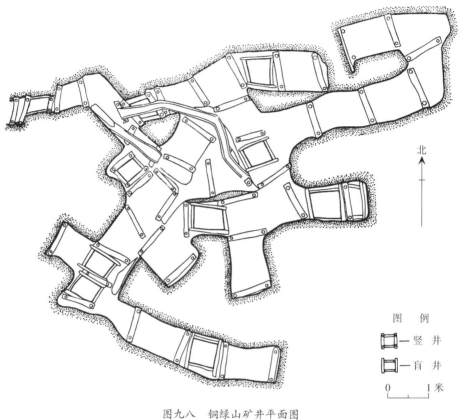

图九八　铜绿山矿井平面图
（引自《新中国的考古发现和研究》，1984 年）

井内还设有排水暗槽，上面盖有木板，不影响采矿。还建有专门的排水巷
道（图九八）。

早期提升矿石主要依靠人力进行，晚期使用木制辘轳。通风方面利用
井口高低不同产生的气压差，形成自然风流，气流可向深处的采掘面流
动。选矿除了依靠目力以外，还使用类似淘金用具的船形木斗，在井下先
进行粗选，将贫矿、废矿石直接填入废弃的矿井，富矿搬运到地面进行冶
炼，大大提高了工效。矿井内还出土了用于采掘、装载、照明、排水、提
升的工具，以及陶器、铜锭等半成产品。早期使用的工具有铜斧、铜锛、

木铲、木槌、船形木斗、瓢、竹篓、绳子等，晚期使用的工具有铁锤、斧、钻、耙、锄等。

在矿井附近还发现春秋时期的竖形炼炉8座，包括炉基、炉缸、炉身三部分。经复原，这种炼炉从底部到顶部高1.5米，容积约0.32立方米。竖炉的周围还发现碎料台、筛分场、加料台、泥池等辅助设施，以及石砧、石球、粗铜块、木炭、耐火材料和大量炼渣。经模拟实验，这种竖炉可用木炭为燃料，还原冶炼红铜，而且不必毁炉取铜，可以连续加料、排渣、放铜，工效较高。在矿区内发现的炼渣有40万吨以上，占地14万平方米，估计这里炼出的铜在8～12万吨之间。从矿渣形态观察，冶炼时铜渣流动性良好，矿渣含铜平均为0.7%，已具备了较高的冶炼水准，估计当时冶炼业的内部已出现分工。

有研究者推测，古代青铜铸造业与采矿、冶炼是分地进行的，铜绿山遗址的考古发现证实了这个推测。

2. 瑞昌铜岭古铜矿遗址

遗址位于江西瑞昌夏坂乡铜岭地区，面积约1万平方米，采空区超过20万立方米。从1988年开始先后经过四次抢救发掘，揭露面积800平方米，发现竖井53条、平巷6条、斜巷3条、露采坑1处、木溜索1条。当时人们挖凿竖井、平巷、斜巷，采用联合开采的方法，井深多数在8米以上。井壁贴有扁平木板和小排棍，井体用榫卯结构的方框支架组接，巷内用木框架支撑。出土遗物有木辘轳、锨、铲、水槽、瓢、竹筐、盆、签、铜斧、铜凿、铜锛、陶器等。这座矿井的时代从商代中期延续到战国，是目前我国发现时代最早的矿冶遗址。

3. 皖南古铜矿群

这座古铜矿群的范围涉及安徽省长江南岸的铜陵、南陵、贵池、繁昌、青阳、泾阳六个县市，1983年以来，先后发现古矿冶遗址60余处，炼铜渣百万吨，遗址范围2000平方公里，时代从西周晚期到唐宋时期。先秦时期的矿冶遗址有10余处，其中，南陵县江木冲遗址范围最大，炼渣散布范围达 1.5 平方公里。已试掘江木冲和铜陵县木鱼山两座遗址。从出土遗物看，皖南铜矿从西周晚期开始采掘、冶炼。经检测，江木冲遗址铜渣含铜 0.34% ~ 1.3%，有些超过大冶铜绿山 0.7% 的平均含铜量，接近现代冶炼渣的含铜标准，冶炼水平较高。至迟到东周时期，皖南铜矿已开始冶炼硫化铜矿。此外，在江木冲、木鱼山、万迎山等遗址还发现古矿井坑遗迹和石球、葫芦形提升石等采矿工具，证明当时的采矿和冶炼是在同一个小区域内进行的。

4. 长江中游地区其他矿冶遗址

1982 年在湖南西部的麻阳（沅麻盆地）丘陵发现古矿坑 14 处、露天矿址 1 处，出土遗物有木、铁工具、陶器及大量的铜炼渣，时代为战国时期。1985 年，在湖北阳新县下富地镇发掘清理出“口”“日”两种结构的竖井和平巷，出土木、铜工具以及水槽、耙、陶器等，时代为春秋时期。

5. 内蒙古林西大井古铜矿

北方地区发现铜矿数量很少，仅在内蒙古林西县官地乡大井村北发现一座铜矿遗址。大井古铜矿占地约 2.5 平方公里，地表可见采矿坑 47 条。1976 年，辽宁省博物馆进行发掘，出土石器 1061 件，包括石钎、锤、环、球、盘和研磨器等。当时采矿主要使用石器。在遗址范围内还发现多座炼炉、炉渣、陶鼓风管、矿石等。

大井古铜矿属于夏家店上层文化，年代相当于西周晚期至春秋早期。当时采用石质工具大规模开采铜、锡、砷共生硫化矿。经焙烧直接还原冶炼出 Cu – Sn – As（铜—锡—砷）合金。近年来，在内蒙古、辽宁、河北接壤地带发掘出土夏家店上层文化铜器多件，在辽宁凌源三官甸子遗址出有陶质马首鼓风管，与大井古铜矿出土的相同。在这个接壤地带还发现数处年代较早的古铜矿遗址。大井古铜矿是我国在 3000 年前使用硫化铜矿、含砷铜矿、铜锡共生矿的重要遗址，对探索我国北方地区铜器的来源及相互关系有重要研究价值。

二、采矿技术

人类对金属矿物的认识有一个逐步的过程，也是人类长期制作和使用石器的副产品。在铜矿所在地表常有一些特殊的迹象和遗物，如颜色、纹理漂亮的绿松石，可用来制作装饰品。此即古文献提到的"铜绿如雪花小豆，点缀土石之上"，古人也多根据这类迹象寻找铜矿。从考古发现看，古时的采矿方法有露天开采、平巷（斜巷）或竖井几种。

1. 露天开采　这是最原始也最简便的方法。人类最早开采的是露天矿。如果地表矿藏丰富，就从地表向下开采；如果仅有矿脉，可顺藤摸瓜。在瑞昌铜岭遗址发现有半地穴式矿坑，应是露天开采的遗迹。

2. 平巷（斜巷）或竖井开采　西周时期已出现沿着地表露头的矿脉向下开凿竖井，到一定深度后再开挖平巷。平巷下再开盲井，逐渐向地下延伸，有矿即采，无矿停止。春秋时期，一般先从矿体露头处开凿竖井，到达富矿时再开平巷，数条平巷并行排列，沿矿脉走向延伸。采空之后，再在平巷的底部开凿盲井，找到矿脉再开采。战国至西汉时期，将竖井式斜井开采到矿体的底部，再凿穿平巷进入矿体。有富矿的地方沿矿脉伸展开采，下层采完，再向上开采。为安全起见，平巷（斜巷）或竖井需要用木料支撑防护。

三、冶炼及铸铜遗址

在山西侯马、河南新郑、山东曲阜、河北易县、湖北江陵等地东周时期的古城及大型遗址，均发现有冶炼和铸铜遗址。其中侯马、新郑所做工作最多，考古发现有炼铜炉、烘范窑、鼓风管、坩埚、铜锭、铅锭、陶范等。

山西侯马冶铜遗址共出土30000余件铸铜陶范，约1/3有花纹，可配套、复原的陶范约上百件，种类有鼎、豆、壶、簋、匜、鉴、舟、敦、匕、匙、铲、镢、斧、锛、刀、剑、镞、镈、编钟、镜、带钩、空首布、

车马器等，囊括了礼器、兵器、乐器、货币和日常用具等。器表花纹有夔
龙、凤、绹索、蟠螭纹、蟠虺纹、云、雷、饕餮、环带、垂叶、贝纹、涡
纹等，以前几类数量最多（图九九）。

330

331

332

图九九　侯马铸铜陶范

（引自《侯马陶范艺术》，1996 年）

兵器和工具多为单范铸造，容器使用复合范。除"浑铸"（整体浇铸）之外，分铸法更普遍。陶范制作非常严格，选用黄黏土、细沙，掺入一定比例的植物类有机掺合料，沙与土的配比在母范、外范、内范之间有一定的差异。其工作程序是先制作母范，镂刻花纹，从母范翻制出外范，再加工内范。考虑陶土干燥会变形或爆裂，范胎的配比一定要附合标准，烘范时要严格掌握温度和火候，最重要的是在铸造时能经受铜液产生的压力和凝固时产生的收缩率，要求陶范有一定的透气性。为满足这一需求，在黏土中还要添加有机质掺合料，制造气孔。侯马发现的陶范反映出当时的铸造业已具备了较高水平。

四、西周至春秋时期青铜工艺的发展

1. 西周青铜器分期

根据时代变化，西周时期的青铜器演变分为三个阶段（图一〇〇）。

早期　西周早期的铜器制作延续商代晚期的传统和风格，与商代晚期同处于青铜时代的鼎盛期，也是青铜器制作的高峰期。器形凝重敦实，花纹繁缛庄重，文字工整谨严。铸造技术广泛采用分铸法。铜礼器全面继承晚商的工艺传统，以酒器为主。尽管出现了某些新的因素，但很难在商周之间划出一条明确的界线。常见炊食器有鼎、甗、簋，鬲，豆极少见，酒器有觚、爵、角、斝、盉、尊、鸟兽尊、觯、卣、方彝、觥、罍、壶、斗勺等。器形有些许变化，例如鼎一般作直耳，立在口沿上；柱足或兽足，腹部较浅，下腹微胀。簋多为商代少见或不见的方座簋和四耳簋，双耳簋一般无盖。兵器中戈多作长援短胡。新出现青铜短剑、匕首。"钩戟"这种周人特有的兵器盛行。花纹装饰繁缛，多见饕餮纹，次为夔纹，云雷纹衬底，鸟纹、蚕纹、乳丁纹流行，不少铜器带高扉棱饰。长篇铭文出现，例如武王时期的《大丰簋》，有8行72字；康王时期的《大盂鼎》，有19行291字；康王或昭王时期的《小盂鼎》，多达20行390字。周初铭文字体同商代晚期区别不大，一般用肥笔，波磔较明显。

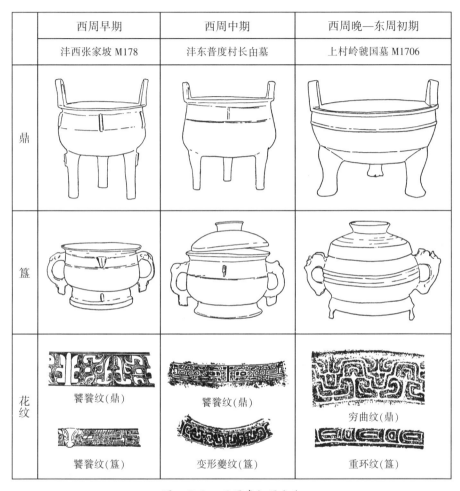

	西周早期	西周中期	西周晚—东周初期
	沣西张家坡 M178	沣东普度村长由墓	上村岭虢国墓 M1706
鼎			
簋			
花纹	饕餮纹(鼎)　饕餮纹(簋)	饕餮纹(鼎)　变形夔纹(簋)	穷曲纹(鼎)　重环纹(簋)

图一○○　西周青铜器分期

（引自北京大学《商周考古》，1979 年）

　　中期　特点是继承了早期厚重典雅的传统，同时开启了此后轻薄草率的新风，带有明显的过渡性。具体表现为整体风格从繁缛走向简朴，食器比例攀升，酒器数量逐渐减少，降至次席。炊食器中新出现了簋和盨，豆仍少见；酒器中觚、爵、斝渐少，新出现杯；水器中新出现了匜，往往与盘配套使用。乐器中编钟（甬钟）最早见于穆王时期，3 个一组。列鼎出现。柱足鼎逐渐少见，兽蹄足流行，器腹呈扁长方形。带盖簋的数量增多。三角援戈出现。青铜器上的花纹简约，流行带状装饰，饕餮纹渐少，鸟纹盛行。新出现窃曲纹、瓦纹、重环纹以及身尾蜷曲如横 S 状的变形夔纹。长篇铭文较常见，文字内容趋于格式化，笔道稍有波磔。

晚期　本期青铜器的特点是，器形制作轻薄而简陋，尤以明器为甚，花纹造型趋向简单化，铭文的文体和字体趋于草率。这些都说明，西周晚期到东周初期是青铜时代的中衰时期。青铜器风格更为简朴，铸造工艺较粗陋。炊食器有鼎、鬲、簋、簠、甗、盨，豆次之，新出现盆。酒器有盉、尊、鸟兽尊、罍、壶等。水器中盘、匜极常见，新出现鉼。鼎足几乎全部变为中间细、两端粗的半筒状马蹄形，器耳多直立于口沿上，或作附耳。簋几乎都是鼓腹有盖，或在圈足下再加三足。编钟件数增多，8 件一套。流行中胡戈，援部变短，或援末为三角形；胡部、内部加长，多为 2～3 穿。以往流行的夔纹、鸟纹逐渐绝迹，饕餮纹多饰于器足上端，穷曲纹、瓦纹、重环纹、垂鳞纹、变形夔纹盛行。这类几何纹一般不用云雷纹衬底，略显潦草。铭文不常用肥笔，笔道粗细一致，波磔不明显。行款排列较整齐，百字以上的长篇铭文习见，最长的《毛公鼎》铭文多达497 字。

2. 春秋时期青铜制造业的复苏

春秋时期的青铜工艺在西周晚期衰退的基础上一度有所复兴。随着整个社会对青铜器的需求增加，特别是列国上层人物死后大量随葬铜器，在某种程度上刺激了青铜铸造业的复苏。

这个时期青铜礼器的种类和装饰花纹与西周晚期的大致相同，以食器类为主，自西周中晚期形成的列鼎列簋制度继续流行。随着诸侯国的崛起，西周王室的地位日渐衰微，在用鼎制度上反映出争相"僭越"的态势，周礼崩坏，这些是政治方面的变化。从工艺角度看，春秋时期的铸造工艺、加工技术都有所改进，有力地推动了青铜铸造业的发展。与商周时期相比，青铜器产量增加，器壁减薄，各类附件的造型追求奇巧、和谐、美观，种类也更加多样、繁缛。新增加了货币、度、量、衡等金属器具，日常生活用具的需求量加大。在秦都雍城、湖北当阳季家湖等地出土有青铜制作的建筑构件，在曾侯乙墓发现有青铜加固的棺木框架，在江苏发现成套的铜车杠（车箱表面的装饰边板）等，反映出青铜器的应用领域不断扩大。

春秋时期，列国战争频繁，战争规模也不断扩大，各国对兵器的需求大增。尽管已出现铁器，但由于技术原因，多数兵器依旧用青铜制造。这个时期的兵器有戈、镞、戟、矛、剑、弩等，曾侯乙墓还出有自铭为"殳"的兵器和三联戈式戟，为以往罕见。短兵器以剑最为突出，著名的有吴王夫差剑、越王勾践剑，造型极精美，刃部锋利无比，器表多经过合金工艺处理，花纹精益求精，形成火焰、菱格等暗纹，即保持了金属的光泽，又达到不锈蚀的特殊工艺效果，反映出吴越地区为制剑技术的先进代表，与历史传说一致。

3. 器类、形制、装饰与铭文

春秋时期的铜器既有地方特点，也有一些共同特征。

（1）器类

炊具：鼎（分为烹煮用的镬鼎和席间陈设肉食的升鼎和加餐用的羞鼎）、鬲、甗。

盛食器：簋、簠、豆（笾）、敦、盖豆、盨。

酒器：壶、罍、盉（鐎）、尊、鸟兽尊、舟、瓿，新出现缶。

水器：盘、匜、盆、盂、壶、鉼，新出现鑑。

乐器：甬钟、纽钟、镈，一般每组9～14件。铙、铎为军阵中的打击乐器，个体不大，似铙，顶部有銎，可纳木柄。内有舌，撞击可发声，盛行于春秋时期。《说文》谓："铎，大铃也。"《周礼·夏官·大司马》谓："群司马振铎，车徒皆作。"南方地区新出现錞于（打击乐器，始于春秋，盛于战国至汉，用于军阵和祭祀，流行于四川、湖南）和勾鑃。

兵器：戈、矛、戟、殳及附件镈（或镦）。戈为长胡，三至四穿。戟为矛与戈的组合兵器，西周时的戟刺和援为合铸。剑开始盛行。

车马器：新出现盖弓帽。

日用杂器：带钩、铜镜逐渐流行。

本阶段冶铁术逐渐普及，铁工具开始取代部分青铜工具。

（2）形制演变

鼎分带盖鼎和无盖鼎两类。无盖鼎器耳一般直立于口沿上。有盖鼎均作附耳。鼎足变得瘦长，形态一律为中间细两头粗的兽蹄状。春秋早期鼎的形制与西周晚期变化不大，腹部较深；中期鼎的腹部开始变浅，晚期更浅。春秋早期簋的形制与西周晚期接近，流行鼓腹双耳簋；中期沿用早期形式；晚期出现盖纽为莲花瓣状的方座簋。敦在春秋中期腹部为扁圆形，晚期变为球形。

（3）装饰

春秋早期的铜器花纹延续西周晚期式样，流行窃曲纹、重环纹和鳞纹等。中期仍沿用，但结构有改变。晚期上述纹样已不多见，流行蟠螭纹、蟠虺纹，这是一种形似龙蛇的神怪动物，相互密集缠绕形成宽幅带状纹，有时布满整个器表。其他常见纹样还有贝纹、环带纹和云雷纹等。其中变化最大的是嵌错花纹的出现，即将红铜、金丝、银丝嵌入铜器表面的纹样槽，经捶击打磨，纹样呈现出不同的金属光泽，美观华丽。此类纹样一扫商周以来铜器装饰威严狰狞的传统，富有生活气息，令人耳目一新。

（4）铭文

春秋时期的铜器铭文较简短，鲜有百字以上者。特点是常使用韵文，流行"玉箸体"，字体修长，笔道纤细，故作波磔，刻意求工，有时甚至随意增减笔画。由于列国割据，各国铭文字体差异较大。三晋两周的铭文字体端庄秀美；秦国字体工整效古；吴楚字体修长秀丽，流行鸟虫体篆书，极难辨识。总之，这个时期铭文书写历史的传统已然衰落，蜕变为一种象征性的装饰。

4. 春秋中晚期的青铜新工艺

从春秋中晚期开始，青铜铸造技术出现一系列新变化，其工艺成就主要表现在以下几方面。

（1）分铸技术 这是商周时期的发明。春秋时期开始出现将器身与各部位附件单独制模的新技术。即从附件分铸发展到独立单体制模，出现了铜器附件造型花纹完全相同的产品。产品的规范化便于批量组织生产，可大大提高工效，推动青铜铸造业的进步。特别是出现了能处理一些结构较复杂、造型精巧的特殊附件，如河南新郑出土的莲鹤纹方壶，工艺复杂，造型精美。

（2）焊接技术 这是西周时期的发明，但技术上欠成熟。多数铸件沿用商代晚期的嵌入铸造技术，即将预制附件嵌入器身范内，再次浇铸成型。春秋时期普遍开始运用焊接技术，已能熟练掌握铜焊、锡焊、铅锡合金焊等不同工艺，用于各类附件（器耳、器足、提梁等）的焊接。

（3）失蜡法 这是一种结构复杂的多层立体镂空铸造工艺，春秋时期出现。过去认为这项技术是随佛教东传从印度或西亚传入的，时间较晚。1978 年，在河南淅川下寺楚墓出土一件失蜡法铸造的铜禁，禁框周边用失蜡法铸有镂空的立体龙纹，内部明显可见用蜡条支撑的铸态，结构错综复杂。这座墓的主人为楚国令尹子庚，他生于公元前 6 世纪中叶（春秋中晚期之交）。这一发现证明，至少在春秋中晚期，失蜡法铸造术已在楚国出现，且技法相当纯熟。战国时期，在河北平山中山王墓、湖北随县曾侯乙墓都出有失蜡法铸造的精美铜器。从考古发现看，失蜡法铸造的高水平作品多出自豫南鄂北一带，反映了曾、楚等国在铸造工艺上具有的领先水平。我国的失蜡法铸造技术独特，应是独立发明。目前有关失蜡法铸造技术的考古资料发现不多，尚未发现使用这种技术的铸造作坊，有关蜡、泥的原料成分也不是很清楚。

（4）方块模铸花纹技术 从春秋中晚期开始，铜器表面装饰出现一些明显变化，开始流行一种四方连续构图的带状花纹，采用了花纹版捺技术。相较以往的雕刻范模技术更加进步，产品进一步规范，商品性能大为提高。

（5）镶嵌技术　镶嵌工艺早在史前时期就出现了，夏商周三代有很大发展。但在金属器物上镶嵌金属是春秋中晚期兴起的新技术。这项技术的出现，与铁器特别是锋利的铁工具出现密切相关。镶嵌技术需要提前在铜器表面铸出花纹图案浅槽，再将铜、金、银、铅等金属丝嵌入浅槽内，将表面打磨平滑，花纹呈现不同的金属光泽，给人以高贵、富丽的艺术效果。最初，此类花纹流行龙、虎类神怪动物和菱形几何纹，后来陆续出现了狩猎、宴饮、采桑、战争等反映现实生活场景的画面。

（6）线刻画像工艺　用锋利刃具在铜器表面雕刻细如毫发的图案，这是春秋晚期出现的新技艺。内容多表现林木、动物、人物及贵族宴饮、战争或狩猎场景。这个时期此类工艺技术还较差，构图简单，线条僵硬。

五、战国时期的青铜工艺

1. 工艺及装饰变化

战国时期，青铜铸造业的产业规模较春秋时期有所扩大，随着传统礼乐制度的衰落，礼乐器在青铜制造业中的比重明显下降，越来越少见到制作精湛的青铜作品。以三晋两周地区为例，战国时期的铜器流行饰蟠螭纹、贝纹、绚索纹及各类云纹，如三角云纹、勾连云纹等。战国初期，铜礼器的装饰花纹繁褥，以蟠螭纹为主体纹样，装饰在铜器表面的醒目位置。自战国中期开始，装饰的简化成为时尚。如河南汲县山彪镇 M1 所出铜鼎，仅在器盖和腹部饰数道简约的 S 云纹带。战国中期，各种云纹盛行，蟠螭纹的突出地位消失，有些被简化为不相蟠缠的连续螭纹。简化的风气最终导致纯素面铜器出现。到了战国晚期，大部分铜礼器装饰简单的螭纹、花朵纹。如长治分水岭 M36 所出铜簋，仅装饰一股凸弦纹，或者在局部装饰简单的花纹。战国时期出现鎏金银工艺，追求一种金碧辉煌的富丽效果。

2. 铜镜与带钩

礼器的衰落导致日常生活用具迅速增多，如铜镜和带钩。这类器具不仅出自高官贵族大墓，也常常出现在庶民小墓。日用铜器的大量出现已不能用赏赐解释，应为市场上出售的商品，表明战国时期铜器的商品性进一步增强。根据考古发现，带钩生产在中原地区比较发达，铜镜则以楚国制造的最为精致。

带钩是男人腰间革带上的饰件，形态各异，有棒状、竹节、琵琶、琴面、兽形和圆形等。此物既是服饰用具，也是装饰品。由于上层贵族争相使用，开始出现鎏金、错金银、嵌玉（绿松石、玛瑙）等特殊工艺产品，极尽奢华之能事。这个时期的带钩大致分两个系统，一个是华夏系统，最早出现在春秋中期；二是北方草原系统，流行于黑海到西伯利亚的欧亚草原，出现时间略晚于华夏系统。

铜镜最早出现在新石器时代末期，主要流行在西北地区和北方长城沿线，早期应为萨满教巫觋作法的用具，后来传入华夏。在中原内地极少发现，在安阳小屯 M5 曾出土 4 面铜镜，属商代晚期。西周时期仍不多见。春秋战国时期，楚国的铜镜制作最为发达。作为日常用具的铜镜，正面可以映像，背面铸有花纹，而且随着时代的发展，花纹造型和风格也在变，是考古断代研究的重要依据之一。

战国时期的铜镜可分为三期。战国早期的铜镜背面中央置桥形小纽，边缘窄平，主题花纹为单层小蟠螭纹，流行在纽座旁或边缘内侧饰一周贝纹。战国中期在镜背中央置三弦纹薄纽，出现双层花纹。即在小蟠螭纹演变的羽状地纹上饰花叶、山字、菱格、龙凤等主题花纹。战国晚期镜背的地纹简化为云雷纹，主题花纹多为云形蟠螭纹。此类纹样的铜镜一直流行到西汉前期。

总体来看，战国中晚期流行装饰各种羽状地纹铜镜。战国中期以后铜镜装饰的另一个特点是，不以圆面作为构图设计，镜背纹样结构颇似用一块带花纹的丝织物剪下来的圆面，达到一种模仿丝织品装饰风格的特殊艺术效果。

第五节　铁器的出现及技术发展

一、冶铁术的意义及早期工艺特点

铁矿在地球上的分布远较铜、锡等金属要广泛。铁在韧度和硬度性能上具有铜所不具备的优良属性。故铁器发明后，人类才最终告别了石器和青铜时代，极大地促进了生产力的发展，在人类生产和日常生活中扮演了重要角色，人类社会也因此发生了深刻变化。因此，铁的发明是人类历史上划时代的事件，并成为划分历史时代的重要标志。

地球上天然纯铁仅见于格陵兰岛地区，偶有使用，在冶铁史上从未起过重要作用。冶铁比冶铜需要更高的温度，故铁的发现普遍晚于铜。从世界范围看，人类认识和使用铁的历史至少有五千年，在古埃及铜石并用时代（约公元前3000年前）的墓中曾发现铁块和铁珠。古人将铁视为天外来物。例如苏美尔人称铁为"天上的铜"，赫悌人认为铁采自天上，埃及纸草书甚至有天落铁块的记载。截至20世纪90年代，在地中海沿岸和近东出土约150件铁器，多为陨铁，年代为公元前1600～前1200年。在土耳其的 Alaca Hüyük 遗址（公元前2300年），出土用陨铁做的铁锥；在埃及图坦卡蒙法老墓中（公元前1300多年），随葬精美的陨铁剑。不过，陨铁对冶铁术的发生并无太大意义。

在安纳托利亚的 Alaca Hüyük 和 Kaman–Kale Höyük 等遗址（公元前2000～前1800年）出土的铁器中发现夹杂物，有可能是人工冶炼的最早的铁，但目前在世界上还未发现早于公元前1000年的冶铁遗址，要解决这个问题，还需要扎实的考古工作。公元前一千纪初，冶铁术逐渐在亚欧大陆普及，人类才真正进入铁器时代。

人类早期普遍采用固体还原法冶铁。铁的熔点为1530℃，冶铁时若掺入一定的炭，可降低铁的熔点。生铁的熔点为1350℃，最初人类很难达到这个温度。但当温度升至900℃时，炼炉内产生的一氧化碳会将矿石（氧化铁）中的氧夺走，将铁还原成海绵状。要将矿石中的杂质融解，炉温必须升至1200℃。地球上蕴藏最多的铁矿为赤铁矿（Fe_2O_3），用这种铁矿石炼铁产生的化学反应过程如下：

$$3Fe_2O_3 + CO \rightarrow 2Fe_3O_4（磁性氧化铁）+ CO_2$$

$$Fe_3O_4 + CO \rightarrow 3FeO（氧化铁）+ CO_2$$

$$FeO + CO \rightarrow Fe + CO_2（此时的 Fe 为海绵铁）$$

根据非洲喀麦隆布各托族的民族学资料，原始冶铁术用泥或石砌造熔炉，下部自然通风或人工鼓风。炉内装入木炭和砸碎的铁矿石，点着燃料后，分几次追加木炭和铁矿石，炉内产生的高温及一氧化碳逐渐将矿石熔化为海绵铁，熔化的渣滓从炉子下方流出，胶状的海绵铁要等炉温冷却后才能取出。海绵铁为熟铁，含有泥土等杂质，需要烧红后反复锻打出杂质，得到较纯粹的软铁块，是制作各种铁器的原料。按照含碳量的差异，铁的金属性能分为三类：

（1）熟铁　含碳量0.3%以下，含其他杂质，较软，有延展性，可锻打，硬度较低。

（2）生铁　含碳量2%以上，质地较硬，缺乏延展性，不能锻打。生铁必须在高温下将铁矿石完全熔化为液体，再浇铸出生铁制品，故称"铸铁"。欧洲14世纪发明水利鼓风炉后，才会冶铸生铁。

（3）钢铁　含碳量0.15%～1.7%之间，无渣滓，硬度高，韧性强，有一定弹性和延展性。其中，含碳量低于0.25%的为低碳钢，其延性、展性、韧性和打击性都较好；含碳量在0.25%～0.6%的为中碳钢；含碳量在0.6%～1.7%的为高碳钢，强度、硬度均较高，适合制造工具。古代一般较易于获取中碳钢和高碳钢。希腊在公元前一千纪前半叶已广泛用来制作兵器和工具。

从固体还原法到冶炼液态铸铁，是人类冶铁术发展的一般过程。

二、铁器在中国出现时间的讨论

铁在中国何时出现？以往曾有如下几种说法。

（1）西周早期说。美国弗利尔美术馆收藏了 12 件西周早期的铜器，传说这批遗物 1931 年出自河南浚县辛村遗址。日本学者梅原末治根据其中一件铜戈残援和一件铜钺刃部为铁，提出此说。后经检测，均为陨铁制品。

（2）西周晚期说。日本学者杉村勇造根据一件传世的"芮公钟"上部有两个切断的铁质角形管提出此说。但此器为日本铜铎，铭文伪刻，不足据。

（3）西周末至春秋初期说。有学者根据《诗经·秦风·驷驖》中"驷驖孔阜，六辔在手"的诗句，认为公元前 8 世纪中叶中国已有铁器。反对者指出，"驖"字东汉郑玄释为"骊马"（深黑色的马），不能证明当时已经有铁。

（4）春秋说。很多学者将齐灵公（公元前 581～前 554 年）时的《叔夷钟》铭文"余命女（汝）嗣予釐，造（或释陶）戠徒四千，为女（汝）敌（嫡）寮"解释为，当时已有四千人规模的冶铁作坊，冶铁规模之大显然不是初始阶段，铁的出现时间应更早。西周穆王时的《班簋》铭文有"徒御戠人"，其义与"戠徒"相同。"造"（或陶）、"戠"应为地名。"戠徒"即"戠"地的徒兵。此铭文原义应释为"我赐给你造（或陶）、戠两地的徒兵，作为你的属下"，与冶铁无关。

（5）最通行的说法。据《左传·昭公二十九年》（公元前 513 年）的记载："冬，晋赵鞅、荀寅帅师城汝滨，遂赋晋国一鼓铁，以铸刑鼎，著范宣子所为刑书焉。"认为晋国用铁来铸刑鼎。但依照当时的工艺，用铁铸造有长篇铭文（刑书）的大鼎可能性不大。（魏）王肃《孔子家语·正论解》认为，"一鼓铁"系"一鼓锺"之误。鼓为衡器，锺为量器，古人言之甚明。这段话的正确断句，应在"赋晋国"后加上逗号，原意是说制定晋国军赋，统一衡量、容量单位，铸了个刑鼎，上面有范宣子所定的《刑书》。此鼎为铜质，非铁器。

（6）还有学者根据《国语·齐语》"美金以铸剑戟，试诸狗马；恶金以铸锄、夷、斤、斸，试诸壤土"的记载，认为"恶金"为铁。实际上，西周以来有用金（铜）赎罪的刑罚。是说齐桓公时，管仲建议对犯"小罪"的人用金一钧（30斤）赎罪。"薄罪"（从犯）用金半钧（15斤）赎罪。质量好的铜铸造兵器，质量不好的铜制造工具。从考古发现看，东周时期仍有很多铜工具，与此条记载相合。

（7）文献中最早的"铁"字见于《孟子·滕文公上》："以铁耕乎？"孟子所处时代已到战国晚期，铁已经很普遍了。

三、考古发现的早期铁器

铁器在中国出现的时间只能根据考古发现。从目前的资料看，商代已有铁刃铜器。在河北藁城台西、北京平谷刘家河、山西灵石旌介，各出土一件铁刃铜钺，年代为公元前1400年前后，属商代早期偏晚阶段。在河南浚县辛村出有西周的铁刃铜钺、铁援铜戈（藏美国）。经鉴定，上述铁刃铜器所含的铁为加热后锻打的陨铁。前面曾提及，陨铁对冶铁的出现意义不大，但上述几件铁刃铜器出现的意义却不可低估。首先是发现地点有多处，且不止一件，时代各不相同，不能用偶然解释。其次是这批铁刃铜器均将铁用在兵器的锋刃上，功利性明显。第三，将陨铁打成薄片，再浇铸到铜器的刃部需要一定的技术支持。以上几点说明，如果不是对铁有一定程度的认知，没有一定的实践，出现如此之多的铁刃铜器是难以想象的。

根据考古发现，我国至迟在春秋晚期或更早阶段已掌握了冶铁技术，并制作铁器。目前在各地发现的早期铁器有如下一批。

（1）河南三门峡虢国九鼎墓出土玉茎铜芯铁剑、铁刃铜戈各1件，铁工具3件（西周末至春秋早期）。

（2）江苏六合程桥M1、M2出有铁球、铁条各1件（春秋晚期吴墓）。

（3）湖南长沙龙洞坡楚墓出土铁匕首1件（春秋晚期）。

（4）湖南长沙识字岭M314出土铁锸1件（春秋晚期）。

（5）湖南长沙杨家山 M65 出土铜格铁剑、鼎形器各 1 件（春秋晚期）。

（6）湖南长沙窑岭 M15 出土铁鼎 1 件（春秋晚期）。

（7）河南淅川下寺楚墓出土玉柄铁剑 1 件（春秋晚期）。

（8）河南洛阳水泥厂出土铁斤、铁空首斧 3 件（春秋战国之交）。

目前，中原最早的人工铁制品出自三门峡虢国大墓。20 世纪 50 年代在此发掘墓葬 200 余座。20 世纪 90 年代发掘国君、贵族大墓数座，其中 M2001 出玉茎铜芯铁剑（或铜柄铁剑），M2009 出铁刃铜戈和 3 件铁工具。经检测，为人工冶炼的块炼铁，年代为西周末至春秋初。需要注意的是，中国境内发现的铁器有这样一个现象，即年代偏早的铁器均出自中原以西地区。具体有如下：

（1）新疆哈密焉不拉克墓地出土铁刀、铁剑、铁戒指（西周）。

（2）陕西陇县边家庄秦墓出土铜柄铁剑（春秋早期）。

（3）陕西长武秦墓出土铁匕首（春秋早期）。

（4）甘肃灵台景家庄秦墓出土铜柄铁剑（春秋早期）。

（5）陕西凤翔秦景公大墓出土铁铲、锸、斧（春秋早期）。

（6）陕西凤翔雍城马家庄出土铁锸（春秋中晚期）。

（7）山西曲沃曲村遗址出土铁块 2 块（春秋中晚期）。

（8）陕西宝鸡益门村秦墓出土铁器 20 余件（金柄铁剑 3 件、金环首铁刀 13 件、金方首铁刀 2 件、金环首料背铁刃刀 2 件）（春秋晚期）。

春秋时期各地普遍出现铁器是一个新时代到来的标志。目前学术界对铁器在中国最早出现在何地尚有不同认识。有学者根据铁刃铜器的发现认为，铁器最早出现在中国北方；也有学者根据南方楚地铁器出土数量多，认为铁器源起楚国；还有学者根据西北地区铁器出现时间早，新疆甚至出有西周时期的铁器，认为铁器是从西方传入的。

四、冶铁业的技术发展

从世界范围看，各地的冶铁业均经历了从低温块炼到高温冶炼的过程。先是采用锻造，最后出现铸造，两种技术间隔时间很长。欧洲这个过程经历了2500年（欧洲的展性铸铁出现在1720年）。中国的铁器出现时间（块炼铁）比西方晚，但生铁出现时间却比欧洲早1900年（欧洲在公元前1000年出现块炼铁，公元1400年出现生铁）。可见，中国的冶铁术走了一条独特的发展道路，这或许与中国青铜时代就具有高超的冶炼工艺有关。从考古发现看，东周的块炼铁占比很大。块炼铁的技术要求较生铁简单，加之块炼铁有良好的锻造性，经渗碳可处理成钢。湖南长沙就出有中碳钢制作的铁剑，是我国最早出现的块炼铁渗碳钢遗物。河北易县燕下都的发现表明，燕国人也掌握了将块炼铁增碳处理制作高碳钢的技术，包括淬火处理金属的技术。

春秋时期的铁器多为块炼铁，即将铁矿石在较低温度下（约1000℃的固体状态）用木炭还原法炼出纯铁，这种铁质地疏松、柔软，需要再次烧红锻打，将氧化杂质挤压出来，提高性能，再制作铁器。块炼铁的冶炼要采取"杀鸡取卵"的方法，每次冶炼都要将炼炉破坏，取出铁块，工艺落后。前面介绍的铁器中还有少量生铁，即将矿石在1146℃的高温下用木炭还原法炼出液态铁，直接浇铸成器。冶炼时不需停炉，可一边加料一边出铁，工效明显提高。生铁的出现是冶金史上具有划时代意义的重要事件。用生铁可直接铸造复杂的器物（如长沙楚墓出土的铁足铜鼎），广泛应用于各个领域，极大地提高了生产率。但是生铁也有弱点，就是质地硬，性脆，易碎，只有经过热处理，才能增强韧性。东周时期已掌握了热处理技术，如洛阳水泥厂出土的铁锛，就是在较低温度下经退火处理的产品。这座遗址出土的铁斧为白口生铁，是经过长时间柔化处理的展性铸铁。经热处理的铁器，无论是锐利程度还是使用寿命都会大大增强。

五、战国时期铁器的大发展

从战国中期开始，冶铁业有飞速发展。目前发现的上千件东周铁器中，绝大部分属于战国中晚期，且种类丰富。其中工具类有斧、锛、刀、

削、锤、钻、锥、犁、镢、锸、耙、锄、镰，兵器类有剑、戟、戈、镞、
匕首、甲胄，生活用具有鼎、盆、盘、杯、带钩等。这个时期的铁农具比
重明显增多，铁器已不是稀罕物，足以取代其他质地的工具。铁器的普及
促进了农业的发展，可有效扩大土地面积，实现精耕细作，有利于土壤改
造和水利设施的兴建。铁器与牛耕关系密切，正因为如此，战国时期列国
的农业才有了突飞猛进的发展。铁器普及促进了个体小农经济的发展，巩
固了封建土地所有制，对社会经济发展起到了重要的推动作用。

　　战国时期，冶铁业属于国家掌控的重要部门，各国均设有专门的官员
掌管冶铁业，也有少数工商业者借经营此道发财致富。在河北兴隆出土一
批铁制铸范，包括外范和内范，有工具、农具和车器等，反映当时在铸范
设计、铸造工艺等方面已达到很高水平（图一〇一）。使用金属铸范不仅
质量好，而且能反复使用，大大降低了成本。

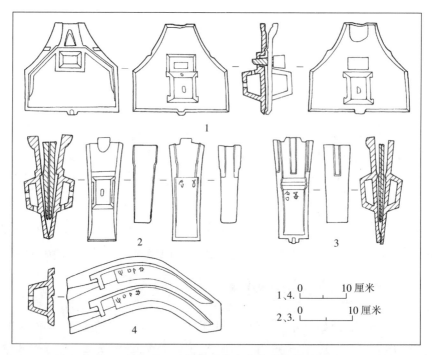

图一〇一　　河北兴隆出土战国铁范

（引自《中国考古学·两周卷》，2004 年）

1. 锄范　2. 镢范　3. 斧范　4. 双镰刀范

第六节 两周时期的建筑

一、宫殿和宗庙建筑

1. 岐山凤雏宫殿

20世纪70年代，在陕西岐山县京当镇凤雏村发现一座西周早期的宫室建筑基址（1号基址）。这是一座坐北朝南的高台式建筑，由三个庭院及四周的房屋组成，包括庭、堂、室、塾、厢、回廊等部分。房基南北全长46、东西宽32.6米，占地面积1370余平方米。建筑台基高1.3米，尚保存部分墙体。墙表面和室内地面均涂抹细沙、白灰和黄土混合构成的"三合土"。屋顶应覆盖芦苇、麦草，屋脊及檐口覆施板瓦和筒瓦。凤雏宫殿的建成时间为公元前1100年前后，即王季到文王早期。其性质应为当时的宫殿或宗庙，西周末年荒废，可能与犬戎入侵有关（图一○二）。

2. 扶风召陈大型宫殿群

在陕西扶风县召陈村北部6350平方米的范围内，共发现15处西周时期的大型建筑基址，规模大大超出凤雏宫殿建筑。这批建筑堆积分上下两层，上层有13座，下层有2座。其中F3面积360余平方米。在建筑群内还发现直径0.9~1米的柱础，台基四周是卵石铺就的散水，屋顶普遍覆施陶瓦。召陈建筑群可能是当时的宫殿或王室贵族居址。

以上建筑基址的发现证实，周原应为西周早期的岐邑故地。

3. 丰镐花楼子五号宫室建筑

丰、镐位于西安沣河两岸，这里是西周早期的都城——丰镐两京故地，占地面积10余平方公里。花楼子五号宫室是丰镐遗址首次揭露的一座大型建筑基址，布局清楚。它与附近的四号基址共同组成一处建筑群。五号宫室坐落在一个高1.5~1.8米的大型夯土台基上，总面积1357（长

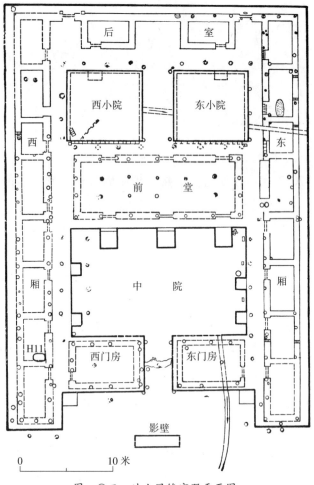

图一〇二　岐山凤雏宫殿平面图

（引自《中国考古学·两周卷》，2004 年）

59 × 宽 23 米）平方米，平面呈工字形，主体建筑 851 平方米，高 5 米左右。发掘者认为，这是一座属于周天子的宫寝建筑，年代应在西周中期偏晚阶段，可能毁于厉王时期的"国人暴动"或西周末年的"犬戎之乱"。这处建筑群基址的发现，为确定镐京的位置提供了佐证。

二、砖、瓦的制作与使用

砖和瓦属于建筑材料，从目前的考古发现看，它们最早出现在史前时期，西周时期有很大发展。

1. 砖

新石器时代晚期出现日晒砖（土坯）。陶砖最早出现在西周。1974年，在周原一个制骨作坊附近的灰坑中出土两件砖块，泥质灰陶，质地坚硬，火候很高，正反两面饰西周时期的粗绳纹，四个角各捏塑一枚粗短的砖钉。砖长 36、宽 25、厚 2.5 厘米，砖钉高 2 厘米。砖的正面没有踩踏及磨损痕迹，可排除铺地砖或"椽砖"（作用同盖屋顶的苇箔）和砖案的可能。推测这种砖极有可能是镶嵌在墙面的护墙砖，防护风雨对土墙基部的冲刷（图一〇三：1）。具体用法是，土墙建好后，将墙面加工平整，抹上草泥，将砖钉压入泥内镶贴墙面。西周的砖发现很少，估计仍处在萌芽期。此外，在西周遗址还发现背面饰粗绳纹的空心砖（图一〇三：2），可见当时的建筑材料还处在摸索阶段。

东周时期的砖发现也不多，暗示砖的制作仍不是很发达。这个时期砖的功能主要不是用于建筑，更多地用于构建墓葬、铺设地面或台阶踏步。

2. 瓦

20 世纪 70 年代，在甘肃灵台桥村遗址出土一批红陶、橙黄陶板瓦，瓦的弧面饰篮纹，质地很好。桥村属客省庄文化（或齐家文化）。可见瓦最早出现在龙山时代。

西周早期的瓦在扶风召陈遗址有发现，为陶质板瓦，火候不高，颜色有灰、褐、黄灰等色，风化严重，出土后很快破成碎块。复原的一件为泥质灰陶，泥条盘筑，用绳切割为三，胎体厚薄不匀，瓦背和四侧瓦棱饰粗绳纹，瓦背中部粘接短钝瓦钉一枚。瓦长 47、宽头 30、窄头 29、厚 1.3厘米。

西周中期，瓦明显增多，可分为板瓦、筒瓦和瓦当几种，每一类瓦又分大、中、小三型。长45厘米以上者为大板瓦和筒瓦，长35~45厘米为中板瓦和筒瓦，长35厘米以下为小板瓦和筒瓦。有些板瓦、筒瓦粘接瓦钉或瓦环（瓦鼻），有单钉、单环或双钉、双环之别，或置于沟面（瓦内），或背面（瓦外）。多数瓦钉呈圆锥或圆柱状，少数蘑菇头状。瓦的大头内面出现将瓦口抹成斜坡的"瓦舌"，有的筒瓦小头出现低于瓦面的"带状榫头"，有的在榫头钻"钉孔"。这批瓦均采用泥条盘筑，用绳子一切为三，板瓦薄厚均匀，瓦背饰粗绳纹，显示瓦的制作技术已臻成熟（图一〇三：3~5）。

西周晚期瓦的种类、形态与中期相同，板瓦泥条盘筑。胎体变薄，大小规格统一，饰规整的细绳纹，一端有坡度较大的瓦舌。早期和中期的三分瓦和带瓦钉的板瓦已罕见。变化最大的是瓦胎减薄，重量减轻，降低了对屋顶的压力。

东周时期，列国瓦的制作技术进一步发展，特点是厚薄均匀，瓦背多饰绳纹。

3. 瓦当

瓦当出现在西周中晚期。西周的瓦当为半圆形，分大、中、小三种。直径25厘米以上为大瓦当，直径19~22厘米为中瓦当，直径18厘米以下为小瓦当。瓦当的表面多摹印重环纹（图一〇三：6）。

东周时期列国的瓦当多为半圆形，也有部分圆形，不同国家有不同的纹样。三晋两周地区流行卷云纹，燕国为饕餮纹、山字纹，齐国瓦当多树木双兽组成的纹样，秦国流行云纹和造型生动的鸟兽一类动物纹（图一〇四）。

4. 下水管道

下水管道最早出现在龙山时代，在河南淮阳平粮台等地有发现，泥条盘筑，圆筒状，器表饰绳纹，一头大一头小，对接埋入地下构成管道设施。夏代的陶水管道与新石器时代相同。商代的陶水管道结构相对复杂，出现三通管道。两周时期的下水管道还是一头粗、一头细，表面饰绳纹。

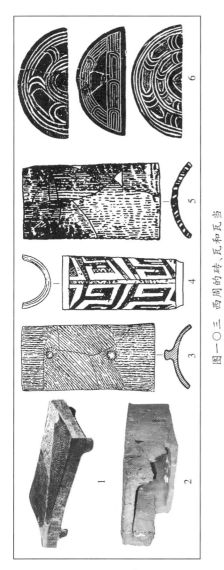

图一〇三　西周的砖、瓦和瓦当
1.砖　2.空心砖　3~5.瓦　6.瓦当

图一〇四　东周时期的瓦当

西周有的管道在粗头一侧有带菱形镂孔的格算堵头，可过滤杂物，保证管道通畅。

第七节　手工业和商业的发展

一、陶器

陶器是主要的生活用具，也是随葬品的主要门类。两周时期的陶器可分为五个发展阶段。

西周早期。各地的陶器略有差异。以沣河两岸为例，流行灰陶，部分磨光红陶，有少量黑陶。普遍饰绳纹，其次为云雷纹、S纹、重圈纹等。炊器中的鬲多为瘪裆，尖袋足明显；盛食器有圈足簋、粗柄豆，形制与殷墟晚期的同类器区别不大。西周时期的随葬陶器组合为鬲、簋、豆、罐（图一〇五：上）。

西周中期。陶器的特征接近早期，稍有变化。炊具中的鬲足底部下凹较浅，"瘪裆"鬲已极少见。簋的圈足部分明显加高，素面盆开始盛行，有些豆柄开始变细，罐表面多施旋纹或贴塑泥饼（图一〇五：中）。

西周晚期至春秋早期。陶器仍以灰陶为主，红陶少见，器表饰绳纹，少量施刻划纹，素面陶增多。陶鬲足根平齐，柱状实足根；圈足簋被平底盆取代；豆柄更细，器柄中间有一道凸棱。东周早期，列国陶器地方性突出，以洛阳地区的东周墓为例，素面磨光陶为主，流行饰暗纹（在陶坯表面用工具压磨出浅而隐蔽的纹饰，烧制后明暗有别）；炊器中的鬲、釜多饰绳纹（图一〇五：下）。

春秋中期。列国陶器的地方性更为显著，但也有共同之处。以洛阳地区的东周墓为例，随葬陶器延续早前的鬲、盆、豆、罐组合，有时缺豆，有时缺盆，或用盖豆代替盘豆。陶质较细腻，器形变化表现为，陶鬲变成

		鬲	簋、盆	豆	罐
早期	M145				
中期	M69				
晚期	M453				

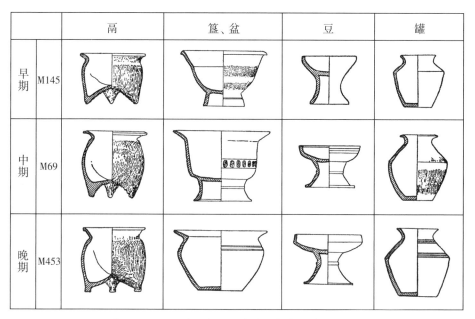

图一〇五　西周至春秋初期陶器分期（沣西地区）

（引自北京大学《商周考古》，1979 年）

束领，三足聚拢，足根短矮，接近釜形；豆盘变深，陶罐为矮领（图一〇
六：上）。

春秋晚期。陶器质地变粗，随葬陶器的基本组合为鼎、盆、豆、罐四
种，往往缺盆，少数以釜代鼎。盖豆多于盘豆，均为细柄；鬲被釜取代，
陶罐领部变高。素面磨光陶居多，盛行暗纹；鬲、釜则施绳纹（图一〇
六：下）。从制法和陶质而言，春秋中晚期盛行轮制，是商品生产进一步
发展的表现。

战国时期的陶器形态变化很大，以随葬陶器为例，可分三期。

战国早期。三晋地区随葬陶器的基本组合为鼎、盖豆、壶，或另外再
加盘、匜、碗，一般随葬石圭 1 件，置于墓主腰部或头前，足下放置带
钩，面部覆瞑目（图一〇七）。长江中游的楚墓随葬陶器组合为鼎、簋、壶
（图一〇八），燕国为鼎、豆、壶、舟，秦国为鬲、釜、盆、罐（图一〇九）。

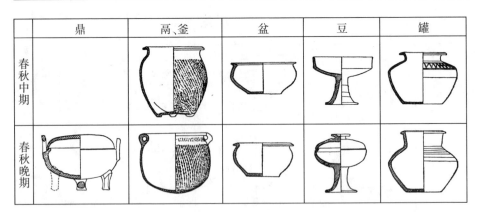

	鼎	鬲、釜	盆	豆	罐
春秋中期					
春秋晚期					

图一〇六　春秋中晚期陶器分期（洛阳王湾）

（引自北京大学《商周考古》，1979 年）

战国中期。三晋地区的随葬陶器组合与早期相同，常附加匜、碗。陶壶最大腹径从腹下部移至腹中部（图一〇七）。燕、齐两地的情况与三晋大致相同。楚墓为鼎、敦、壶，鼎、簠、壶，鼎、簠、敦的组合（图一〇八），秦国仍以釜、盆、壶、罐、甑等日用器为主，鬲少见，出现茧形壶（图一〇九）。

战国晚期。三晋地区的随葬陶器组合以鼎、盒、壶为主，一般以盒形敦取代以往的盖豆；瞑目消失（图一〇七）。在郑州一带，战国晚期开始出现竖穴空心砖墓。楚墓开始用鼎、盒、壶，但器形各有特色，统一趋势加强（图一〇八）。渭河流域仍显得很独特，维系以盒、盂、壶为主的陶器组合，新出现蒜头壶（图一〇九）。

二、南方的漆器

漆是从漆树上提取的天然汁液，经加工后作为一种涂料，髹饰在以木、竹、皮革等为胎骨的器表，有隔潮、防腐、耐高温的特性。若在漆中配以颜料，可使漆器绚丽多彩，明亮晶莹。中国古代漆器制作发达，种类包括日用器皿、礼仪用具、宗教祭祀品和其他工艺品等。

漆器最早出现在新石器时代，在浙江余姚河姆渡遗址出有距今 7000

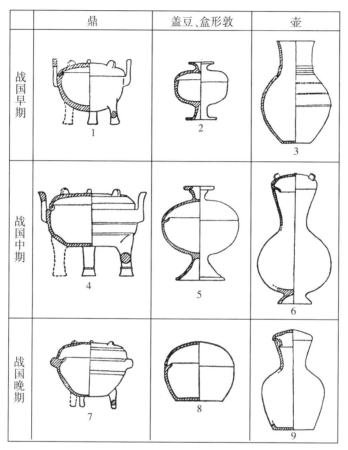

图一〇七　洛阳中州路战国乙类墓随葬陶器分期

（北京大学《战国秦汉考古》，1973）

年的木胎漆碗，二里头文化发现漆匣，商代发现漆棺、漆箱、漆盒等残器，西周出现镶嵌蚌片的漆器（如北京房山琉璃河遗址的漆罍、漆瓢和漆豆），可谓最早的螺钿器。东周时期，漆器制造飞速发展，进入前所未有的高峰，出土地点数量大增，尤以长江流域最为突出。

东周时期的漆器包括兵器类的盾和各种长兵器的木杆，家具类的床、几、案、箱，生活用具的妆奁盒、梳、篦、匜、鉴、扇，饮食器和炊厨用具的俎、盘、卮、耳杯、樽、勺、匕，陈设类的器座、屏风，礼器类的

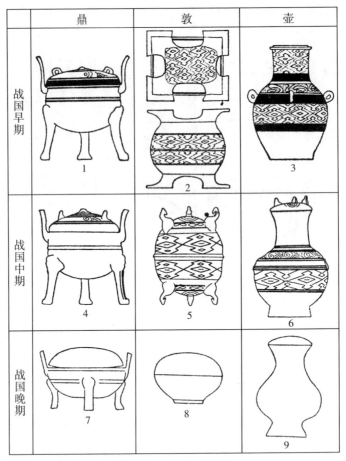

	鼎	敦	壺
战国早期	1	2	3
战国中期	4	5	6
战国晚期	7	8	9

图一○八　战国楚墓随葬陶器分期

（引自北京大学《战国秦汉考古》，1973）

鼎、豆、壺、钫，交通用具的车器、肩舆，丧葬用具的棺、椁、笭床、镇墓兽等。

从制作工艺看，东周时期的漆器分为木胎、竹（篾）胎、夹纻胎三种，还有少量皮胎，木胎占绝大多数。战国中期以前，漆器多为厚木胎，后来发展出轻巧的薄板木胎，依照器形不同选择不同的工艺。战国中期以后，出现夹纻胎漆器，即用多层麻布或缯帛包裹薄板木胎，轻巧耐用，非

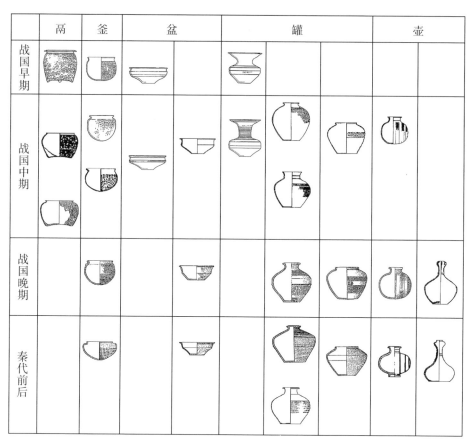

<table>
<tr><th></th><th>鬲</th><th>釜</th><th>盆</th><th colspan="3">罐</th><th colspan="2">壶</th></tr>
</table>

	鬲	釜	盆	罐			壶	
战国早期								
战国中期								
战国晚期								
秦代前后								

图一〇九　战国秦墓随葬陶器

（据梁云，2008 年，改制）

常牢固，标志着漆器制作工艺的巨大进步。

漆器表面髹彩漆花纹，绘彩工具用毛笔，颜料有黑、红、褐、黄、绿、蓝、白、银等多种，以朱、黑两色最为习见。流行几何纹构图，多为模拟青铜器的云雷纹，也有表现动物、植物、乐舞、狩猎、天文图像的画面。有些漆器表面贴塑金箔，更显得富丽堂皇。

与漆器配套的镶嵌技术发展很快。除螺钿工艺外，新出现了用金属（金、银、铜）为嵌件（铺首、合页、盖纽、鋬、足等）的新技术制作的

扣器，既美观又牢固。这个时期的漆器多有铭刻，分为两大类，一类标记
列国官府直接控制的作坊名称，另一类标记地方官府控制的作坊名称。各
地所产漆器风格各异（如器形、图案、器类等）。在黄河流域出土的漆器
鲜有完整者，器类多为容器，如箱、匣，花纹皆模仿铜器。长江流域出土
漆器数量多、门类全。成都生产的漆器以日用器皿为主。

三、列国的度量衡制度

1. 度器

目前发现最早的尺子是传出安阳的商代骨尺、牙尺。尺面分、寸刻度
采用十进位制（分别长 16.95、15.78、15.8 厘米）。东周时期的铜尺传说
出自洛阳金村，长 23.1 厘米，无刻度，只在一侧边缘刻十寸，在第一寸
处分割十一格，与"商鞅量尺"基本相同。湖南长沙也出有同样的尺子。
经结合商鞅铜方升推算，东周时期一尺的长度相当于今天的 23.2 厘米
（图一一〇：1）。

2. 量器

战国时期最著名的量器是商鞅铜方升（图一一〇：2），升壁有刻铭
"（孝公）十八年，齐（率）卿大夫众来聘，冬十二月乙酉，大良造鞅爰
积十六尊（寸）五分尊（寸）壹为升（又五分之一立方寸为一升?）"。
孝公十八年为公元前 344 年。商鞅颁发的标准量器——升，根据校正结果
换算可知当时的量制为：

一尺 = 23 厘米

一升 = 201 毫升（秦量制：一斛 = 10 斗 = 100 升 = 1000 合 = 2000
龠）。以尺度计算容积（实测容量为 202 毫升）。

传说洛阳金村出土一件东周时期的铜钫，上有铭文"四斗"，经测
量，壶之容量为 7990 毫升，一斗 = 1997.5 毫升，和秦量制基本相同。

1857 年，在山东胶县出土 3 件齐量器，即子禾子铜釜（图一一〇：
3）、陈纯铜釜、左关铜鈉。其中，陈纯铜釜为坛形，两侧带耳，实测容

量 20580 毫升；左关铜钫为半球形，口有流，实测容量 2070 毫升（图一一〇：4）。由此推算，齐量制单位为 1 升约合 205.8 毫升，一釜约合 20580 毫升。据记载："齐旧四量，豆、区、釜、锺。""四升为豆（一说五升），四豆为区，四区为釜，十釜为锺。"（田氏新量）

齐国量制：一锺＝205000 毫升

一釜＝20500 毫升　（相当于秦一斛）

一区＝4100 毫升　（相当于秦二斗）

一豆＝820 毫升　（相当于秦四升）

一升＝164 毫升

战国时期量器基本定型，大型量具有釜（斛），有双耳或者带柄；较小的升、斗多为单柄（图一一〇：2～6）。

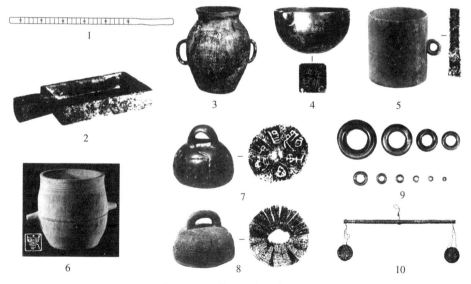

图一一〇　战国时期的度量衡

（宋蓉选编）

1. 木尺（天水放马滩秦墓）　2. 商鞅铜方升（上海博物馆馆藏）　3. 子禾子铜釜（胶县灵山卫）
4. 左关铜钫及铭文拓片（胶县灵山卫）　5. "郢大"铜量及铭文拓片（安徽凤台）　6. "廪"陶量及铭文（登封告城炼铁遗址）　7. 右伯君铜权及铭文拓片（传世品）　8. "高奴禾石"铜权及铭文拓片（传世品）　9. "钧益"铜环权（长沙）　10. 天平杆及天平铜盘（长沙左家公山 M15）

3. 衡器

战国衡器中的权分两种：一种环形，另一种半球形（秦权半球形，瓜棱状，顶面有环纽）。以秦国"高奴禾石"铜权（图一一〇：8）、三晋"司马禾石"铜权、楚国木衡、铜环权为代表，经实测可知，当时的一斤约为 250 克。

秦国衡制：一石 = 120 斤

              一斤 = 16 两 = 256.25 克左右

              一两 = 4 锱 = 24 铢

              一铢 = 0.67 克

湖北江陵雨台山楚墓出有环权，一套数枚，相当于今日的砝码，在天秤上使用。湖南长沙出土一套 9 枚环权，大小依次递减（图一一〇：9）。传出长沙的一套天秤与环权，共 10 枚，经实测分别重 251.53 克、124.37 克、61.63 克、30.28 克、15.53 克、8.04 克、3.87 克、1.94 克、1.33 克、0.69 克，经换算，最重的一枚与秦国一斤恰好相当，最轻的一枚与秦一铢相当。以上 10 枚环权与秦衡制关系为：

（楚）251.53 克 = （秦）一斤

124.37 克 = 8 两（半斤）

61.63 克 = 4 两

30.28 克 = 2 两

15.53 克 = 1 两（24 铢）

8.04 克 = 12 铢

3.87 克 = 6 铢

1.94 克 = 3 铢

1.33 克 = 2 铢

0.69 克 = 1 铢

传出洛阳金村的一件银器有"重八两十二朱（铢）"铭刻，可见东周时期也行两、铢制。如这些确为当地所造，表明东周的度、量、衡制至迟在战国中期以后，与秦制极为相似（图一一〇：7～10）。

东周时期的计量单位主要行"寽""冢"制，传出洛阳金村的许多刻铭常以"寽""冢"记重。"寽"常见于西周金文，本是西周古老的计重量单位，至战国，三晋两周仍通用。

日本学者据实物推算：一寽＝53.3 冢＝1230 克，但由于铜器锈蚀、修补、损坏等原因，同原重量出入颇大，用同样的方法推算其他铜器，出入竟达百克以上，所以有关"寽""冢"的认识很不准确，但大致可估算出：一寽约等于五斤（秦）。看来，这种旧制和战国的斤、两制换算还比较方便。

三晋地区还实行"镒""釿"制，关于这个制度，诸家历来说法不一，还有待研究。

以上列国的度、量、衡制仍有不少方面意见不一，总体研究还有待深入。但从中可知，列国制度存在一定差异，但随时间推移，差异逐步减小，各国制度逐步接近。

四、列国的金属货币

货币的出现是商品经济和交换发展到一定阶段的必然产物。早在原始社会末期，已有用海贝作为货币的现象。商代发现有铜贝、金贝，但数量极少。春秋中期，墓中常有用海贝随葬的现象。中国的金属铸币出现在春秋末期。据文献记载，周景王二十一年（公元前524年）"铸大钱"，与上述推测和考古发现相吻合。

战国时期，除布币外，还有刀币、圜钱。三晋、周、燕等国使用平首布币（分尖足、方足、圆足）。三晋、燕国布币多铸城邑名（常见晋阳、安邑、离石、蔺、皮氏、蒲坂、襄平等，计100余种）。有的布币还分大小（如安邑布有二斤、一斤、平斤之分）。齐国流通刀币，铸铭"齐法化""即墨之法化""安阳之法化"。燕、赵亦行刀币，较齐刀小，常铸"明""安"等字，习称"明刀"。赵国刀币常铸"邯郸""白人"地名。

楚国用贝币，俗呈"蚁鼻钱""鬼脸钱"，上面也铸一二个字。三晋、周等地还使用圆孔圜钱。齐、燕、秦也铸圜钱，方孔。至秦统一，废除刀币、布币，以方孔圜钱为法定货币，重12铢，有钱文，曰"半两"。

1. 三晋两周地区

布币。春秋末年，晋和周始用有銎铲（即空首布）为货币，这是最早的铸币。此钱模仿青铜农具——鎛（小锄），故从鎛（bó）得音叫"布"。目前所见最早的布币是春秋晚期的大型尖肩尖足空首布，长13厘米左右，多无文，也有五个字的，末二字为"黄釿"，重30.7克。平肩平足和尖肩尖足为早期布币的两种类型，前者后来演变为圆方足、尖肩方足、圆肩圆足等不同形态。战国中期为布币的重要发展阶段，空首布变为平首布，个体变小，重量减轻，货币大量流通至此才算完成（图一一一：4~6）。

战国晚期布币大量流通。平首布中数量最多的是方肩方足和尖肩尖足布，均有大小两种，多铸地名，不记币值。少量小型布铸"一半"或"半"字，大者为一釿布，小者为半釿布。

圜钱。三晋地区还行圜钱，圆孔无廓。有"共""共半釿""共屯赤金""虞釿""垣""长垣釿""蔺""济阴"等文。两周也有圜钱，传世有"东周""西周"圆孔有廓钱和"东周""大信"方孔钱，有廓与方孔是晚出形态。圜钱和战国晚期平首布一样，有一釿、半釿两种币值。

刀币。战国晚期，赵国行直刀。刀币本为燕、齐货币。币值单位为"化"（货）。赵与燕为邻，受其影响。直刀重量多在10克以上，是刀币中最小的。

2. 齐鲁

刀币。原型模仿青铜刀，出现时间不明。齐刀以化为单位，均标地名，如"节墨之去（宝）化""安易（阳）之去（宝）化""齐之去化""齐去化""明"（本燕国货币，背文有"齐化""莒□□""安阳□□"，肯定为齐货币，受燕影响的产物，时代较晚）（图一一一：1、2）。

圜钱。齐国最后才行圜钱，皆方孔有廓，为代刀币的货币。

3. 燕

刀币。燕行明刀，分两种。一种弧背，明作"oD"形；一为折背，明作"⟨⟩"形。两种刀币在燕地及朝鲜北部大量出土。燕国经济较落后，估计这些钱币出现时代不会早于战国，战国中期以后流行（图一一一：3）。

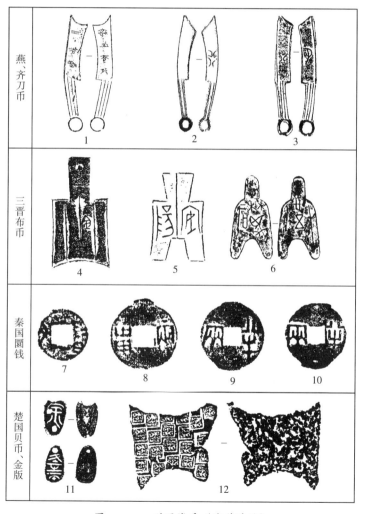

图一一一　列国钱币（宋蓉选编）

受三晋影响，燕国还铸过布币。同齐国一样，燕国最后亦行圜钱，皆方孔无廓，有"明四""明化"两种，出土于辽东半岛。还有一种"一化"钱，较"明化"小，方孔有廓，时间晚于"明化"。

4. 楚

战国时期楚国用黄金币、铜贝、布币，币值单位有"鍰""化"。楚地汝、汉流域出黄金，故有用金币传统。分两种，一种为饼金，战国早期已有之，币值单位不明。另一种为方形（或长方形）小金块，以"爰"为单位，称"爰金"。在扁平金板上加钤印记，每印一小块，长 1～1.3 厘米，最多达 20 余印。使用时从大板切下，称量使用。这种金币均依重量定值，为称量货币。"爰金"的印纹以"郢爰"为最，少量为"陈爰"（图一一一：12）。

楚国常用的另一种货币是"贝币"，流通量很大，皆有文，作鬼脸形，次之为"爰"，其他还有少量"君、金、行、鍰"文，含意不明。宋以后因不识其文，称"蚁鼻钱"或"鬼脸钱"，实为模仿海贝的贝币（图一一一：11）。

楚国也行布币，名"殊布（或释戈，即钱）当鍰"，少流通，在江苏、浙江有发现，应为楚钱。

5. 秦

史载秦惠文王二年（公元前 336 年）"初行钱"，七国中秦行钱最晚。秦币制为"两""铢"。秦国经济落后，流传下来的铸币极少，至今战国时期秦钱的样子还不是很清楚。

传世平首布中有一种流传很少的圆首圆足布，首足有三孔，分大小两型，大者"一两"，小者"十二铢"（半两），钱的形状为三晋风格，但地名皆为赵地，疑为秦占赵地后的铸币，形态保留布币传统，币值却为秦制。秦国铸币主要是圜钱。秦占赵地后，布币有两种面额，圜钱也相同，目前所知秦钱均为"半两"（图一一一：7～10）。

公元前 221 年，秦统一，废六国货币，行"半两"圜钱，秦半两为方孔无廓，面文"半两"，史称"重如其文"，即实重半两，一般习称"十二铢半两"，这一举措改变了列国货币的纷杂局面。货币统一推动了经济和商业的发展，功不可没。其实到了战国晚期，这一趋势已势不可挡，嬴政只是顺应潮流而已。

第八节　边境地区的青铜文化

一、西南地区

1. 巴蜀文化

巴蜀为先秦时期的方国，目前在考古学上还很难区分何为巴，何为蜀。巴、蜀两国陶器形态种类接近，不易区分。夹砂质地居多，以灰、灰褐、褐色为主，也有夹砂红褐陶、泥质红陶、黑陶等，各地在陶器质地、色泽上表现不一。器类以圈足器、圜底器和尖底器为主，圜底釜、鍪、双耳釜甑、带盖罐、尖底盏形豆、尖底盏、尖底杯等为巴蜀文化最富特色的器皿。除生活用具外，也制作仿铜礼器，有些接近楚文化的陶器。

20 世纪 50 ~ 70 年代，在四川彭县竹瓦街出土两批窖藏铜器，器形完全是中原风格，仅铸造工艺较差，有学者认为是当地仿制品。巴蜀铜兵器特色突出，如柳叶剑、三角援戈、空首束腰钺等。另一特征是，铜器普遍装饰"巴蜀图语"符号，常见手心、花蒂、虎、鸟等。还发现一种无法释读的"巴蜀文字"，多为铜兵上的铭刻。第三是"巴蜀铜印章"上的符号，与"巴蜀图语"一致。巴蜀地区的铜容器以鍪、釜、甑等最富特色。先秦时期，巴蜀流行船棺葬，早期曾将船棺视为巴文化特征，后来发现蜀国高层也普遍使用船棺。可见此葬俗应为巴蜀两个民族共有的传统。东周时期，四川地区的青铜文化带有大量秦文化因素，同时也受到楚文化的强烈影响（图一一二）。

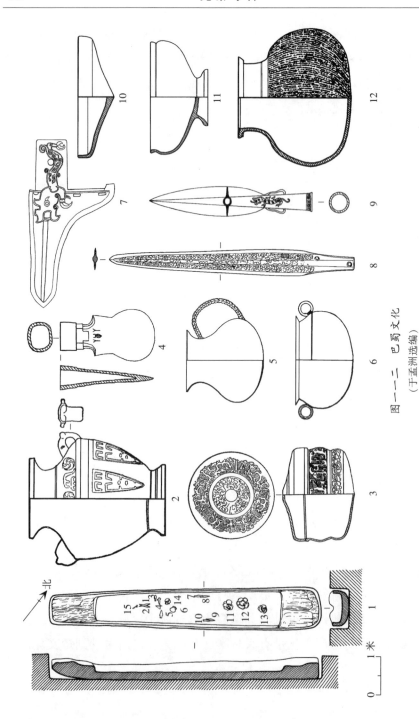

图一一二　巴蜀文化
（于孟洲选编）

1.什邡城关 M23 平、剖面图　2.铜罍　3.铜盒　4.铜钺　5.铜釜　6.铜鍪　7.铜戈　8.铜剑　9.铜矛　10.陶尖底盏　11.陶豆　12.陶圜底罐

2. 滇文化

滇人属西南夷的一支，主要活动在云南昆明和滇池周围。春秋时期，滇池周围的土著文化进入青铜时代。陶器以夹砂陶为主，陶色主要为红色和灰色，火候不高，器表颜色不纯。陶器有平底器、圜底器、三足器、圈足器几类。典型器有高圈足豆、球腹罐、钵、圜底釜、尊形器、长颈壶、盒、扁足鼎、盘、大喇叭圈足器等，其中鼎、豆、盒、炉等器皿造型受到战国时期楚文化的影响。陶器多素面，部分器表施黑衣。装饰简洁，流行网格条带、斜线条带、泥条堆纹、乳钉和水波纹。铜器主要有兵器、乐器和生产工具。如矛、戈、钺、箭镞、剑、盾、臂甲、羊角钟、葫芦笙、铜鼓以及锄、斧、凿、锛等。无论是容器、兵器还是工具，都极富地方特色，流行在铜器上加铸圆雕人物或动物。按空间差异，滇文化可分为滇池和滇西两个类型。

二、东南沿海及华南地区

1. 江浙

东周时期这里为吴越属地，陶器流行印纹硬陶和原始瓷。制作此类陶器的原料含较多铁质，烧成温度明显高于一般陶器。器类多见瓿、尊、盂等，流行捏塑的兽耳。器表拍印折线、方格、云雷等纹样。吴越的铜兵器制作精良，铜剑的形制与其他文化没有太大区别，特点是将剑表面处理出火焰、菱格类暗纹，显示出已掌握了很高的表面镀锡工艺。铜容器特点也很突出，在江苏武进淹城出有一批造型奇特的铜器，器表花纹与印纹陶相仿，器类有兽首流牺匜、双猪三轮盘等。乐器流行七个一组的句鑃。铜农具也很有特色，有铜齿镰、V形犁等（图一一三）。

2. 福建

福建东南沿海的青铜文化分为两个地方类型。

（1）黄土崙类型。福建大部地区都有发现，为福建青铜文化的重要代表，年代为公元前 1500～前 1000 年。

图一一三　吴越印纹硬陶和铜器

（引自北京大学《商周考古》，1979 年）

1、4. 陶瓿形器　2. 陶尊　3. 陶双兽耳罐　5. 流口陶罐　6. 铜勾镶　7. 铜三轮盘　8. 铜牺匜　9. 铜尊

（2）浮滨类型。主要分布在福建南部九龙江流域及厦门、泉州等地的沿海地区，与粤东地区关系密切，年代为公元前 1000 年上下。

福建境内的青铜文化特点是印纹硬陶、原始瓷发达，有少量铜兵器、工具，地方色彩很浓，铜器装饰带有印纹陶风格。还发现有个别西周时期的铜编钟。

3. 两广地区

广东境内零星发现有商周至战国的青铜器，如钟、铙等乐器和兵器，造型接近中原风格，花纹带有地方色彩，可能是中原影响下的仿制品。近年来在墓葬发掘出一些青铜礼器、乐器、兵器和生产工具，如鼎、罍、盉等。鼎数量最多，为越式鼎造型，三足细长外撇。兵器和工具流行靴形钺、人首柱形器等，匕首柄部有的铸成人形。

广西境内出土先秦时期铜器有戈、盘、卣等，均为带有中原风格的礼器，也有一些兵器。在广西武鸣西周中期至战国的墓中随葬釜、罐、壶等陶器，铜器有盘、卣、刀、矛、斧、钺、匕首。容器造型与西周接近，乐器和兵器地方色彩突出，战国墓已有铁器。

两广地区的铜容器与中原风格接近。其中提梁越式鼎为当地的特色，还有铜钲、羊角纽钟、靴形钺、匕首、人首柱形器等乐器和兵器。铜器花纹纤细也是当地的传统。先秦时期，两广为百越居地，其文化传统与湖南南部关系密切，受到了楚文化的一定影响。

三、北方的夏家店上层文化

20世纪30年代首次发现于内蒙古赤峰市。主要分布在内蒙古自治区东南部及河北省北部，绝对年代为公元前1000～前300年。

陶器均为夹砂红褐陶，质地较粗。器类组合有鬲、鼎、甗、豆、罐等。鬲的特点是大口，直腹或弧腹，细长圆锥足。铜容器有鬲、鼎、豆、罐等，数量不多，其造型与陶器相同。铜兵器、工具较多，富有北方草原文化特征。发现有石范，说明该文化已经能铸造铜器，内蒙古林西大井发现的古铜矿应为该文化居民所开采。墓中常随葬西周—战国时期的中原汉式铜器，如鼎、簋、戈等，可见该文化上层与中原王朝有着贸易往来（图一一四）。

聚落多选择在河岸高台地上，房屋有半地穴式和平地起建两种。墓地多位于聚落附近，流行土坑葬及在四壁垒砌石块的石棺葬，单人葬为主。随葬陶器以罐、钵为主，极少见鬲、鼎类炊具，有占卜习俗。农业工具很少发现，畜养发达，家畜有马、牛、羊、猪、狗。社会内部存在等级差

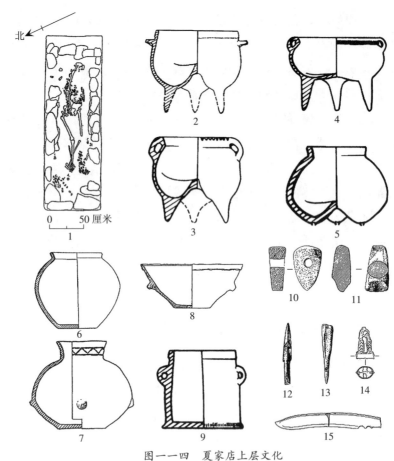

图一一四　夏家店上层文化

（任瑞波选编）

1. 南山根 M3 平面图　2～5. 陶鬲　6. 陶罐　7. 陶壶　8. 陶钵　9. 双耳陶尊形器　10. 石锤斧　11. 石斧　12. 骨镞　13. 骨锥　14. 铜铃　15. 铜刀

别，上层主要为高级贵族首领、武士，下层居民身份很低。该文化的族属与山戎、东胡关系密切。

四、东北地区

1. 青铜短剑文化

在辽宁铁岭以南的辽河流域，商代以后出现了以青铜短剑为代表的文化遗存。墓葬中出土的铜剑分为"丁字形曲刃剑""矛式曲刃剑""柳叶形剑"几种，时代从西周延续到春秋战国时期。出土上述短剑的墓分属于几个不同地域，文化关系比较复杂（图一一五：上）。

2. 西团山文化

1964 年发现，得名于吉林省吉林市西团山遗址，主要分布在吉（林）长（春）地区，年代为周初至战国时期（距今约 3200～2200 年）。

陶器均为手制，泥圈法分段制坯，套接成型。以夹砂褐陶为主，烧成温度低，造型相当简单，缺少变化。随葬陶器以壶、罐、钵、碗为组合，生活用具以鼎、鬲、罐、碗、豆为组合。素面陶为主，鲜有装饰。以大口斜腹锥足鼎、大口筒腹锥足鬲和长颈双耳小口壶最具代表性。该文化的族属有两种看法，即肃慎和濊貊。也有学者认为，这是以肃慎为主体的文化遗存（图一一五：中）。

3. 白金宝文化

1974 年因黑龙江肇源县白金宝遗址的发掘得名，主要分布在松嫩平原，时代为西周至汉代（距今 3000～2000 年）。

陶器均为手制，泥条盘筑，分段制坯，套接成型。夹砂陶为主，烧成温度不很高，器表颜色主要有红衣陶和褐色陶两种。陶窑剖面呈袋状，窑室椭圆形，内设二层台，面积仅 0.8 平方米。器类简单，有乳状袋足鬲、筒形罐、小口壶、盆、碗、双耳罐、单耳杯等。素面为主，部分器表施红衣，或饰绳纹、回纹、篦点纹等。最富特点的是由篦点构成的图案化动物纹，反映该文化的畜牧业和狩猎经济占有较大比重（图一一五：下）。

五、西北地区

1. 寺洼文化

1924 年发现，因甘肃洮沙（今临洮）寺洼遗址的发现而得名，主要分布在甘肃洮河以东地区，年代相当于晚商至春秋时期（距今 3300～2500 年）。

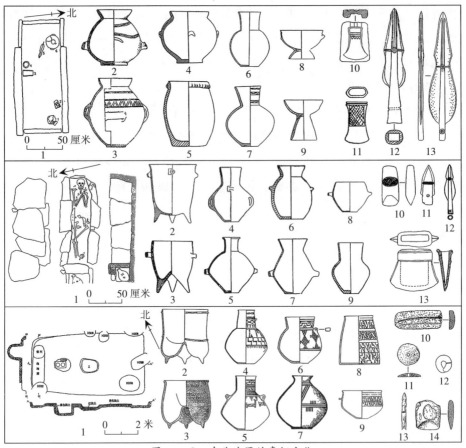

图一一五　东北地区的青铜文化
(任瑞波选编)

青铜短剑文化：1. 双房 M6 平面图　2、3. 腹耳陶罐　4、5. 陶罐　6、7. 陶壶　8、9. 陶豆
10. 陶范　11. 铜斧　12. 铜矛　13. 铜剑

西团山文化：1. 西团山 M1 石棺葬平、剖面图　2. 陶鼎　3. 陶鬲　4、5、7. 腹耳陶壶　6. 小口陶
罐　8. 腹耳陶罐　9. 长颈陶壶　10. 石斧　11. 石矛　12. 铜矛　13. 铜锸

白金宝文化：1. 白金宝 F3007 平、剖面图　2、3. 陶鬲　4、5. 陶壶　6、7. 陶罐　8. 筒形陶罐
9. 陶盆　10. 陶范　11. 陶纺轮　12. 铜环　13. 骨镖　14. 石斧

　　陶器以手制夹砂褐陶为主，较粗糙，素面为主。典型器有罐、鬲、簋、
豆等。其中，双马鞍口罐为该文化最具特色的器皿。铜器有戈、矛、镞、
刀、铃及小件饰品。已发现的遗址以墓葬为多，聚落很少。墓葬为长方形

竖穴土坑形制，剖面呈覆斗状，前宽后窄。东部地区的墓，部分有棺椁葬具。以单人仰身直肢葬、二次葬居多，发现有人殉和车马坑。分布在甘肃东部和西部的寺洼文化有一定差异，应为不同历史阶段的遗留，西部年代早，东部晚。东部的寺洼文化与周人接触密切，且互有影响。该文化以农业为主，也有一定的畜牧业成分，族属为氐羌中的一支（图一一六：上）。

2. 沙井文化

1924 年发现在甘肃省镇番（今民勤县）沙井子。主要分布在河西走廊东北部。年代为西周至战国时期（距今 3000～2400 年）。

陶器均为手制，红色、红褐色，器类简单，有单把杯、鬲、罐、豆、钵、盆等，部分陶器绘红彩，花纹有几何纹和鸟纹。铜器以小件工具、兵器和装饰品为主，器类和造型有北方草原文化特点。在甘肃永昌发现面积2 万余平方米的城堡——三角城。流行偏洞墓和土洞墓，一侧带有二层台，木棍封门，墓主仰身直肢，在墓内殉牲（家畜的头、蹄），畜牧经济发达，有少量农业。其族属应为西羌中的一支（图一一六：下）。

3. 新疆地区的青铜文化

（1）焉不拉克文化

1957 年发现于新疆哈密市三堡焉不拉克墓地。1986 年正式发掘后命名。主要分布在哈密至吐鲁番盆地，年代相当于商代晚期到西周时期（距今 3300～2800 年）。

陶器均为手制，泥条盘筑，或手工捏制成型。普遍为夹砂红陶，烧成温度适中，以平底器和圈足器为主，造型简单，器类有双耳或单耳罐、腹耳壶、单把杯、双耳盆、单耳豆、单耳钵等。有一定数量的彩陶，特点是器表施红衣，绘黑彩三角纹、曲线水波纹、弧线纹、十字花纹等。个别绘动物纹，陶豆、陶钵绘内彩。铜器不多，以小件工具和装饰品为主。还发现有少量铁器（戒指、剑）。墓葬流行土坯搭建的竖穴墓，屈肢葬普遍（图一一七：上）。

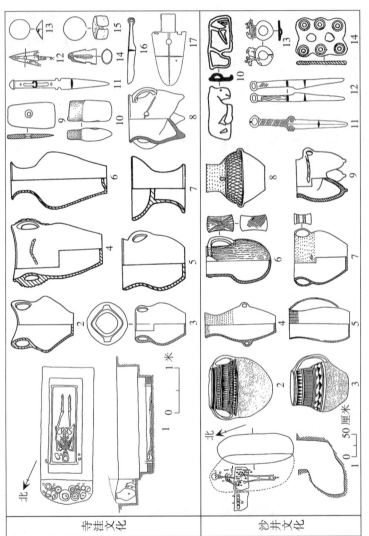

图一一六 寺洼文化和沙井文化
(任瑞波选编)

寺洼文化:1.九站 M42 平、剖面图 2、4.马鞍口陶罐 3.双耳陶罐 5.单耳陶罐 6.喇叭口陶罐 7.陶豆 8.陶鬲 9,10.石斧 11.铜剑 12.铜镞 13.铜泡 14.铜铃 15.铜钏 16.环首铜刀 17.铜刀

沙井文化:1.柴湾岗 M61 平、剖面图 2.双耳彩陶罐 3.单耳彩陶罐 4.双耳陶杯 5.单耳陶壶 6.单耳陶罐 7.双耳陶罐 8.腹耳彩陶罐 9.单耳陶鬲 10,13,14.铜牌饰 11.铜剑 12.铜刀

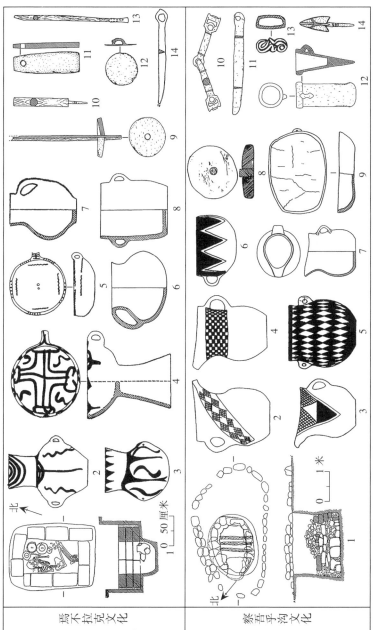

图一一七　焉布拉克文化与蔡吾乎沟文化
（任瑞波选编）

焉布拉克文化:1.焉布拉克 M31 平、剖面图 2.腹耳彩陶壶 3.彩陶罐 4.彩陶豆 5.彩陶盘 6、7.单耳陶罐 8.双耳陶罐 9.骨纺轮 10.木柄铜锥 11.砺石 12.铜扣 13.木柄铜刻刀 14.环首铜刀
蔡吾乎沟文化:1.蔡吾乎呼一号墓地 M308 平、剖面图 6.单耳彩陶钵 7.单耳带流陶杯 8.木纺轮 9.木盘 10.铜马衔 11.铜马衔 12.铜斧 13.铜扣 14.铁镞　2-4.彩陶带流杯 5.双耳彩陶罐

（2）察吾乎沟文化

1983 年对新疆和静县察吾乎（蒙古语意为"有悬崖"）沟口遗址发掘而命名。其分布范围主要在焉耆盆地、博斯腾湖西部和北部地区，年代相当于西周至战国时期（距今 3000～2300 年）。

陶器均为手制，泥条盘筑或手工捏制。陶器大多夹砂，纯泥质陶极少，以红褐色陶为主，烧成温度适中。器型较单调，典型器有带流单把杯、单耳罐、双耳罐、单把杯、圜底罐、钵、壶、釜等。陶器多素面，或饰刺点、凸弦纹。彩陶不多，器表施红衣，或在绘彩部位施黄白陶衣，绘紫红彩或黑彩花纹。构图简洁，多在器颈或器腹绘横带或斜带纹，纹样有竖条、网格、棋盘格、菱格、大三角、折线和回纹等。有少量铜器和铁器，均为小件工具、兵器、马具或装饰品。

该文化的墓地规模很大。以 4 号墓地为例，均为石围石室墓，特点是先挖竖穴，再沿墓壁用砾石垒出地下墓室，安放尸骨。有些尸骨下铺有片石或编织物，墓口封盖石板或圆木，再填土至地表。墓穴外地表用卵石围一圆圈为标志。部分墓葬周围有殉马坑或儿童附葬坑。葬式较复杂，多数为仰身屈肢，少数为侧身屈肢，也有俯身葬和蹲踞葬等。

该文化流行带流单把杯，此类器皿与制作和食用奶制品有关，暗示该文化有着以畜牧业为主的经济形态（图一一七：下）。

参考书目：

1. 北京大学历史系考古专业：《商周考古》第三、四章，文物出版社，1979 年。

2. 中国社会科学院考古研究所：《沣西发掘报告》，文物出版社，1962 年。

3. 陕西周原考古队：《陕西岐山凤雏村西周建筑基址发掘简报》，《文物》1979 年第 10 期。

4. 齐力：《临淄齐国故城勘探纪要》，《文物》1972 年第 5 期。

5. 郭宝钧：《商周铜器群综合研究》，文物出版社，1981 年。

6. 山东省文物考古研究所等：《曲阜鲁故城》，齐鲁出版社，1982 年。

7. 中国社会科学院考古研究所：《新中国的考古发现和研究》第三章，文物出版社，1984 年。

8. 河南省文物研究所：《信阳楚墓》，文物出版社，1986 年。

中国考古学（上）教学大纲

（1986 年 9 月）

第一章　绪　论

第一节　考古学研究的对象和方法

什么是考古学　考古学研究的基本内容　田野考古及其重要意义　考古学研究的基本方法　理论建设　考古年代学　考古学与其他学科的关系

第二节　中国考古学发展简史

考古学的萌芽　宋代以来的金石学及主要成就　近代田野考古学的兴起　新中国的考古学及其发展

本章参考书目：

1. 朱剑心：《金石学》，商务出版社，1955 年。
2. 夏鼐：《三十年来的中国考古学》，《考古》1979 年第 5 期。
3. 夏鼐：《什么是考古学》，《考古》1984 年第 10 期。

第二章　旧石器时代

第一节　概说

什么是旧石器时代　中国的地理背景和旧石器文化的分区与分期

第二节　旧石器时代早期

中国最早的人类化石和文化遗迹　早期猿人化石——蓝田人和北京人
旧石器早期石器的一般制作技术　中国旧石器早期文化的区系类型问题

第三节　旧石器时代中期

早期智人的发现——丁村人、许家窑人、长阳人和马坝人　丁村和许
家窑的石器　旧石器中期文化的区系类型问题

第四节　旧石器时代晚期

人类体质形态的重大进步——晚期智人的出现　山顶洞人和柳江人的
体质特征　旧石器晚期文化的发展与遗址的广泛分布　峙峪和下川的旧石
器　内蒙古大窑的石器制造场　贵州猫猫洞与穿洞的骨器

本章参考书目：

1. 吴汝康等：《人类发展史》，科学出版社，1978 年。
2. 贾兰坡：《中国大陆上的远古居民》，天津人民出版社，1978 年。
3. 吴新智等：《中国古人类综合研究》，《古人类论文集》，科学出版社，1978 年。
4. 丘中郎等：《二十六年来的中国旧石器时代考古》，《古人类论文集》，科学出版社，1978 年。

第三章　新石器时代

第一节　概说

从旧石器时代向新石器时代的过渡　关于中石器时代的争论　新石器

时代的基本特征　中国新石器文化的分区与分期　关于考古学文化的理论

第二节　新石器时代早期

全新世的气候变迁与自然环境　新石器早期文化的类型与分期　磁山文化与老官台文化　中国旱地农业的起源　江南的洞穴遗址和贝丘遗址城背溪文化与河姆渡文化　中国稻作农业的起源　东北的兴隆洼文化和新乐下层文化　细石器工艺的继续发展

第三节　新石器时代晚期的仰韶文化

仰韶文化的发现和研究　村落和房屋建筑　生产工具和经济　仰韶陶器　埋葬习俗及其反映的社会面貌

第四节　仰韶时代的黄河、长江流域

仰韶时代的基本特征　东方的青莲岗—大汶口文化　东南的马家浜—崧泽文化　南方的大溪—屈家岭文化　东北的红山—小河沿文化　西方的马家窑文化

第五节　龙山时代

龙山文化和龙山时代　从仰韶文化到中原龙山文化　铜器的发现和生产力的发展　建筑的进步和城堡的兴起　陶寺墓地和各地乱葬坑反映的社会变化　卜骨等宗教遗物的普遍出现　石家河文化和良渚文化　西方的齐家文化　古史传说中部落集团的分布和民族文化区的萌芽

第六节　边境地区的新石器文化

福建和台湾　石峡文化与珠江三角洲　元谋大墩子和宾川白羊村　西藏卡若村落遗址　东南沿海新石器文化与东南亚的关系　东北的新开流与昂昂溪　从内蒙古到新疆的细石器文化遗址及其与蒙古细石器文化的关系

本章参考书目：

1. 李绍连：《关于磁山·裴李岗文化的几个问题——从莪沟北岗遗址谈起》，《文物》1980 年第 5 期。

2. 浙江省文物管理委员会：《河姆渡遗址第一次发掘报告》，《考古学报》1978 年第 1 期。

3. 巩启明、严文明：《从姜寨早期村落布局探讨其居民的社会组织结构》，《考古与文物》1981 年第 1 期。

4. 杨鸿勋：《仰韶文化居住建筑发展问题的探讨》，《考古学报》1975 年第 1 期。

5. 张忠培：《史家村墓地研究》，《考古学报》1981 年第 2 期。

6. 山东省博物馆：《谈谈大汶口文化》，《文物》1978 年第 4 期。

7. 何介钧：《长江中游原始文化初论》，《湖南考古辑刊》第一集，岳麓书社，1982 年。

8. 严文明：《龙山文化与龙山时代》，《文物》1981 年第 6 期。

9. 苏秉琦：《石峡文化初论》，《文物》1978 年第 7 期。

第四章　夏商考古

第一节　概说

中国的青铜时代和中国文明的起源　夏商考古的分期与分区

第二节　二里头文化与夏文化的探索

二里头文化的特征与类型　早期青铜工艺的发展　二里头文化的宫殿建筑　二里头文化与夏文化

第三节　商代都城和方国

郑州商城及城外作坊　偃师商城及城内宫殿　安阳小屯的宫殿基址
商代都城的迁徙和若干都城的考定问题　商代诸方国的考古学遗存　盘龙
城和垣曲商城

第四节　商代墓地和埋葬制度

安阳王陵　贵族墓和平民墓　人殉和人祭制度

第五节　高度发达的青铜文化

各种青铜器及其制造工艺　农业和手工业　战车和兵器　玉石器和象
牙雕刻　占卜和文字

第六节　边境地区的青铜文化

辽海地区的夏家店下层文化　山东半岛的岳石文化和珍珠门文化　长
江下游的湖熟文化　江西的吴城文化　甘青地区的辛店文化、寺洼文化和
卡约文化

本章参考书目：

1. 北京大学历史系考古专业：《商周考古》第一、二章，文物出版
社，1979 年。

2. 邹衡：《夏商周考古论文集》第一、二部分，文物出版社，1980 年。

3. 郭宝钧：《中国青铜时代》，生活·读书·新知三联书店，1963 年。

4. 殷玮璋：《二里头文化探讨》，《考古》1978 年第 1 期。

5. 河南省博物馆等：《郑州商代城址试掘简报》，《文物》1977 年第
1 期。

6. 中国社会科学院考古研究所洛阳汉魏故城工作队：《偃师商城的初

步勘探和发掘》，《考古》1984 年第 6 期。

7. 杨锡璋：《商代的墓地制度》，《考古》1983 年第 10 期。

第五章　西周与东周

第一节　西周大封建与列国都城的兴起

从周原到丰镐　东周王城　郑韩故城　赵邯郸　侯马晋城　燕中都和燕下都　齐临淄　鲁曲阜城　楚纪南城　秦雍城和咸阳

第二节　丧葬制度的发展

西周墓葬　三晋和中山国的墓葬　齐、鲁和燕国的墓葬　关中的秦墓　楚、蔡和曾国的墓葬　吴和越国的墓葬　埋葬制度中反映的宗法制度和等级关系及其演变

第三节　青铜器的发展和铁器的出现

铜绿山等地的铜矿遗址　西周、春秋青铜礼器的发展　春秋晚期到战国青铜新工艺的流行和日用青铜器的发展　我国最早的铁器　战国铁器的大发展

第四节　手工业和商业的发展

南方的漆器工艺　各国的度量衡　金属货币的出现

第五节　周代边境地区的文化

北方的夏家店上层文化　甘肃的沙井文化　东南和华南的青铜文化

本章参考书目：

1. 北京大学历史系考古专业：《商周考古》第三、四章，文物出版社，1979 年。

2. 郭宝钧：《商周铜器群综合研究》，文物出版社，1981 年。

3. 齐力：《临淄齐国古城勘探纪要》，《文物》1972 年第 5 期。

4. 山东省文物考古研究所等：《曲阜鲁故城》，齐鲁出版社，1982 年。

5. 河南省文物研究所：《信阳楚墓》，文物出版社，1986 年。

6. 陕西周原考古队：《陕西岐山凤雏村西周建筑基址发掘简报》，《文物》1979 年第 10 期。

7. 中国社会科学院考古研究所：《沣西发掘报告》，文物出版社，1962 年。

中国考古学（上）教学方案

（1986 年 9 月）

一、目的与要求

本课是考古系本科生的基础课，暂分上下两部分。本学期讲完（上），迄于春秋战国及东周；下学期讲（下），即自秦汉以后部分。要求通过课堂讲授等教学环节，使学生获得中国考古学的基本知识，了解考古研究的某些特点及其对研究古代历史的重要作用，对若干最富时代特征的器物有初步的感性认识，以便为进一步的专业学习打好基础。

二、教学环节

以课堂讲授为主，结合图片、幻灯和实物教学，组织参观古遗址和博物馆陈列。定期进行课下辅导，解答疑难问题，同时听取学生意见和要求，以不断改进教学工作。

三、本学期的时间安排

课堂讲授十五周，即 60 学时，课下辅导及实物教学约 20 学时，参观约 10 学时。

第一周：第一章　绪论

第二周至第四周：第二章　旧石器时代

第五周至第九周：第三章　新石器时代

第十周至第十二周：第四章　夏商考古

第十三周至第十五周：第五章　西周与东周